U0896554

斯人若彩虹，遇上方知有。

海的那边有你，我就漂洋过海去寻你……

我这一生最珍贵的礼物和最成功的作品——是你。

世界再嘈杂，有你在就好。

# 有梦不觉人生寒

## 杨绛传

刘志则 邢桂平 著

天津人民出版社
天津出版传媒集团

**图书在版编目（CIP）数据**

有梦不觉人生寒：杨绛传 / 刘志则，邢桂平著．-- 天津：天津人民出版社，2018.7（2023.6 重印）
ISBN 978-7-201-13730-8

Ⅰ．①有… Ⅱ．①刘… ②邢… Ⅲ．①杨绛（1911-2016）－传记 Ⅳ．① K825.6

中国版本图书馆 CIP 数据核字 (2018) 第 156465 号

**有梦不觉人生寒：杨绛传**
YOUMENG BUJUE RENSHENGHAN YANGJIANGZHUAN
刘志则　邢桂平　著

出　　版　天津人民出版社
出 版 人　刘　庆
总 策 划　刘志则
监　　制　李广顺　曾荣东
地　　址　天津市和平区西康路 35 号康岳大厦
邮政编码　300051
邮购电话　（022）23332469
电子信箱　reader@tjrmcbs.com

责任编辑　刘骏飞
特约编辑　刘春玲　王昕子（Carrie）
装帧设计　崔　欣　石凯辉

制版印刷　艺堂印刷（天津）有限公司
经　　销　新华书店
开　　本　710 毫米 ×1000 毫米　1/16
印　　张　17
字　　数　240 千字
版次印次　2018 年 7 月第 1 版　2023 年 6 月第 9 次印刷
定　　价　48.00 元

# 序

## 婀娜花姿碧叶长，风来难隐谷中香

孔语有曰：“芝兰生于深谷，不以无人而不芳；君子修道立德，不以困穷而改节。故曰：与善人居，如入芝兰之室，久而不闻其香，即与之化矣；气若兰兮长不改，心若兰兮终不移。”

如淡淡的云，如傲雪的梅，翻过春夏秋冬，如水洗心。万里长空，就在这样馥郁的芬芳中，静谧无垠。杨绛如一朵误入凡尘的兰花，任凭年华流转，她依旧保持着初临人世时的洁净。

出生于书香世家，严父慈母的家庭架构、和谐民主的家庭环境，无疑为杨绛的成长创造了一个得天独厚的良好环境。父亲杨荫杭崇尚西方教育，十分严苛又十分开明，对杨绛自由精神和人格的树立与形成起到了关键作用；母亲温婉贤惠，

又让杨绛在无形中深受感染。两者的完美结合，奠定了杨绛一生勤奋求学、温婉淡泊的心性。

从孩童到幼年，从年少到芳龄，杨绛在独立的人格与精神中日臻成熟。她三番五次想要去清华求学，只为遇见那个命中注定的钱锺书！他们相识于清华园浓密芬芳的丁香花影里，从此一见钟情、牵手一生。

他们携手远去英法留学，从此开启明媚清澈的人生；他们饱含家国情怀，在国难当头时毅然选择归根故里；他们埋身书海、投入毕生精力躬耕创作；他们傲然屹立、果敢无畏，在猛烈的整治风暴中，仍旧傲骨不屈；他们历经波折、多次辗转，才终于在三里河畔安家。而此时，他们早已不是从前那对花前月下的璧人。

百年岁月，在她身上，只留下一片片馥郁淡雅的书香。她用清丽的文字，记录着在风起云涌的时代风暴下那安居一隅的从容与高雅；她用平和的文字，传递着政治斗争时自己内心深处根深蒂固的坚韧与力量；她用幽默的文字，反映着时代背景下社会的矛盾和人们复杂的心理。文字成了她说话的最好载体，不用开口，世事已经全然被她细腻的心思完全洞察。她用文字展现出一个时代的风貌，然后以文字为家。

沧桑岁月，她演绎着“执子之手、与子偕老”的爱情神话。从大家闺秀到著名才女，从光鲜的夫人到灰头土脸的“灶下婢”，只要钱锺书需要她，她就无私无畏地站出来为他遮风挡雨。艰难困苦的日子，她与他相互扶持；风暴来临的日子，她与他并肩而立。为了钱锺书能够心无旁骛地创作《围城》，她更是用瘦弱的肩膀揽下所有的家务，然后安静内敛地做他忠实的读者。

兰心蕙质、贤才无双。在钱锺书的心里，她是妻子、朋友、情人的完美结合体。她淡泊名利、乐善好施、不屑争抢、从容平和。纵然岁月流转，他始终爱她如初。只因她有兰的高洁和芬芳，同时又有兰的低调和宁静。

时光流转、沧海桑田。她对钱锺书的爱，深入骨髓、流于血液；既含婉约，又有傲骨。才女杨绛，柔和之中又自带侠气，所以，在阿瑗和钱锺书相继离世后，她依旧万分悲痛却又万分从容地留于世间“打扫战场”。她倾尽所有精力，为钱锺书收拾已经破碎的、字迹模糊的手稿；她深居简出、淡然处世，用文字让他们从前温暖幸福的“家”重现。

本书将杨绛的生平之事巧妙而又无缝地串联，通过平和且兼具美感的文字，展现了杨绛看似平常却又充满传奇的一生。书中大量文字均是围绕杨绛的日常生活在叙述，还有小部分点到了当时的政治环境和事件，致力为读者营造出身临

其境的感觉。与此同时，书中也对杨绛的丈夫钱锺书生平的一些趣事进行了适宜的补充，力求能让读者透过文字，看到更加真实、立体、生动的杨绛。此外，书中还有在杨绛生平之事的基础上延伸而来的部分人生哲理，不仅能让读者更好地了解一代文学巨匠的文学成就和百年芳华，同时也是对当下浮躁之风、势利之心的无声批判。相信读过此书的读者，都能从这本书里找到曾经某个时刻的自己。

滚滚红尘，纷繁复杂；世间万物，轮回转换。难得是：始终保持一颗淡然、高雅之心。

婀娜花姿碧叶长，风来难隐谷中香。杨绛如兰，不与桃李争艳，不因霜雪变色。她高贵而风雅、睿智而通透的灵魂，在岁月的洗礼中生机勃发、香如潮涌。

# 目　录

## 第三章　初次相逢，已许平生



## 第四章　“一双名剑”，英法求学



## 第五章　抗战荼毒，重归故国

## 第六章 定居京华，女者侠气



## 第七章 巧避政治，文人傲骨



## 第八章 我独自，怀念“我们仨”

第九章　山水一梦，世间再无“先生”



附录一



附录二

# 第一章

# 书香世家，严父慈母

书香岁月，似水流年。

卷着淡淡的馨香，游走在嘈杂的人世。书，是滚滚红尘里最动人的一抹馨香，它明丽而清新、美好而纯净，让人忍不住为之动容。遨游在书的世界，所有的繁杂便被简约取代；成长在一个书香缭绕的幸福之家，所有的烦恼也都有了归属。从婴儿到少女，从豆蔻到白发，杨绛终其一生，都深受开明、民主、和谐的家庭氛围的影响。

“我自己就是受父母影响，从淘气转向好学的。”对于父亲杨荫杭，杨绛有着发自内心深处的敬重与崇拜。

“爸爸说话入情入理、出口成章，《申报》评论一篇接一篇，豪气冲天、掷地有声。我既佩服又好奇，请教秘诀，爸爸说：“哪有什么秘诀？多读书，读好书罢了。”在父亲的影响下，杨绛爱上了读书。父亲的刚正不阿，也让杨绛深受影响。

杨绛的母亲唐须嫈操持一家大小衣食住用，但她也是知书达理的奇女子，不仅做得了家务，也念得了书本。闲来无事的时候，还会翻阅古典文学、现代小说，自己一个人读得津津有味，并时常提出新见解，堪称新时代女性的代表。

父母的无话不谈、伉俪情深，对杨绛产生了深远的影响。终其一生，她都在书香世家特有的开明、民主、教养中成长，她的刚烈与果断来自父亲，她的温婉与淡然来自母亲，她的独立与信仰来自家庭。她深受严父慈母爱的感染和熏陶，因此才能在风雨飘摇中随遇而安。

## 望俨然，即之也温

1878年，美国小说家厄普顿·辛克莱、病理学家乔治·惠普尔以及舞蹈家邓肯等人相继诞生，祖鲁在伊山得瓦纳战役中击败英国军队，中国则接连发生了一系列诸如开平矿务局成立、国内第一套邮票发行、《中美续增条约》签订等大事件。当时的中国已是清政府统治的末期——光绪四年，清政府的腐败无能早已暴露无遗。自1840年鸦片战争之后，清朝就已经逐渐走向了衰落，而民众的生活也由此变得水深火热。

正是在这样的时代背景下，位于江苏省无锡市的一户普通人家中，隐约传来了几声新生儿的啼哭。这户人家的主人曾经在浙江做过很小的官，虽承蒙上一代人的恩泽，现下有房屋可以居住，但却因为没有田产，只能勉强糊口度日，可谓是真正的“寒素人家”。

新生儿在家中排行老三，父亲为其取名“荫杭”，字补塘。杨荫杭家中兄弟姐妹共6人，其中，大姐、大哥以及最小的弟弟都先后不幸早逝，余下的两个妹妹也都在出嫁后各自同夫家断了联系。

小时候的杨荫杭备受父亲和祖父的宠爱，但同时也接受了来自他们的严厉教导。对他而言，最深刻的记忆莫过于祖父一边给他剥瓜子吃，一边逐字逐句地教他背诵“未能抛得杭州去，一半勾留是此湖”等名家诗词。

1895 年，凭借着优异的考试成绩，17 岁的杨荫杭成功入读天津中西学堂。作为中国近代史上第一所官办大学，天津中西学堂在随后的发展中曾经几易其名，最终发展为今天的天津大学。对于当时的杨荫杭而言，他选择这所由盛宣怀刚刚创立的崭新学堂的原因主要在于：免学费、教学模式以及配套设施等均采用美国模式。

但开学不久，由于学生们对由外国人把控的伙食心生不满，在学堂内掀起了一场声势浩大的学潮运动。并未参与其中的杨荫杭，看到之前勇敢激昂的同学们在学校的“镇压”和追责过程中一个个做起了缩头乌龟，生怕被学校当作典型“杀鸡儆猴看”。这时，杨荫杭主动站出来担起了这份“罪名”，遂被开除学籍。

接下来，他重新考入了同样由盛宣怀创办的南洋公学，并于 1898 年被学校保送至日本早稻田大学进行深造，直至 1902 年由于母校急需翻译人才而肄业回国。这期间，中国国内则先后爆发了“戊戌变法”和义和团运动。

虽然远在日本，但杨荫杭也没有只顾埋头书海、不理世事。他参加日本留学生们发起的“励志会”，与雷奋、杨廷栋等人创办《译书汇编》以及利用暑假回国探亲的机会宣传并鼓励无锡的进步青年加入“励志会”，进行反清革命。

留日归来后，杨荫杭在母校南洋公学译书院任职，主要编译了《名学教科书》一书。1903 年，由于经费方面严重不足，译书院停办，杨荫杭也由此离开上海重回无锡，协同留日学生蔡文森、顾树屏等人创办了提倡研究理化并学习英语的“理化研究会”，聘请一名日本教师为学员们教授自然科学，带领并影响了一部分人的思想观念，其中就包括杨荫杭的妹妹杨荫榆。

不久之后，杨荫杭再次回到上海，成为《时事报》的一名编辑。同时，也在《大陆月刊》《苏报》等报纸杂志上发表文章宣扬自己的革命思想以及在澄衷学堂、务本女校等校教课。

澄衷学堂是由宁波籍企业家叶澄衷于1900年创办的，著名文学家胡适曾经就读于这所学校，杨荫杭正是教授他的先生之一。关于这一点，杨绛在文中回忆道：抗战胜利后，我在上海，陈衡哲先生请我喝茶，曾见过胡适，他用半上海话对我说："我认识你的姑母，认识你的叔叔，你老娘家（苏沪土语'尊大人'的意思）是我的先生。"据说他那时在中国公学读书。钱锺书对我说，胡适决不肯乱认老师，他也不会记错。

1906年，清政府宣布预备立宪，国内各种势力均蠢蠢欲动。碍于之前参与并组织的革命团体和活动的影响，为了避免被缉捕入狱，杨荫杭再度远离家乡，进入美国宾夕法尼亚大学研读法律专业，并对西方的民主法治进行了较为系统、深入的研究，毕业论文《日本商法》更是备受导师的赞赏而被收入宾夕法尼亚大学的法学丛书。

在学习西方民主法治期间，杨荫杭先前激昂的反清情绪逐渐冷静下来。他一方面仍旧愤怒于清政府的迂腐落败，另一方面又寄希望于西方民主法治来"改良腐朽透顶的专制制度，挽救贫穷落后的中国"。

怀抱着这种以法治国的美好幻想，杨荫杭回到国内，经由张謇（曾聘请杨荫杭同学雷奋作为自己的高级顾问）引荐进入北京法政学堂任教。听闻杨荫杭对东西方法律颇为精通，皇室成员善耆特意邀请他利用晚上时间为自己进行授课。

1911年，辛亥革命取得成功。在张謇的再次推荐下，杨荫杭就任江苏省高等审判厅厅长兼司法筹备处处长一职。任职期间，他秉公执法，刚正不阿，不畏权贵，不惧流言。比如，江苏士绅们联名登报欢迎打败军阀顺利进城的张勋，认为"名与器不可以假人"的杨荫杭却并不怎么认同这位"辫帅"，故而在发现自己的名字出现在报上的欢迎者名单后，专门重新登报申明自己不欢迎的立场。

时隔不久，碍于北洋政府"本省人不能担任本省官职"的决定，杨荫杭被调往相邻的浙江省，仍然担任高等审判厅厅长职位。当时的政府效仿西方实行"三权分立"的法治制度，意即各省的督军、民政长和高等审判厅厅长三者之

间互相监督，互不干涉。

刚上任，杨荫杭便接到一起恶霸行凶杀人事件。该恶霸在过去的几年里，仰仗自己同督军朱瑞有裙带关系而肆无忌惮，作恶多端。面对被害人家属的上诉请愿，杨荫杭以司法独立和“杀人偿命，不能宽宥”为由，果断拒绝了民政长屈映光的多次出面说情，坚持判处恶霸死刑。

他不留情面的拒绝让屈映光恼羞成怒，随即向当时任大总统的袁世凯告状，表示“此人顽固不灵，难与共事”。幸得杨荫杭同窗好友张一麐（时任袁世凯机要秘书）从中周旋调解，最终以袁世凯手批恶霸“此是好人”并将杨荫杭调至北京了事。

袁世凯称帝失败，黎元洪执政后，杨荫杭被任命为京师高等检察厅厅长。只是彼时的杨荫杭对在国内实行西方民主法治的幻想已经所剩无几，他已经看透了军阀政府的专制、腐朽与残暴。尽管如此，他仍然尽己所能，为促进和维护民主法治贡献着自己的力量。

1917年，时任交通总长的许世英被报纸披露曾滥用职权安插亲信、贩卖官位以及贪污受贿等。得知这一消息并派人查明情况后，杨荫杭迅速下令传讯许世英并将其扣押，在京城内外掀起了轩然大波。这主要是因为作为近代中国政坛的著名人物、司法界的元老，许世英不仅曾因护驾有功而得到清政府重用；民国成立后，更是先后在袁世凯、黎元洪、段祺瑞等政府担任奉天高等审判厅厅长、大理院院长、司法总长、交通总长和国务总理等职。

当晚，各界人士纷纷向杨荫杭说情要求特许保释许世英，杨家电话一夜未停。说情的声音中自然也包括北洋政府，但均被杨荫杭以“王子犯法与庶民同罪”，理应坚持司法平等为由严词拒绝。眼见劝说无效，第二天，杨荫杭就被北洋政府宣布停职审查，许世英则被宣告无罪并辞去了交通总长的职务。

“因为停职就停薪”，不仅对依靠薪水过日子的杨家造成了严重打击，更是直接触发了杨荫杭内心深处对时局世事的忧虑和愤慨情绪，最终于 1919 年辞职携家离京南下，重回无锡。

郁积不散的忧愤情绪加上伤寒的侵染，回到无锡后的杨荫杭病倒了，最严重时甚至到了准备后事的阶段。尽管如此，1920 年大病初愈后，杨荫杭再次来到上海，出任上海《申报》副主编。作为中国近代史上创办最早、时间最长，也是影响最大的一份报纸，《申报》凭借着以文人论政、主张民主自由、抨击社会时弊等特点，一跃成为新闻自由的典范。

在《申报》，杨荫杭似乎重新找到了自己内心的激情所在。相关记载表明，仅 1920 年到 1925 年间，他刊登在《申报》上的文章就有 600 多篇，大多以短小精悍的“时评”和“常评”为主，涉及体裁和范围极为广泛。此外，写作之余他还重操律师旧业，专为他人“鸣不平，申诉冤情”。

1923 年，杨荫杭再次离开上海，“迁居苏州，专营律师事务，兼为报刊撰文”。抗日战争爆发后，由于身体原因，他不再做律师，而是重新回到上海震旦女子文理学院教授《诗经》，并致力于音韵学的相关研究，著有《诗骚体韵》一书，但未经出版且手稿失散。

抗战期间，杨荫杭不断辗转奔波于上海和无锡之间，最终在抗战胜利前夕与世长辞，享年 67 岁。回顾杨荫杭的一生，自少年离家求学起，因着各式各样的缘由，他总是在路上，少有停留。

他求新进取、坚守自我、睿智理性、刚正不阿；他是胡适之师，是杨绛之父，更是中国近代史上的进步学者、法学家。但如果抛掉这些外在的身份和成就，作为一个丈夫和父亲的杨荫杭，则是“望之俨然，即之也温”。

他没有和妻子吵过一次架，总是像朋友一样无话不谈；他看上去凝重有威，

却从不打骂子女们，哪怕他们犯了什么错误，也只是着急地找来妻子训斥他们。所有孩子里，他最钟爱个子矮小的杨绛，并用猫作形容，调侃杨绛“以矮脚短身者为良”。翻阅杨绛《回忆我的父亲》一文，可以看到他偏执地有些愚昧地认为“女孩子身体较弱，不能用功过度”，喜欢饭后被孩子们围着要点甜食儿，反对置办家产、遵从孔子的“大叩则大鸣，小叩则小鸣”的教育理论等诸多不同于外界形象的翔实描写。

总而言之，作为杨绛的父亲，他的言传身教对杨绛的性格养成、学业婚姻以及个人发展等方方面面都有着潜移默化的重大影响。杨绛曾说：“在我的一生中，我也一直努力做一个不媚上、不欺下，谨守忠恕之道的正直诚恳的人。”

## 如春雨，润物无声

小桥古道流水，杏花春雨江南。

诗意温婉，风物万千。宛如水墨画的江南总呈现出一种“花影摇曳、流水缱绻”的惆怅和静然，置身其中，给人以无限的温情和娴静。

无锡，作为正统的江南小城，其江南气质更为明显，杨绛的父亲杨荫杭和母亲唐须嫈都是在这样温婉的环境中长大的，自然免不了受到熏陶和感染。

杨家是无锡有名的书香门第，杨荫杭两次出国留学，先后获得早稻田大学法学学士和美国宾夕法尼亚大学法学硕士，对法学尤为精通。除此之外，杨荫杭还是一位对音韵学颇有研究的诗人，平日喜欢一一推敲各个时代的韵书，因此遭到杨绛的取笑：“爸爸读一个字儿、一个字儿的书。”

但尽管如此，杨荫杭平日说话入情入理、出口成章，就连在《申报》上的评论也都是豪气冲天、掷地有声，这让杨绛钦佩不已。于是，她便向父亲请教秘诀，没想到杨荫杭说：“哪有什么秘诀？多读书，读好书罢了。”于是，杨绛就到家里藏书的地方去翻看，在书里她发现了一个全新的世界，从此视读书

为“最爱”。

在父亲的感染下，杨绛对书的痴迷程度几乎达到了“疯狂”的地步，无论中文还是英文，杨绛都信手拈来，读得津津有味。一次，杨荫杭问杨绛：“阿季，三天不让你看书，你怎么样？”杨绛说：“不好过。”“一星期不让你看呢？”杨绛答：“一星期都白活了。”说完父女会心一笑。

饱读诗书、才情四溢的杨荫杭不仅言传身教地引导孩子们读书学习，对子女的教育也极为开明民主。他非常认真细致地考虑孩子的上学问题，努力做到既尊重孩子、爱护孩子、帮助孩子，又让他们在生活的磨砺中学会勇敢正直、自立自强。

“父亲从不训示我们如何做，而是通过他的行动，让我们体会到‘富贵不能淫，贫贱不能移，威武不能屈’古训的真正意义。”

尤其对最疼爱的四女儿杨绛，他更是倾注了许多心血。发现杨绛喜欢诗词之类的文学书籍，杨荫杭就时常抽空为女儿去买，往往是杨绛喜欢读什么书，不久之后她的桌子上就会有什么书。但是如果买来的书长时间没有得到杨绛的“青睐”，那么这本书就会悄无声息地被杨荫杭拿走。这对杨绛而言，无疑是“无声胜有声”的严厉谴责。

杨绛考入东吴大学后，选学科成了重要的问题。在她自己作了严肃认真的思考后，想选一门有益于人的，但还是犹豫下不了决心，于是便向父亲求助。杨荫杭听女儿说完后，轻描淡写地说，没什么应该不应该，自己喜欢什么就学什么。杨绛心里很忐忑：难道我喜欢文学，就学文学，喜欢小说，就学小说，这些会有益于人吗？

父亲回答说：“喜欢的就是性之所近，就是自己最相宜的。”在父亲的引导和支持下，杨绛彻底抛开了老师的惋惜和劝说，选择了自己喜欢的文科。事实证明，杨绛的选择是正确的，正是基于这个选择，杨绛才不自觉地深受父传，将毕生精力投入到创作和翻译中，且坚持“与其写空洞无物的文章，不如翻译些外国有价值的作品”的观点，这才成就了后来的剧作家、翻译家和作家杨绛。

> “我的子女没有遗产，我只教育他们能够自立。”受过西方先进思想教育的杨荫杭对购置家产也极力反对，他还义正辞严地列举了购置家产的危害：对购置家产的人而言，经营家产需要耗费精力，极有可能把自己变为家产的奴隶；对子女来说，现成的家产让少年们失去了奋斗的动力，从大有可为的人变成了不图上进的废物，实在是得不偿失。

此外，杨荫杭还言传身教，让孩子们自食其力，不能不劳而获，这些都对孩子的心灵塑造产生了很大的影响。

为了让孩子们从小养成自力更生的习惯，杨荫杭鼓励子女进行劳作，并将美国的“劳动教育”搬进家中：捉一条鼻涕虫奖励铜板一个，捉一只小蜘蛛奖励铜板三个，捉一只大蜘蛛也奖励铜板三个。对此，妻子唐须嫈还有些担忧：“不好了，你把‘老小’（孩子）教育得唯利是图了。”事实上也不尽然，这种多劳多得的方式极大地激发了孩子们的积极性，没过多久，鼻涕虫和蜘蛛就被孩子们“一网打尽”了。

杨荫杭一身正气，侠义心肠，颇像小说里的英气侠客，尤其是对身外之物，全然不在乎。如果看到、感受到孩子们对拥有某件物品的人充满羡慕或想要占为己有，杨荫杭就这样引导他们：“世上的好东西多着呢。”杨绛知道，父亲是想告诉他们，世上的好东西琳琅满目、千种万种，不会也不可能样样都有。当杨绛的大姐随杨荫杭一起去别人家里做客时，大姐对别人家的地毯、沙发投以称赞和羡慕时，杨荫杭如此感慨：“生活程度不能太高的。”可以说，杨绛对物质生活的淡泊，正是受了父亲的无声教化。

在《回忆我的父亲》一文中，杨绛将父亲的许多事迹一一道来。作为女儿的第一位偶像，杨荫杭对杨绛潜移默化的影响非常重要也非常巨大。面对压力和诱惑，父亲始终以铮铮傲骨身正其行，对杨绛的影响尤为深刻，她性格中金刚怒目的一面，与杨荫杭惊人地相似。

书香门第的深厚文化涵养以及父亲的开明教育，如同春风化雨，给杨绛带来了一生受用的好习惯。在中国传统文化的熏陶和杨家丰厚文化积淀的感染下，杨绛对中国文化精神有着深刻而独到的认同。这种认同，奠定了她一生为人为文的基础，也成为后人解读杨绛的根源和线索。

杨绛的母亲唐须嫈，生于江南一个富商家庭，少时曾在上海著名的学务本女中读书，与杨绛的三姑妈杨荫榆、章太炎的太太汤国梨都是同学。作为当时正宗的女性知识分子之一，颇有才华的唐须嫈没有跻身文坛或政界，而是选择建立家庭、相夫教子，做一个贤良淑德的家庭主妇。1898 年，杨荫杭和唐须嫈结婚，彼时，他们恰好都是 20 岁。

关于母亲名字中的这个“嫈”字，杨绛一直认为是颇爱研究古音韵学且爱用古字的父亲“强加”给母亲的。在杨绛先生的文章里，有这样一句话：“我们姐妹几个对丈夫都很好，可是都比不上我母亲对我父亲的好。”由此可知，唐须嫈对待杨荫杭的细致、体贴和周到，这也在无形中给杨绛和几个姐妹树立了榜样。

杨荫杭素来爱穿布鞋，却一直不愿去鞋店试穿，于是，唐须嫈便带着鞋样去鞋店，由店伙计把相同尺寸不同样式的鞋子集中在一起送至杨家，再由杨荫杭亲自挑选中意的。此外，杨荫杭也不喜欢上理发店，于是唐须嫈便付了高报酬把理发师请进家中；等到杨荫杭年老脱发时，唐须嫈已在家中准备好理发的工具，随时“待命”、亲自“上阵”。

的确，唐须嫈是个极其贤德的女性，无论对杨荫杭还是对八个孩子，唐须嫈始终都充满了耐心和关爱。此外，由于杨绛的三姑妈和二姑妈结婚后都同夫家断了联系，就一直和杨荫杭一大家住在一起，尽管如此，在处理家庭琐事上，唐须婴也从未表现出过厌烦和无奈，反而总是为她们的冷言冷语和存心刁难辩护。

杨绛这样评价自己的母亲：母亲向来不尖锐，她对人事的反应总是慢悠悠的。如有谁当面损她，她好像不知不觉，事后才笑说："她算是骂我的。"她不会及时反击，事后也不计较。

> 我母亲最怜悯三姑母早年嫁傻子的遭遇，也最佩服她"个人奋斗"的能力。我有时听到父母亲议论两个姑母，父亲说："扮官（二姑母的小名）'莫知莫觉'（指对人淡漠无感情），申官'细腻恶心'（指多心眼儿）。"在杨绛的印象里，母亲远没有父亲说得这样直接，不留情面。"母亲只说二姑母'独幅心思'，却为三姑母辩护，说她其实是贤妻良母，只为一辈子不得意，变成了那样儿。"关于这个问题，杨绛甚至作了大胆的猜想：三姑母从夫家回娘家的时候，应该和母亲比较亲密，他们毕竟在务本女中也算是同学。

一家八个孩子，还有寡居的小姑子，仅是家庭琐事，就使唐须婴的日子忙如陀螺，难得清闲。但是只要稍稍得空，唐须婴就会赶做针线活儿，做完针线活儿，又拿出床头的《石头记》《聊斋》等细细读起来，以作消遣。

除了经典书籍，唐须婴还读新式文学作品，比如苏梅的《棘心》《绿天》。某天读完她还问杨绛："她怎么学着苏雪林的《绿天》的调儿呀？"杨绛答："苏梅就是苏雪林啊！"偶尔唐须婴也看冰心的作品，给了中肯的评价："她是名牌女作家，但不如谁谁谁。"等。杨绛觉得，母亲的评论确实恰当。

擅长女工、温婉贤惠、通晓诗书，在杨绛的心里，母亲几乎无所不能。即使身在外地求学，她仍然能强烈地感知到父母的气息，回家之后就如狗皮膏药般地跟着他们。

唐须婴曾经设计出用以吃饭的方桌和圆桌，桌子中间有个可开可合的圆洞，

下面可以放煤油炉，汤锅炖在炉上和桌上的碗碟一般高低，用起来既不会碍手又能使饭菜保温，与现在的火锅有异曲同工之妙，不知是不是火锅的鼻祖。

会发明会创造，上得了厅堂下得了厨房，母亲的温婉贤淑、细致周到，使杨绛几姐妹深受影响，她们和唐须荌一样，通情达理、进退有度，活得坦然而自在、淡泊而知足。杨绛曾公开表示“从父母说话、看他们做事中，学到许多东西，父亲的刚正不屈，母亲的温柔敦厚，对我性格的形成和日后的为人处世都有很大影响。”

父亲的正直、淡泊名利，母亲的敦厚、温婉贤惠，塑造了杨绛性格中的豪情傲骨和与世无争；父母的举案齐眉、相敬如宾以及充满爱的家庭环境，则让杨绛懂得了情感的珍贵、悟到了生命的真谛。

“父亲对母亲尊重爱护，母亲对父亲的特立独行也全都理解、全都支持，这种平等相待的夫妻关系，在夫权为主的旧社会是少有的，也是旧时夫妇间不多见的。”在杨绛的记忆里，父亲和母亲总是亲密无间、互相爱护，他们把彼此的心事说给对方，也把彼此的心交给对方，无论什么时候，他们都能不厌其烦地听对方说任何事，谈论任何人。“他们谈的话真多，过去的，当前的，有关自己的，有关亲戚朋友的，可笑的，可恨的，可气的……他们有时嘲笑，有时感慨，有时自我检讨，有时总结经验。两人一生中长河一般的对话，听起来好像阅读拉布吕耶尔的《人性与世态》”。

“妈妈每晚记账，有时记不起这笔钱怎么花的，爸爸就夺过笔来，写‘糊涂账’，不许她多费心思了。但据爸爸说，妈妈每月寄给无锡大家庭的家用，一辈子没错过一天，这是很不容易的，因为她是个忙人，每天当家过日子就够忙的。我家因爸爸的工作没固定的地方，常常调动，从上海调苏州，苏州调杭州，杭州调回北京，北京又调回上海。”在杨绛的《忆孩时》里，唐须荌贤惠、顾家的形象更为突出。

1937 年，日本人轰炸苏州，杨家举家逃亡，途中唐须嫈患恶性疟疾去世，就地埋葬。一代佳人香消玉殒，成为杨荫杭内心的剧痛。他在荒郊野外失声痛哭，又在棺木、瓦片、周围树木等所有能写字的地方写上妻子的名字，以求日后能顺利找到妻子。

1938 年，杨绛和钱锺书回国，杨荫杭亲自前往将妻子墓地迁回灵岩山，至此，杨荫杭的心中才稍稍得到安慰。

相濡以沫、伉俪情深。父母的恩爱，让杨家整个家庭氛围格外和谐、温馨；他们开明、民主的教育观念也犹如春雨，润物无声地滋养着八个孩子，使他们在乱世中觅得一处心灵花园，健康幸福地成长。

## 随遇安，寒素人家

“用随和淡然的态度，过随遇而安的生活”大抵是许多内心喜欢寂静的人所向往的。其实，随遇而安，不仅是一种态度，也是一种心境。在随遇而安的淡然和静谧中，所有的喧嚣浮躁都会渐渐远去，最终在内心深处酝酿出一片温暖的净土，里面盛满温馨的真情，在风雨兼程的人生之路上绽放出绚丽多彩的芬芳繁花。

杨荫杭和唐须嫈都是拥有“随遇而安”心态的人。他们一生平淡相守，在颠沛流离、风雨飘摇的生活旅途中彼此温暖、相互扶持。在数次辗转搬迁、难熬的日子里，他们用心用爱，诠释了“既来之则安之”的真正含义。

杨绛的曾祖父、祖父都是书生、穷官，但都秉性正直，酷爱读书。生于这样的知识分子家庭的杨绛，谦虚地称自己出身于“寒素人家”。

杨绛出生那年，正值辛亥革命爆发，中国社会发生了翻天覆地的变化：长达五千多年的封建王朝制度正式宣告瓦解，处处呈现出一派动荡、混乱的景象。在这样的社会环境中，人们对于物质生活的好坏已经全然不顾，极力求得生存成为当下首要的选择。于是，在杨绛出生后不到三个月，父亲便以照看祖母为由辞官回乡，举家迁往上海避难。在迁往上海的第二年，杨荫杭顺利在一家律师事务所谋到职位，同年，杨绛的弟弟出生，取名杨宝昌。

1913年，在张謇的推荐下，杨荫杭出任江苏省高等审判厅厅长，于是，杨荫杭又带着全家迁往苏州大石头巷。本以为生活能就此安定，不料仅过了一年，国家便出台法令，本省人不宜在本省任职。杨荫杭被调至浙江，任高等审判厅厅长，驻杭州。于是，杨家举家搬迁至杭州保俶塔附近。同年，杨绛的第二个弟弟杨宝俶出生。

不屈不挠的性格和铁面无私的作风，让杨荫杭得罪了不少人，其中包括为行凶恶霸说情的省长屈映光。幸好杨荫杭“好人自有天佑”，得到同窗好友张一麐（时任袁世凯机要秘书）的倾囊相助，最终以袁世凯手批恶霸“此是好人”并将杨荫杭调至北京了事。于是，四岁的杨绛跟随父母再次回到了北京。

1917年5月，“铁面包公”杨荫杭不顾众人劝说坚持拘押贪污巨款的交通总长许世英，使杨家平静的日子再起波澜。停职审查、没收车马，这让完全依靠杨荫杭的薪水维持生计的杨家一夜之间陷入了困境。

但杨荫杭借此闲暇，在烈日炎炎的盛夏和另一位爱写诗的同乡去百花山采集标本。经过一周的暴晒，杨荫杭原本白净的脸变成了古铜色，他却乐此不疲地为他采摘回来的“宝贝”奔忙：每一株花草的茎蔓，都被杨荫杭用极小极整齐的白纸条加固在又白又厚的橡皮纸上，并用中文和拉丁文双语详细注明植物的名称和科目，而且上面的字迹极其工整、隽秀，令人由衷地赞叹。

顺其自然，随遇而安。在杨荫杭和唐须嫈的观念里，起起落落再平常不过。他们心怀恬淡，坦然地面对一切、接受一切，如行云流水般地享受美好，将复杂的都留给时间去化解，将纯粹的、温暖的因子用心镶嵌起来。

然而，福无双至，祸不单行。六月，张勋复辟，北京城乱作一团。为了保障家人的安全，杨荫杭迫不得已带家人去外国友人家中避难。而此时，恰逢在上海读书的杨绛的大姐和二姐放暑假。为了避免二人受到伤害，杨荫杭让她们回

无锡老家几天，之后便匆匆返校。没想到，回校没几天，杨绛的二姐就因感染风寒住进了医院，当杨绛的母亲赶至病房时，杨绛的二姐已病势严重、无力回天。

丧女之痛让唐须嫈心中悲苦万千，在之后的很长时间里，她总是情不自禁地默默流泪，因而哭坏了眼睛。但无论身在何处，她总是将自己的伤心落寞掩盖得很好，从容坦然让人丝毫感觉不到她根植于内心深处的苦痛。父亲杨荫杭也因受到停职和丧女的双重打击而悲愤不已，心灰意冷。1919年秋，杨荫杭决定弃官南下，这一次，他们不再选择颠沛流离的生活，而是决意回到虽破败但温暖的无锡老家。

离京的火车缓缓启动，载着杨家的一家老小踏上新的旅途，但火车的终点并不是家，而是繁华喧闹的天津城。下车后，他们找到一家客栈待了两天，直到所能乘坐的“新铭”号轮船到来载他们抵达上海，然后再倒由小火车拖带的小船，才到达无锡。

异常颠簸的归家路让人劳顿不堪，但路上时时变幻的风景却让孩子们新奇、欣喜不已。他们欢快地大笑、嬉闹，与杨荫杭极为和谐融洽地打成了一片，千里奔波因此变成了一次愉快的旅行。唐须嫈虽被不断地呕吐折磨得难受，但看着眼前其乐融融的一家人，心中也深感安慰和喜悦。

几经辗转，终于看到了曾经特别熟悉的山山水水、一草一木。杨荫杭先在庙堂巷租下了一所老旧的宅子，院中有小河穿过，站在厨房外的小桥上便能看到河上来来往往的船只，甚是美丽。偶尔闲暇之时，还能在河中捉些小虾，配以简单的蘸料食用，味道异常鲜美。只是杨荫杭并不喜欢这所宅子，便又四下寻找新的住所，历经波折，最终在沙巷裘氏宅安定下来。

无锡的山水花草、砖瓦墙缝里，到处散溢着温暖柔情的气息。家在这里，心便有了与世隔绝、独一无二的平和与宁静。但这美妙的时光没过多久，杨荫杭便一病不起，唐须嫈一边细心地照顾杨荫杭，一边四下联络无锡当地最好的医生。

因对中医排斥，万不得已的唐须嫈将无锡仅有的一位西医请至家中，请他为杨荫杭作了尽可能的全面检查，并抽了一管血送去医院化验病因。但在当时的医疗条件下，血液要送到上海才能化验，从送去到结果出来，需要一周的时间。

忧心如焚的唐须嫈此时表现出了极大的淡定和乐观，她努力地保持着镇静和从容，默默地陪伴在丈夫身边，给予其细致周到的呵护。尤其是在杨荫杭的病情一天天加重、甚至无法离开床榻半步的关键时刻，唐须嫈更是极尽所能，破釜沉舟地去尝试民间的“叫魂”，想为看似病入膏肓的爱人寻到最后一根救命稻草。

平日过得飞快的一周此时竟变得格外漫长，在焦急的等待和烦乱的不安中，一家人终于等到了来自上海的诊断结果。简单的“伤寒”两个字，瞬间让唐须嫈坠入冰窖，也让杨荫杭万念俱灰——因为在当时，这种病极难治愈。可唐须嫈没有放弃，她不顾丈夫的阻拦找来当地有名的中医，得到的反馈却是：放弃。

唐须嫈的心在那一刻几乎四分五裂，哀伤与绝望一度让她悲伤到不能自拔，但不久之后，她平静地擦干眼泪，找来了杨荫杭的好友华实甫。一句“死马当活马医”，让华实甫打消了最后一丝顾虑，慎重地开出了方子，没想到，正是唐须嫈这最后的奋力一搏，居然成了挽救杨荫杭的奇迹之举。

为了让只信西医的丈夫尽快吃掉这些中药，唐须嫈特地买来了胶囊状的西药，并将里面的药粉倒空，然后把中药装进去，再将胶囊还原成原来的样子，让杨荫杭服下。唐须嫈对丈夫的用心照顾可想而知。

一夜夜寸步不离的守护，数天来的尽心付出终于感动了上苍，当杨荫杭睁开眼睛时，唐须嫈和其他所有人都激动得流出了眼泪。这个缠绵病榻几乎再无可能醒来的人，终于在命运之神的眷顾下奇迹般地“复活”了。

然而，弃官加上久病，让杨家的生活更加艰难。为了谋生，1920 年秋，杨荫杭再次举家搬迁至上海静安寺路爱文义路迁善里，并在这里找到了工作，任职上海申报馆副主编，同时还重操旧业做起了律师。对于每一张递送而来的状子，杨荫杭都自己动手、精心策划，力争为每个人求得公道，化解纠葛。但尽管如此，他心里仍清楚得很：伸张正义本就困难，更何况是在鱼龙混杂的上海伸张正义，简直难上加难。

宁为玉碎不为瓦全。杨荫杭骨子里的傲气和决绝，注定他的仕途不会一帆风顺，这在其任职申报副主编之前已经得到了证明。秉承着家族特有的澎湃血性和

浩然正气，杨荫杭始终坚持自己的原则处理各类案件：对超出原则范围的无论报酬多高都拒不受理；对需要他伸张正义的即使没有报酬也甘愿辩护。虽然世道艰难，生活艰苦，但杨荫杭不改初衷，仍旧我行我素，因而受到诸多人的爱戴和尊重。

混乱复杂的社会环境，难以平衡的各方势力，让杨荫杭对上海的认识日益清晰。为了避免这样的环境给子女带来钩心斗角、尔虞我诈等不良影响，定居温润静美的苏州，开办律师事务所的想法逐渐在杨荫杭的心中萌发、成熟。1923 年，杨荫杭举家迁往苏州，租下了虽破旧但尚且能住的潘氏旧宅，至此算是在苏州匆匆安家。

苦爱君家好苍坊，无多岁月已沧桑。
绿槐恰在朱栏外，想发浓荫覆旧房。

这首来自钱锺书的诗，便是对杨家苏州故居“安徐堂”景致的准确描绘。当然，安徐堂不是杨家租下的潘氏旧宅，而是后来机缘巧合买下的明末宰相徐季鸣的故居，只因由张謇手书“安徐堂”三个大字制成牌匾悬于大门上，故而得名。

岱宗夫如何？齐鲁青未了。
造化锺神秀，阴阳割昏晓。
荡胸生层云，决眦入归鸟。
会当凌绝顶，一览众山小。

杨荫杭酷爱读诗，尤其是杜甫的诗。搬进安徐堂之后，每晚睡前临床读诗成了他的必修课。想来，在杜甫的诗里，必有浩然之气和无畏力量，不然，旁听的杨绛无论是在性格与文字上，都不会呈现出与父亲迥然相异又一脉相承的特点。

“因为心无所恃，所以随遇而安”，这句话用来形容杨荫杭和唐须嫈再合适不过。无论春暖花开还是风霜满地，他们的世界都平静祥和、一尘不染，杨绛在这样温暖的“寒素人家”长大，她的身上才能处处散发着从容和优雅。

# 第二章

# 袅婷少女，人淡如菊

在时光的涟漪中，杨绛像一束光晕流转的菊花，在毫不起眼的角落里静静挥洒独特的芬芳。她淡淡地、静默又欢喜地接受着风雨和阳光的敲打，她温情又明媚，默默地在风雨中色彩交加。

出生于书香世家的杨绛，很自然地受到来自家庭环境的感染和熏陶。她的性格里，“静”占据了很大一部分，这样的“静”，不仅仅是不喜言语的安静，更是一种洞穿世事的生存智慧。她在滚滚红尘的争名逐利中，泰然自若地保持着属于自己骨子里特有的梦幻和纯真，将女性之美展现得淋漓尽致。

说话慢条斯理，举止从容优雅，少女时期的杨绛已然有了人淡如菊的气质。她爱好读书，完完全全继承了杨荫杭的“大家风范”；她孝顺懂事，会在让人发困的午后静静看书，陪伴午睡的父亲；她不喜物质，在姐妹们为他人家中的豪华沙发而赞叹时，只有她淡然以对。所有的身外之物，在她看来多数是可有可无。

坎坷的求学之路，命运的千回百转，在她的身上没有留下丝毫痕迹。她依旧“既来之，则安之”地过着自己波澜不惊的小日子。

这样的时光对她而言，再幸福不过。

## 夏日将闻喜讯来

缘起缘灭，缘浅缘深。

在熙熙攘攘的人海、纷纷繁繁的红尘中，与一个人、一个家相遇，总显得格外温暖而美好。仿佛时光的长河里，忽然安静、唯美地飘进一片粉嫩的花瓣，逐水而流，附草而居，从此有人相依相伴。

杨绛，便是杨家的这片花瓣，她人淡如菊的气质和旷世无双的才情，绵亘百年。

1911 年 7 月 17 日，北京的天气异常晴朗，朵朵白云轻轻浮动，七彩阳光热烈直射，穿过郁郁葱葱的树林，投下斑斑点点的耀眼碎金。乱世中的北京街头，于纷繁中透露出丝丝不为人知的安静，将北方的干爽悄然播撒。世间万物，仿佛也都在这浓烈的夏日气息中，变成了老电影中的经典场景，在某个猝不及防的时刻，给人以泪流满面的敬畏和感动。杨绛就是在这样的季节出生，因而温软而热烈，傲气而多情。

极具京城风情的小巷子，一座古色古香的四合院，杨绛的人生由此开始。

此时，尽管杨家已有三个女儿：寿康、同康、闰康，但杨绛的到来，非但没有让思想开明的杨荫杭失望，反而给他带来了更多的精神慰藉。他欢欢喜喜地抱着这个刚刚降临人间的小小人儿，恨不得把自己的所有宠爱都给予她。

炎炎盛夏，在杨荫杭发自肺腑的喜悦中变得温软而迷人，连燥热的空气似乎也浸满了姹紫嫣红、春暖花开的味道。喜不自胜的杨荫杭用专门买来的制作冰激凌的桶做了满满一桶甜腻腻的冰激凌，他的二妹杨荫枌满怀爱意地在刚出生的小儿嘴唇上点了一点，顷刻之间，杨绛粉粉嫩嫩的小嘴就被冰得发青发紫，却还在使劲儿地“吧嗒”着嘴巴用力品尝人间的第一道美味，她那娇小可爱又万分憨厚的模样，瞬间萌化了众人的心。

杨荫杭为这第四个女儿取名：季康，小名唤作：阿季，寓意其季季顺遂，年年安康。杨绛生于夏季，杨荫杭为四女儿取这样的名字，表面看起来是因出生时间的缘故，实则有更深的含义。

饱读诗书且有国外留学经历的杨荫杭眼界开阔、博学多闻。在西方现代思想的影响下，他和许多爱国先进人士狂热而急切地致力革命，剪掉了清政府认同的标志性的“辫子”，因而成为清廷通缉搜捕的主要对象。由于担心丈夫行踪暴露被抓，唐须荌便在他的瓜皮帽上缝了一条辫子以假乱真，但是不幸还是在一天晚上悄然降临。走夜路回家的杨荫杭感觉有人在背后抓了两下他的辫子，尽管动作很轻，但直觉告诉他，自己已成为清政府的“眼中钉”。于是，他立刻收拾行囊，逃到了日本。

温婉多情的无锡，从此也变得遥不可及。在日本早稻田大学的教室里，杨荫杭曾无数次地想象唐须荌一个人带着几个女儿的忙碌情景。就连后来他又去美国宾夕法尼亚大学学习法律，妻子的无怨付出也时刻萦绕心头，让他在满怀愧疚的同时又万般感恩。

1910 年，在外漂泊了四年多的杨荫杭终于得以回家，并在上海的一家律师事务所找到了工作。不久之后他便被推荐先后任职江苏省、浙江省审判厅厅长。可惜好景不长，生性耿直的杨荫杭又因得罪权贵而被调往北京。

三番五次地举家搬迁，妻子唐须嫈仍旧毫无怨言地陪伴在杨荫杭左右。她全心全意地照顾着丈夫和孩子，几乎把他们当作了自己的全部。杨荫杭也确实有情有义，调任北京之后，无论走到哪里，都会带上唐须嫈和三个女儿，一家人总是和和美美地出现在公众视野，让不少人为之羡慕。

逃亡生涯结束，律师生涯开始。对刚刚经历了生死考验、逃亡之苦，才得以归家的杨荫杭而言，这个粉嫩得如同盛夏时节绚烂绽放的花儿一样的女孩，无疑是黑暗中的一缕阳光，海浪中的一艘航船，令他重新感悟到了生命的美好和力量，因而，阿季也理所当然地成了父亲的掌上明珠。

但是，阿季的到来，除了让杨荫杭和唐须嫈觉得开心之外，其他人并没有表现出对这个小生命降临人间的欣喜和祝福。就连与杨家一墙之隔的叔公杨志洵家中的女佣，听说唐须嫈四胎生的仍是女孩，都面露不悦地随口说道："讨厌死了"。不料，这话被处在兴头上的杨荫杭听到，他立即生起气来，并掷与女佣一枚银圆，以示反驳。

书香缭绕，寂静欢喜。

世居无锡的杨家此时客居北京，杨荫杭白天去北京一所政法学校教书，晚上则去肃亲王王府讲授法律课，日子虽然辛苦，但也因一家人互敬互爱的温馨氛围而幸福丛生。因嫌北方稳婆粗心大意，杨家还特意花费十五两银子请了日本产科医生来家里接生，杨荫杭对这个孩子的用心用情由此可见。这件事也成了姐妹们茶余饭后的谈资，她们时常笑称：兄弟姊妹的全部接生费，也不及阿季的一个零头。

政局动荡、民不聊生，昔日繁华的北京城分外凋敝、落寞，放眼望去，人们脸上愁云密布，而只有杨绛，会不分时节、不分阴晴地笑起来。她的笑简单

纯粹，如同蓝天上轻轻浮动的云朵，淡然幽远，好像世间的一切纷争皆与她无关。她只轻轻地一笑，就瞬间俘虏了杨家人的心，也让杨荫杭骤然卸下生活的疲惫，由内而外地被这份甜蜜感染。

简简单单的幸福包围着小小的杨绛，让她如同置身在梦幻奇乐的王国。爱女的甜笑、逗乐，也让杨荫杭再次感受到世间与众不同的温暖和喜悦。因为寿康、同康都在上海学校寄宿，闰康则待在无锡老家由祖母照料，所以杨荫杭和唐须嫈的身边只有杨绛一人承欢膝下，因此她一人得到了父母双份儿的宠爱，成为杨家众姐妹中最幸福的一个。

**酒力微醒时已暮，醒时已暮赏花归。**

苏轼的这两句诗，用来形容杨荫杭的心情再恰当不过。其实，杨绛的出生，不仅仅是杨荫杭久历黑暗后见到的第一缕阳光，也是几经辗转的杨家历经磨难后的短暂欢愉和休憩期，因而有了别样的意义。

## 唯有青葱少年时

世界很大，形形色色的人来来往往，他们从不同的方向出发，相遇、擦肩再别离，有些成为亲人，有些成为挚友，有些成为过客。冥冥之中，时光悄然席卷了所有的喜怒哀乐，带着他们向各自熟识的环境归位，从年幼无知到垂垂老矣，所有的都可能远走高飞，唯有少年的记忆始终不弃。就像筠子歌中唱到的一样：总要有些随风，有些入梦，有些长留在心中。

少年时光，永远那样清澈难忘，它像一株明丽动人的紫藤花，随着时光无尽又疯狂地攀爬，然后蜷缩在记忆的最深处，于某天情景交融的怀念里，开出一朵鲜艳的花。

从咿咿呀呀学语的娃娃到跌跌撞撞走路的小孩，乖巧安分、恬淡娴静的杨绛始终扮演着状如猫咪般的贴心角色，她细心、懂事又听话，成了杨荫杭心中价值连城的瑰宝。在众多的兄弟姐妹中，也只有她一人享受过父亲“耐心哄睡还要唱摇篮曲”的极度宠溺。因此，在杨绛的心中，对父亲除了发自内心的敬重，

更多的还是骨肉连心的疼惜。

南方人喜欢吃甜食，于是，杨荫杭总会在饭后嘱咐唐须嫈买些甜点给孩子们吃，俗称“放焰口”。每当这个时刻到来，孩子们总是笑着、闹着提出各种各样的要求，杨荫杭也都笑呵呵地一口应允。

吃过甜食，小打小闹之后，到了父亲的午觉时间，孩子们便一哄而散各自玩耍去了。一日，打算离开的杨绛忽然被父亲叫住了：“其实我喜欢有人陪陪，只是别出声。”于是，懂事贴心的杨绛就留下来，坐在父亲身边安安静静地看书，不发出任何声响。即使在白雪皑皑需要生火炉换煤的寒冷冬天，杨绛也能准确地感知到需要添煤的时间，然后不失时机地走到父亲的房中轻轻夹起一块添上，而且没有任何声响，引得弟妹们钦佩不已。

杨绛有颗纯净善良的心，这在她很小的时候就已经表现出来。她的心思十分细腻，待人也十分真诚，尤其是对为全家生计奔波劳碌的父亲，杨绛更是由衷地心疼。

每天早饭过后，杨绛都会为父亲泡上一碗他爱喝的浓浓的盖碗茶。闲暇之时，她便坐在一边，专心致志地为父亲剥橘子、剥栗子，小小的人儿，小小的手，却总能把橘子和栗子剥得干干净净，惹得杨荫杭无限爱怜。

每当休沐在家，伏案写稿便成了杨荫杭的重要工作。一摞摞裁切整齐的竹帘纸，就是杨荫杭写稿用的“稿纸”。每每看到稿纸写满，心细的杨绛总会适时地捡起来用作练字，不舍得浪费掉一丝一毫。

从孩童到为人父母，“放焰口”的习惯在杨家一直持续了好多年，也正是这个“习惯”，让孩子们在建立了自己的家庭之后仍能感受到来自父母的真切关爱和暖暖情意。他们相亲相爱地依偎在一起，共担风雨，共扛重任。

少年时光总是摇曳多姿、五彩斑斓。它们将每一份喜悦、好奇、纯真用心镶嵌在岁月深处，生根、发芽直至长大开花。它们伴随着成长之路上的每一个脚印，在某天缱绻旖旎的阳光里，深深浅浅地将从前的自己唤醒。

在北京的几年，是杨绛一生中充满绵密温情和纯真童趣的日子。1915 年重回北京后，幼小的杨绛和父母住在东城，房东是个纯粹优雅的满族女子，当时只看了一眼，爱美的杨绛便已深深陶醉在房东穿着的有精美刺绣的满族服饰中了。本以为这样的服饰已经美到极致，却不想房东走路时娉婷婀娜的身影让杨绛更为神往，也正是在这样的神往中，她注意到了房东脚上所穿的与众不同的鞋子——镶嵌了厚度约有十几厘米的白色鞋底的花盆底鞋。穿上这种鞋子的女子身材显得格外修长，这让身材矮小的杨绛心向往之。父亲开玩笑问她长大了要不要穿这种鞋，小小的杨绛煞有介事地琢磨了一番后，认真地回答："要！"惹得杨荫杭分外怜爱。

杨绛的童年在数次匆匆忙忙的辗转搬迁中，经历了常人所没有经历过的新奇和别致，也充满了耐人寻味的情感。这种特殊的经历，也让她在长大之后充满喧嚣和孤单的岁月里，得以与内心深处的自己相拥而眠。

即使是在许多年后，杨绛对年少时的记忆仍旧鲜明深刻，她在《回忆我的父亲》一文中写道：

有一次寒假里，父亲歇午，我们在火炉里偷烤一大块年糕，不小心，火夹子掉在炉盘里，年糕掉在火炉里，乒乒乓乓闹得好响。我们闯了祸后不顾后果，一溜烟儿都跑了，过些时候偷偷回来张望，父亲没事人儿似的坐着工作。我们满处找那块年糕找不见，却不敢问。

因为刚刚饭后，还远不到吃点心的时候呢，父亲在忍笑，却虎着脸。年糕原来给扔在字纸篓里了，母亲知道了准会怪我们闹了父亲，可是父亲并没有戳穿我们干的坏事，他有时还帮我们淘气呢。

记得有一次也是大冬天，金鱼缸里的水几乎连底冻了，一只只半埋在泥里的金鱼旁边都堆积着凿下的冰块，我们就想做冰淇淋，和父亲商量——因为母亲肯定不赞成大冬天做冰淇淋。父亲说，你们自己会做，就做去。我家有一只旧式的做冰淇淋的桶，我常插一手帮着做，所以也会，只是没有材料。我们胡乱偷些东西做了半桶，在"旱船"（后园的

> 厅）南廊的太阳里摇了半天，木桶里的冰块总也不化，铁桶里的冰淇淋总也不凝，白赔了许多盐。我们只好向父亲求主意。父亲说有三个办法：一是冰上淋一勺开水；二是到厨房的灶仓里去做，那就瞒不过母亲了；三是到父亲房间里的火炉边摇去。我们采用了第三个办法，居然做成，只是用的材料太差，味道不好。父亲助兴尝了一点点，母亲事后知道也就没说什么。
>
> ——杨绛《回忆我的父亲》

从杨绛记事开始，父亲的开明民主就已深深地感染了她，让她终其一生都对其持有饱满的敬仰。在匆匆而过的年少岁月里，除了陪在身边的父母，杨绛还记得自己的三姑母，杨荫榆。

> 我五周岁（一九一六年）在女高师附小上一年级，开始能记忆三姑母。她那时是女高师的“学监”，我还是她所喜欢的孩子呢。我记得有一次我们小学生正在饭堂吃饭，她带了几位来宾进饭堂参观，顿时全饭堂肃然，大家都专心吃饭。我背门而坐，饭碗前面掉了好些米粒儿，三姑母走过，附耳说了我一句，我赶紧把米粒儿拣在嘴里吃了。后来我在家听见三姑母和我父亲形容我们那一群小女孩儿，背后看去都和我相像，一个白脖子，两橛小短辫儿；她们看见我拣吃了米粒儿，一个个都把桌上掉的米粒儿拣来吃了。她讲的时候笑出了细酒窝儿，好像对我们那一群小学生都很喜欢似的。那时候的三姑母还一点也不怪僻。
>
> ——杨绛《回忆我的姑母》

这件事让杨绛记忆深刻。尽管别人眼里的三姑母，分外严厉甚至不近人情，但在幼小的杨绛看来，三姑母还是善良的。她脱离蒋家的时候还很年轻，尽可以再嫁人，可是，挣脱了封建家庭的桎梏之后，杨荫榆却选择了出国留学、埋头苦读。她好像已经忘了，自己是个女人，对恋爱和结婚也全然无视。

杨荫榆的坚毅果决也在无形中影响了杨绛，从三姑母身上，年少的她学会了果断与从容。在母亲对所有人的宽容与平和中，她悟出了许多为人处世之道；在父亲潜移默化的影响下，杨绛深切地懂得了读书的目的和意义。父母的言传身教、良好的家庭氛围，都成为助力杨绛这棵小树苗茁壮成长的最佳“肥料”。

许多年后，她仍旧记得年少时的自己。淡淡的像一朵菊花，开在郊野，盛风不倒，宠辱不惊。

## 求学坎坷显才情

一念花开、一念花落。山长水远的人世，无论风雨兼程还是阳光灿烂，终究要靠自己走下去。就像每一个生命与生俱来又浑然天成地拥有各种力量一样，即使没有掌声，没有鲜花，人生之路依旧会充满丰盈迷人的色泽。

杨绛的人生堪称完美：在开明民主、父母相爱的幸福家庭中长大；在朝气蓬勃的青春时期去了梦寐以求的高等学府读书；在桃李年华遇到一见钟情、一生所爱的人；在民不聊生、战火纷飞的乱世，挥毫泼墨为自己的心灵开辟出一片恬静安然的世外桃源……

和谐民主的家庭氛围，让杨绛深深地体会到爱的力量和生命的意义；坎坷不平的求学之路，让杨绛善于在千变万化的环境中静下心来，与灵魂相依。

杨绛 6 岁进入辟才胡同女师大附属小学，此时，她的三姑妈杨荫榆正在与其一墙之隔的北京女子高等师范学校任教。因为杨荫榆的缘故，杨绛在学校受到了不少“特殊待遇”。对此，杨绛在《回忆我的姑母》一文中如此写道：

女高师的学生有时带我到大学部去玩。我看见三姑母忙着写字，也没工夫理会我。她们带我打秋千，登得老高，我有点害怕，可是不敢说。有一次她们开恳亲会，演戏三天，一天试演，一天请男宾，一天请女宾，借我去做戏里的花神，把我的牛角小辫儿盘在头顶上，插了满头的花，衣上也贴满金花。又一次开运动会，一个大学生跳绳，叫我钻到她身边像卫星似的绕着她周围转着跳。老师还教我说一套话。运动场很大，我站在场上自觉渺小，细声儿把那套话背了一遍，心上只愁跳绳绊了脚。那天总算跳得不错。事后老师问我："你说了什么话呀？谁都没听见。"

我现在回想，演戏借我做"花神"，运动会叫我和大学生一同表演等等，准是看三姑母的面子。那时候她在校内有威信，学生也喜欢她。我决不信小学生里只我一个配做"花神"，只我一个灵活，会钻在大学生身边围绕着她跳绳。

彼时，天真无邪的杨绛还不懂得人情世故，她只觉得，周围的人个个善良而友好。虽然杨荫榆的存在强化了周围的人对杨绛的好，但这并不是全部，从很大程度上来说，这与杨绛的讨人喜欢、机灵可爱、纯真聪明的个性也密不可分。

无忧无虑的时光总是过得飞快，让你来不及回想，就要走向下一个路口。

1919 年，交通部总长许世英涉嫌贪污被铁面无私的杨荫杭传唤，因有高官干预，杨荫杭被停职停薪。这对于依靠杨荫杭薪水度日的杨家来说，无疑是晴天霹雳。

屋漏偏逢连夜雨，船迟又遇打头风。从无锡老家返校没几天，杨绛的二姐同康就因感染风寒离世，这个从天而降的噩耗让全家人悲痛不已。短短几个月一连经历两次大的变故，让昔日热血沸腾的杨荫杭深觉心灰意冷，他收拾了行李辞官离京，让还在读三年级的杨绛猝不及防又万分诧异。

离京的那天早晨，杨绛眼中平日并不拥挤的火车站忽然间变得熙熙攘攘，

原来有许多人特意赶到车站为父亲杨荫杭送行，他们再三挽留，不舍得这样一位“清正廉明”的好官离开。但从杨荫杭的眼神里，杨绛能看到和感受到父亲去意已决，那一刻，杨绛的心里居然被排山倒海的骄傲和感动填满。许多年后，杨绛依旧觉得，那一幕送行的情景仍旧清晰可见，仿如昨日。

该来的总会来，该走的也总会走。然而，多愁善感的杨绛，对那些已经同窗三年的好友多少有些放不下。南下的途中，她甚至有些遗憾没有跟自己熟悉的同学们告别，再一次相见也不知是何时了。

遗憾和不舍逐渐在长长的新鲜感迭出的路途上消磨殆尽，船来船往、依山傍水的婉约江南风光，使清新秀丽的无锡在杨绛眼中呈现出千变万化、五彩斑斓的灵动，这让小小的杨绛新奇、欣喜不已。在安置好一家老小后，父亲送她和两个弟弟插班进了大王庙小学。

> 全校只有一间教室，能同时容纳全校四个班级的学生；只有两个老师，其中一个还是校长……杨绛和弟弟的老师是一个人，姓孙，留着少见的小光头，他手里时常拿着教鞭，动不动就以此惩罚孩子们。为此，许多学生都对他痛恨至极，有极个别胆大的孩子还将他的头像画在“女生间”装有马桶的那面墙的墙壁上，常常叩拜，想要以此钝死他。在无锡的方言中，“钝”的意思是让一个人倒霉。

由此可知，“孙光头”确实不受孩子们喜欢。然而，许多年后，杨绛回忆起“孙光头”，还不忘为他辩护：孙老师虽然厉害，但是却从来没有打过杨绛和她的两个弟弟。或许是因为他们太乖的缘故吧！

仅有的一间教室用来上课，孩子们就没有了玩耍游戏的地方，于是，许多孩子就挤到了大庙东庑的“女生间”，即装有马桶、画了“孙光头”画像的地方，去踢毽子。可是，杨绛却只会拍皮球、跳绳，多数时候她又不喜欢待在闷气、狭小的“女生间”里，因此，她后来就不常去了。

童年的快乐总是无法取代，即使身处恶劣的环境中，依旧能在心底雕刻出无法比拟、难以忘怀的感情城堡：它装着梦、装着故事、装着回不去的曾经。所以杨绛无数次感到：自己仿佛在大王庙里。

时光如白驹过隙，转瞬即逝。等到全家经历了与杨荫杭的“生离死别”之后，杨绛才真正懂得了亲情的可贵。此时，杨绛的大姐已从上海启明女校毕业，成为该校的一名老师。她向杨荫杭信誓旦旦地保证，可以带三妹、四妹去启明读书。

虽然杨荫杭心里清楚，启明女校的教学质量是最好的，但是对于刚刚失去女儿且自己也刚从死神手里逃脱出来的杨荫杭而言，让孩子们去启明女校读书，就意味着孩子们要自己出去闯荡。于是，他犹豫起来，对于一直养在身边的杨绛，杨荫杭更是一万个割舍不下。

平日不善言辞却对杨绛分外宠爱的唐须嫈一时间也无所适从，但她深知，儿女长大，自己必须放手。于是，她为杨绛准备了一个小小的行李箱。在傍晚时分杨绛取箱子的时候，唐须嫈悄悄问道：“你打定主意了？”

杨绛坚决地回应：“打定了。”

于是，唐须嫈不再多言。但是，在夜色深深的屋子里，杨绛想起自己从此以后要住在学校，直到暑假才能见到父母，还是让幼小的她忍不住地泪流满面。

不得不说，杨绛是果断的、坚强的。骨子里与生俱来的傲气和决绝，令她在任何时候都能坚持不懈、勇敢追梦。1920 年 2 月，杨绛和三姐背起行囊，从朴素内敛的无锡来到了繁华流动的上海。

大树、草地、秋千架、跷跷板、排列整齐的教室、平坦宽阔的空地……瞬间让在封闭狭小的大王庙小学待了半年的杨绛兴奋不已。在这所“高端豪华”的学校里，杨绛学会了叫这里管教学生的修女为“姆姆”，并以自己足够的聪明乖巧获得了陪同天主教徒瞻礼的资格。要知道，这么小的孩子陪同瞻礼，是根本不被允许的，但是杨绛做到了。

三餐之后，学生不许待在教室，而要到校园各处游玩散步；用餐期间，任何人不许讲话，只有节假日时才可以；启明女校每月放假一天，其余的星期日

则由姆姆统一带领大家穿上校服、戴上校徽，排成一队去郊野或私家花园游玩。当然，不想去游玩的话也没人勉强，可以跟着受过专业教育的姆姆学习绘画或者弹钢琴。

开明的教育思想和严格的规矩礼仪，以及姆姆们耐心的教导和仁爱情怀，让杨绛对信仰有了更深刻的领悟和理解。在这所学校里，她懂得了要爱自己也要爱别人的道理；在姆姆们的教导下，她对学习的作用和意义也更加明晰；她沉浸在大姐书桌上堆得高高的书海里，一个人“自修”各类书籍。在《旧约全书》的中译本里，杨绛找到了自己的精神信仰，以此为基石，杨绛的文字更加真实而深邃。

杨绛对启明女校的印象非常好，好到终其一生都对这所培养了她的世界观、价值观、人生观的学校及其每一个帮助过她的人充满了感谢和感恩。她还记得，食堂心地善良的姆姆们，在每月放假那天，为回不了家的她送来的糖果，为她小小的充满失落和难过的心带来的那份甜蜜和安慰。

所以后来，在大姐带她和三姐去申报馆，杨绛看到大病初愈、清瘦至极的杨荫杭时，她才会情不自禁地抓着父亲的手，紧紧地依偎在他身边，想要享受那一份终于到来的温暖和幸福。疼爱女儿的杨荫杭还带着她们吃了“大菜”，用餐期间，杨荫杭还安慰第一次使用刀叉的杨绛不要紧张。

许多被人忽略的小细节，都是杨绛心中的“大事件”。在这些别人看似可有可无的细节里，她深刻地感受到爱，从而学会用爱用心去对待每个人。所以，杨绛的文章充满了细碎的令人动容的元素，这也成为助力她才情凸显的关键因子。

火红的枫叶让本就迷人的上海充满了浓郁的浪漫气息。随着杨荫杭在申报的任职，杨家举家从无锡搬迁至上海，这让从前被孤独席卷的杨绛觉得格外幸福。她不注重外在修饰，也不关心家产几何，只是一味地沉浸在书的世界里。

1923 年，厌倦了人情世故的杨荫杭决意在苏州开律师事务所，于是，杨家迁至苏州。这年秋天，杨绛和三姐考入苏州振华女中。1925 年，聪慧过人的杨绛跳一级，提前初中毕业，继续留在该校读高中。

杨绛性格恬静淡泊，丝毫没有争抢之心。她的才情在其性格的熏陶下，也渐渐显露。

有一次，高中国文老师在班上讲诗，布置了课下作业，让学生们效仿作诗。许多同学冥思苦想，急得抓耳挠腮，仍旧云里雾里，不知如何下手。但才思敏捷的杨绛则一挥而就，其中的《斋居书怀》，还被拿来选入校刊：世人皆为利，扰扰如逐鹿。安得遨此游，倏然自脱俗。

与其他学生现实感强烈的诗作不同，杨绛的诗作，处处流露着高雅脱俗、与世无争的淡泊之意，且充满了旁人没有的文采，引得老师惊奇、惊喜至极，于是给了她一个至高的评价：仙童好静。

事实证明，这位老师的眼光是犀利而准确的。几年之后，进了东吴大学的杨绛很快就成了班上绝无仅有的“笔杆子”——东吴大学1928年英文级史、1929年中文级史，都由她亲自“操刀”。杨绛的“才女”之名由此远扬。

## 错失清华向东吴

岁月是执拗高傲的，它一意孤行地匀速前进，不会因为任何人任何事而有所改变。从起点到终点，生命在岁月的年轮中兜兜转转，迷迷离离；从相遇到分别，从拥有到错过，一切毫无规律又顺其自然地发生，直至最后尘埃落定。

花事繁杂，时光匆匆，那些错过，终究也会被恬静之心渲染得温婉多情。

从少年时期开始，杨绛对清华就有着独一无二的好感。

1928年，十七岁的杨绛顺利高中毕业，一心一意想要报考清华大学外文系。但是天公不作美，清华大学虽然从当年开始招收女学生，却在南方没有留招生名额，因此，万分无奈的杨绛只好转投南京金陵女子文理学院和苏州东吴大学。

聪慧的杨绛凭借自己的从容沉稳，不仅成功摘得了金陵女子文理学院状元的桂冠，同时也获得了东吴大学笔试成绩第一、复试第二名的好成绩。这样的杨绛已然让人赞叹称奇了，但东吴大学的校长觉得：论真本事，东吴的状元应该非杨绛莫属，因为状元孙令衔是东吴附中毕业的，复试的考题，他在中学时曾经做过。

由于家在苏州，杨绛最终选择了离家较近的东吴大学。

东吴大学第一年并不分文理科，所有入学的学生都是各门功课一起学，因此，杨绛也没有专门为后期是学文科还是学理科而过多地耗费精力。但是到了大二，要分专业。东吴大学最好的学科是医学预科和法学预科，虽然杨绛本身对医学很有兴趣，但是她很怕杀生，不能像平常学生一样做实验，于是，理科成绩也很好的杨绛放弃了医学。

此时，下定决心选择自己所喜欢的文学的杨绛，却因为东吴大学有限的文科科目而陷入了进退两难的境地。东吴大学的文科只有法预科和政治系，如果选法预，不仅能帮助从事律师行业的父亲，也能够接触到社会上不同身份的人，丰富自己的阅历，这对自己以后的人生之路无疑是大有裨益的。

思前想后的杨绛把自己的想法告诉了父亲，没想到深谙律师行业门道的杨荫杭却坚决反对，他甚至详细列出了种种理由，劝说女儿不要步自己的后尘……无奈之下，杨绛只好选择了政治系。

虽然对法律和政治这两门学科都毫无兴趣，但是过目不忘、一点就通的杨绛凭着聪慧机敏、才华无双，很快在人才济济的东吴大学脱颖而出。童心未泯的杨绛甚至在课堂上和同学一起玩吹球的游戏，将双手合并为小船，小球就能在手指上转个十几圈不停下来也不跌落，引得许多同学争相效仿。

在东吴大学上学的这几年，杨绛除了在大一、大二这两年个别科目偶尔“失手”外，其他科目全部是一等，这与她终日泡在校内图书馆阅读中外文学书籍有莫大关系。此外，闲暇之余，杨绛还向一位来自比利时的美丽妇人拜师学艺，因而说得一口流利的法语。

一分耕耘一分收获，尤其是在升入大三之后，杨绛的所有功课，包括体育在内，也全是优。在东吴大学，成绩优异、才华出众的杨绛是校园里的焦点人物，走到哪里，都有人打招呼问好，随之而来的还有艳羡万分的目光，但是，杨绛依旧放不下自己的“初恋”——清华大学。即使已经在东吴大学就读两年，

杨绛脑袋里还是经常冒出去清华读书的想法，为了圆自己的清华梦，杨绛还想要到上海通过考试成功转学。

1930年暑假，心急如焚的杨绛急切地赶到上海，交了考试费用，顺利领到了准考证。本以为命运已经掌握在自己手中，不料患了肺结核、久治不愈的大弟突发结核性脑膜炎。在当时的医疗条件下，此病是不治之症。突如其来的噩耗让一家人手忙脚乱、坐立不安，杨绛自然也无心考试。因而，她与清华又一次失之交臂。

杨绛的清华梦就此短暂搁浅，她像许多失恋的人一样，表面看去风平浪静，其实内心却波涛汹涌。

中、英、法文俱佳，能弹月琴，善吹箫，工昆曲，才华横溢的杨绛在东吴大学读书的青春时光里，结识了许多志同道合、心意相通的朋友，比如，后来蜚声全国的有机化工专家孙令衔、赫赫有名的社会学家费孝通等。他们时常结伴而行，或阅读新作或热烈讨论，校园里处处留下了他们积极向上、拼搏奋进的足迹。

温暖、友爱、幸福纵横交织，它们密密实实地缠绕在一起，组成了杨绛的美好青春。由内而外的淡泊，让温婉安然的杨绛变身为行走在人世间的纯洁精灵，将自己特有的细腻和深入骨髓的善意透彻而毫无保留地传递给他人。

大三时，学习成绩优异的杨绛获得了美国威尔斯利女子学院的奖学金，可以去国外深造，但是考虑到父亲刚刚大病一场，家中经济堪忧的现实状况，善良的杨绛不想加重家里的经济负担，于是毅然选择了放弃。而且，在杨绛的内心深处，更吸引她的不是学位，而是文雅诗意、朝气蓬勃的清华校园。

人生无常，世事更迭。

总以为生活可以就这样风平浪静、简简单单地过下去，一直到白发苍苍，但总有突然袭来的狂风骤雨，让未来的人生轨道发生偏离或改变。

1931年，战火四起、兵荒马乱的中国东北爆发了著名的“九一八”事变，全国上下瞬间掀起了声势浩大的爱国学生抗日救亡运动，国内局势一片动荡。

许多高校学生集体罢课，纷纷走上街头，举行大规模的示威游行活动。东吴大学也在其中，不少请愿的学生联合起来，想出了一个“克敌制胜”的妙招：把在东吴附中读书的蒋纬国拉出来做领队，借为他们“保驾护航”。

果然，这个举动非常奏效：东吴大学请愿的学生一路上非但没有受到任何人的阻挠，反而得到了南京政府的热情款待。对于这件事，杨绛是深感鄙夷的，她用带头向发生水灾的华北地区捐款、自己动手买来棉花为受灾的人做棉衣的举动，将部分流于形式的抗日救亡运动变得深入本质且富有深意。

学生罢课、商人罢市、工人罢工，在愈演愈烈的抗日救亡运动风潮的席卷下，许多学校停课，东吴大学也在其中。此时，杨绛即将从东吴大学毕业，为了能够按期毕业，杨绛和四个要好的同学商议，他们向学校提出申请，去燕京大学借读。周芬，是其中之一。

杨绛家与周芬家算是故交。因为杨荫杭是周芬父亲的上司，早在杨绛上大学之前，周芬已经跟着母亲去过杨绛家里，只是当时还小，圈子的不同让两人几乎没有交集。但大千世界，缘分是奇妙的、不可言说的，也许今日还未相识，明日就成了形影不离的好友。比如炎樱和张爱玲，两人忽然在某天一见如故，杨绛和周芬的深交，也颇有这样的意味。

杨绛和周芬相遇，是在东吴的大学宿舍。当时，两人并没有表现出相见恨晚，但时间一长，杨绛竟然不自觉地对周芬表现出依赖来。比如，每早贪睡赖床的杨绛，总让周芬吃完早饭后给她捎一个馒头回来；有时候，杨绛故意把馒头的皮儿留下来，搓成细细的远看像虫子的长条儿，在周芬不注意的时候，放在她的笔记本上，然后自己故作恐慌地大叫：“好可怕！”对杨绛毫不设防的周芬也总是落入杨绛的“圈套”，吓得不敢上前。此时，笑得前仰后合的杨绛便一把将“虫子”捉过来，然后一口吃掉。直到这时，周芬才反应过来自己又中计了，然后与杨绛嬉笑着追逐打闹。

两人的感情在时间的流逝中逐渐加深，在当局镇压学潮越来越残酷的情况下，杨绛的母亲听从振华女校校长的建议，来到学校想要将杨绛接回家。杨绛

舍不得周芬一人独留学校，便央求母亲将周芬一起带走。但是当时，学校门口守卫森严，想要人和东西一起带走是难上加难。聪明的杨绛想到了一个好主意：她让母亲将二人的东西放在车上先行拉走，自己和周芬则趁着下午四点之后的一小会儿的活动时间离校。

从校园里到大门口再到望星桥，周芬和杨绛一直牵着手。她们先来到校外卖小吃的地方观望，确认无人跟踪后才匆匆忙忙往家的方向飞奔，她们一路飞跑一路回头观望，生怕被忽然出现的人“抓回去”。直至到家，两人悬着的心才如释重负地放下。

杨绛喜欢吹箫，周芬喜欢吹笙，二人在学校时经常上演笙箫合奏，听来婉转流畅，非常惊艳。而日后两人的交往，就如同她们当初在校时的笙箫合奏，虽然两人身处异地，但始终心心相印。

**1932年2月，北京的风依旧凛冽，杨绛与好友周芬、孙令衔等一行五人从已经渐暖的苏州出发，一路北上，终于回到了阔别已久的北平。他们全部通过了燕京大学的考试，眼看着最初去燕京借读的约定就要变为现实，但在去燕京大学的途中，心念清华的杨绛听了已在清华读书的好友蒋恩钿的建议，临时变卦去了清华。**

对于自己的“中途反悔”，杨绛是心怀愧疚的，她觉得自己的“突然离开”对不起周芬。她是陪伴了自己将近四年的好友，始终与自己风雨兼程、甘苦与共。她的存在，不仅造就了杨绛青春时光里的灿烂温暖，也是杨绛对人生、对友情理解更深刻的根源。好在周芬对杨绛的“反悔”并不介意，两人分开之后，依旧联系频繁，亲如姐妹。

在乱世之中，周芬和杨绛的友情充满了与世无争的宁静。茫茫人海里，她们相识、相知、相伴、相守，将社会上的狂风骤雨变为生活中的和风细雨，收获了弥足珍贵的友情。

## 第三章

# 初次相逢，已许平生

瞬间就是一年，转眼就是一生。一个人的生命中，总有很长时间是用来寻寻觅觅、兜兜转转的。或许是为了等一个人，或许是为了做一件事。但不可否认，无论愿望能否实现，四季轮回永不停留。

许多人的相逢，都经历过无数次兜兜转转。但有些人相逢即是过客，很快消失不见；有些人相逢做了朋友，从此肝胆相照；而有些人相逢就是一生，从此白头到老。杨绛和钱锺书的相逢，便是最后一种。于千万人之中，遇见你要遇见的人；于千万年之中，在时间无涯的荒野里，没有早一步，也没有迟一步，遇上了也只能轻轻地说一句："哦，你也在这里吗？"

这不是杨绛和钱锺书相遇时的开场白，因为在他们相遇的时候，甚至没来得及说话，只是人群中对对方相视一笑，从此缘定一生。

他们在丁香花开的时候遇见，从此一见倾心；她的目光穿越人海一眼看到他，从此二人心中再无他人。风风雨雨的六十三年里，他们始终紧紧牵着对方的手，风雨无阻、一路前行。但她又始终站在他的身后，将所有的光环和荣誉留给他，自己甘愿做他背后的女子。

最好的爱情，不过是惺惺相惜、心心相印。他们的爱情，如是。

## 蔷薇新瓣浸醍醐

但凡才女，她们笔下的爱情似乎更加传神与独到，无论什么时候读到她们关于爱情的文字，都会怦然心动、浮想联翩。

但是，她们的才情越高，她们的爱情却并不一定如意。比如张爱玲爱上了滥情的胡兰成，石评梅与已有妻室的高宇君相恋。她们都是世间少有的为艺术而生的女性，但她们的爱情却含着无处倾诉的凄凉。

与她们相比，同是才女的杨绛无疑是幸运的、幸福的，在最美的年纪，遇到了那个最对的人。他们在乱世彼此扶持、互为依靠，从此执子之手、相携一生。他们的相遇如同冥冥中注定，早一步不行，晚一步也不行。

1932年春天，沉睡了一个冬天的清华园在阵阵春雷中悄然苏醒。新绿萌发、暗香浮动，摇曳的柳丝在春风的轻抚中蔚然生姿，成串成串的紫藤，将其正对着的天空剪辑成一片美丽的紫色花海。

3月初，刚刚结束了燕大借读考试的杨绛刚一考完，就迫不及待地想去清华看望好友蒋恩钿，刚好老朋友孙令衔也要去清华看望表兄，于是两人相约同

到清华。当时，清华的女生都居住在古月堂，且清华校规规定男生不得入女生宿舍。于是，杨绛与孙令衔在古月堂前别过，她去找好友蒋恩钿，孙令衔则在古月堂门口等他的表哥——钱锺书。

蒋恩钿看到许久不见的杨绛，高兴得语无伦次，两人欢喜地聊着一些陈年旧事。期间，蒋恩钿忽然问杨绛："既然来到北平，为何不到清华借读？"杨绛告诉她缘由，并说燕京大学的借读手续已经由孙令衔接洽办妥。但是，心念好友的蒋恩钿还是再三向杨绛游说，让她多打听打听借读清华的事情。

不知不觉，天色已晚，孙令衔会过表兄，就来古月堂接杨绛回燕京大学，于是，钱锺书就陪送孙令衔到了古月堂门口。此时，杨绛刚好从古月堂走出，孙令衔简单地为他们相互做了介绍：这是杨季康，这是我表兄钱锺书。两人简单打过招呼，杨绛便和孙令衔一起回燕京大学了。

这是杨绛和钱锺书的第一次见面，他们的相遇十分偶然，也十分具有戏剧色彩。他们匆匆一见，甚至没说一句话，但彼此竟刻骨铭心地难忘。

不久之后，燕京大学的借读考试成绩揭晓：一行五人，全部考试通过。而在当时的清华，借读并不需要考试，只需要找到住的地方就可以。于是，蒋恩钿也很快为杨绛办好了借读手续。和杨绛一起报考燕京大学的其他四人，都顺利地入读了燕京，只有杨绛听从了蒋恩钿的建议中途变卦去了清华。蒋恩钿同屋好友袁震借称自己有肺病，搬去校医务室，于是，杨绛自然而然有了落脚的地方。

周芬是杨绛唯一邀约一起来北京的女伴，她的身上有着优秀女性所有的特质——性情随和、易与人相处、成绩优异，与杨绛分别后的她很快就融入了燕京大学全新的生活中。由于燕京、清华两校临近，她和杨绛仍然时常来往，且和蒋恩钿、袁震等也成了无话不谈的好朋友。

许多年后，在人民教育出版社编辑教材的周芬和杨绛仍然保持着密切的联系。一次，来看望阿季的周芬笑说："路上碰到了东吴的同学，他问见到杨季康了嘛？”我说：“见了。”于是，他又问：“还那样娇滴滴吗？”我说：“还那么娇滴滴。”这话被钱锺书听见了，他立刻反驳：“哪里娇，一点也不娇！”

杨绛听到后笑呵呵地解释：“我的娇，只是面色好而已。东吴有的同学笑我，脸上三盏灯（脸颊和鼻子亮光光），搽点粉好吗？我就拿手绢擦擦脸，大家一笑。”

由此可知，杨绛初入清华大学时的姣好容貌。相貌好、年龄小、有才情、家世好……在书香世家长大的杨绛，知书达理、才学卓绝、沉静温婉，引来了不少男生的爱慕。尽管追求她的人犹如“孔子的七十二弟子”之多，她却丝毫不为所动。特别是在身边的女同学纷纷与男友约会、到处弥漫着甜言蜜语的时刻，心静如水的杨绛依旧坐在某个角落写字、看书，她纯粹而充实地过着一个人的小日子，完完全全遨游在知识的海洋里。

据说，在看到有个男生写给她的情诗“最是看君倚淑姊，鬓丝初乱颊初红”后，杨绛非但没有动心，反而向大家解释，说当时来信的人只是说自己年龄还小，要花更多的心思在学习上，不要交朋友之类。

《圣经》有言：“有的时候，人和人的缘分，一面就足够了。因为，他就是你前世的人。”冥冥之中，好像一切都安排好了似的，仿佛杨绛的耐心等待，只是为了那个不早不晚出现的意中人——钱锺书。

在清华古月堂的相见，对杨绛和钱锺书而言，在四目相对的那一刻有了别样的意义。彼时，初春的风悠然地穿过古月堂，带着花的馥郁芬芳，住进了两颗少年的心。杨绛看着面前的少年，只觉得他风度翩翩，“蔚然而深秀”；少年看着正值桃李花季的杨绛，完全被她的清新脱俗所俘虏。尽管事后，孙令衔还莫名其妙地告诉钱锺书，杨季康有男朋友，又跟杨绛说，钱锺书已订婚，但这丝毫没有阻挡两人想要再次见面的心。

几天之后，钱锺书给杨绛来信，约她在工字厅客厅相见。两人见面后，平

日才高气傲的清华才子钱锺书第一句话就是："我没有订婚。"才貌双全、追求者众、被同学戏称为"七十二煞"的杨绛也快速回应道："我也没有男朋友。"

这次见面后，他们的感情迅速升温。两人开始鸿雁往来，"越写越勤，一天一封"，直至杨绛觉出："他放假就回家了，（我）难受了好多时。冷静下来，觉得这是 fall in love 了。"

对于文学同样的热爱，性格上相互的吸引，使得两人越走越近。从他们相遇那一刻开始，他和她的心中便只有彼此，再无他人。

在繁华交织的嘈杂中，许多人会用一颗冷心观红尘，但唯独他，能在这冰冷之中一眼洞穿你清寂的凉，然后一眼明白这世间所有的繁华，不过是你和他身边的过眼云烟。他会在众人之间一眼看到你，然后读懂你，明白你。

杨绛和钱锺书的爱情，就像雪小禅笔下的爱情这样澄澈空灵，纯净美好。

许多年后，杨绛回忆起第一次去清华的那天，她这样描述了对清华的第一印象：

1932 年春，我借读清华大学。我的中学旧友蒋恩钿不无卖弄地对我说："我带你去看看我们的图书馆！墙是大理石的！地是软木的！楼上档库的地是厚玻璃！透亮！望得见楼下的光！"她带我出了古月堂，曲曲弯弯走到图书馆。她说："看见了吗？这是意大利的大理石。"我点头赞赏。她拉开沉重的铜门，我跟她走入图书馆。地，是木头铺的，没有漆，因为是软木吧？我真想摸摸软木有多软，可是怕人笑话：捺下心伺得机会，乘人不见，蹲下去摸摸地板，轻轻用指甲掐掐，原来是掐不动的木头，不是做瓶塞的软木。据说，用软木铺地，人来人往，没有

> 脚步声……下楼临走，她说："还带你去看个厕所。"厕所是不登大雅的，可是清华图书馆的女厕所却不同一般。我们走进一间屋子，四壁是大理石，隔出两个小间的矮墙是整块的大理石，洗手池前壁上，横悬一面椭圆形的大镜子，镶着一圈精致而简单的边，忘了什么颜色，什么质料，镜子里可照见全身。室内洁净明亮，无垢无尘无臭，高贵朴质，不显豪华，称得上一个'雅'字。
>
> ——杨绛《我爱清华图书馆》

所有的美好，都在杨绛的这段文字中隐含。茫茫人海中，很多人彼此擦肩成为过客，但杨绛和钱锺书的相遇却不早不晚，他们在最美的年纪，遇到了最美的彼此。

许多年后，钱锺书的眼前依旧会时常闪现出两人初见时的画面。

> "颉眼空光忆当初，蔷薇新瓣浸醍醐，不知腼洗儿时面，曾取红花和雪无。"惊鸿一瞥，粉若蔷薇、白净红润的杨绛，犹如浸染在醍醐中的蔷薇花一般，娇羞清新美不胜收。

这样的美，怕是世间绝无仅有了。

## 似万千梦里遇见

爱情这件事情，最是充满玄机，什么时候遇到什么样的人，似乎是与生俱来、命中注定的。爱情不是找到的，一定是等了又等，遇到的。然后，她出现了，你认定了，这就是爱了。缘分总这样奇妙，曲曲折折之后，本以为一切都将截然不同，却忽然峰回路转，重回起点。

1910年11月21日，随着一声嘹亮的啼哭，在烟波浩渺的太湖之滨—无锡，一个男婴呱呱坠地。这个男婴就是钱锺书，后来成长为蜚声全国的才子。彼时，才女杨绛尚未出生。

钱家是个封建传统的诗礼之家，钱锺书的出生，满足了急于抱孙的钱福炯的愿望，因而钱锺书刚一出生就受到了全家人的宠爱。钱锺书的祖父钱福炯是清朝秀才，钱锺书的父亲钱基博是一代国学大师。生长于这样的书香门第、世家望族，钱锺书从小耳濡目染，自然受到熏陶和感染。

钱福炯育有四子，钱锺书的父亲钱基博排行老三，上面是大哥钱基成、二哥钱基全（早逝）。由于钱基成膝下只有一女，钱福炯便按照封建传统将钱锺书过继给大儿子——钱基成，这让一直无子的钱基成兴奋不已，他不顾瓢泼大雨，连夜去农村为钱锺书请来了奶妈。

钱基成为钱锺书取名“仰先”，字“哲良”，希望他能向先哲学习，提升自我。在钱锺书周岁抓周礼上，尚在咿呀学语阶段的钱锺书竟置其他于不顾，抱着一本书津津有味地啃起来，由此，家人正式以“锺书”二字为他命名。

转眼之间，锺书已经三岁，到了该上学的年龄。由于不忍看到孩子过早承受读书之苦，钱基成没有送他去学校，而是终日将他带在身边，听说书、上茶馆，四下耍玩。俗话说“玩物丧志”，整日无所事事的钱锺书，让钱基博特别担忧，但碍于大哥的情面，他不好当众劝说，于是便私下建议，让锺书早日进学堂。

1915 年，五岁的钱锺书终于见到了学堂的样子，只是读书不到半年，钱锺书就生了一场大病，让钱基成心慌、心疼不已。他果断地为锺书办理了休学，直到很久之后才跟钱基厚之子去一家私塾复学。

可是不久之后，由于接送不便，钱基成便又将钱锺书带回家自己看管。对此，钱基博深为担忧，他担心钱锺书长期下去，非但学识没有长进，反而学到其他坏毛病。但兄长钱基成却说：“你们俩兄弟都是我启蒙的，还怕教不了他们？”

此后，逛大街、上茶馆又成了钱锺书的家常便饭。每次逛街逛到一半或者事情办完，疼爱锺书的钱基成还不忘给他买来喜欢吃的大酥饼、猪头肉等好吃的。于是，钱锺书对自己的大伯父变得越来越依赖。

此后几年，钱锺书都是在这样的游玩中度过的。闲暇之余，他喜欢看书，于是就囫囵吞枣地将家里的藏书看了个遍，尤其是对各种小说，钱锺书非常热衷。为此，钱基成还专门为他租来《济公传》《七侠五义》等小说，以满足他的求知欲和好奇心。

说来也怪，不到十岁的钱锺书能够准确地记忆小说中的主人公使用的兵器几斤几两，却对众所周知的阿拉伯数字毫无兴趣。其实，钱基成也没少教他，但每次看到那几个数字，钱锺书还是一头雾水。整日游手好闲地在街上游逛，再加上数学一窍不通，这让钱基博很气愤，无奈之下，他只能偷偷将钱锺书找来，好好调教。遇到他不开窍的时候，又急又恼的钱基博就使劲儿往他身上拧，却还是没有收到任何效果。

本来就是家里的长孙，又是钱基成心中的宝贝，骄纵蛮横的钱锺书时常在家中十几个堂兄弟中自称老大。为此，有些不服的小兄弟就跟他吵架，可没有一个人能吵过他，日子一长，他们也就认了。

十岁那年，钱锺书上了小学一年级，不久，疼爱他的大伯父就去世了。虽然当时并不知道什么是永别，但全家人的哀痛还是让他异常难过。相比于伯父的慈爱，稍微严苛的钱基博让钱锺书心里十分惧怕，他的骄横也在钱基博面前瞬间遁形，有时候，他害怕得连买个本子都不敢问父亲要钱。

钱锺书常常把课堂搞得鸡飞狗跳，还把抓到的各类小动物带进教室里。整个小学里，因为调皮捣蛋，钱锺书没少挨批评，也没少被罚站。但“脸皮儿厚”的他却不以为然，无论老师再怎么严厉，他还是自顾自地带着自己的小说，不顾老师口干舌燥的讲解，看得津津有味。尽管没有认真听过一节课，但是钱锺书的国文却出奇的好，与糟糕的数学相比，钱锺书的聪明才智几乎全被国学占据了。

这样的日子还在继续。他的骄纵，引得钱基博忧心忡忡，生怕他得罪了一些“达官贵人”，因而将他的名字改为“默存”，可依旧改变不了他性格中的狂傲。但是，当钱锺书去了校长是外国传教士的苏州桃坞中学上学后，调皮捣蛋的他突然“性情大变”。

他疯狂地爱上了英文，也疯狂地爱上了写作。在一次初高中的作文竞赛中，他竟然荣获全校第七名的好成绩，令老师和同学刮目相看，也让他变得更加高傲、不可一世。他数学成绩依旧很差，尤其是与弟弟锺韩相比，简直是一个地下一个天上。但他的国文和英语成绩则十分突出，这在很大程度上掩盖了他的劣势。在钱基博去清华任教后，钱锺书的狂妄、任性可谓变本加厉，虽然身在课堂，看得却都是《红玫瑰》《紫罗兰》等小说。

一天晚上，钱基博忽然从清华回了家，看到钱锺书的第一件事就是让他和钱锺韩做文章。没想到，钱锺书的文章中到处是生僻字、不清不楚的用词，这让钱基博大怒，于是，他狠狠地将钱锺书揍了一顿。

此时的钱锺书还是从前的钱锺书，依旧我行我素、固执、目中无人。只是父亲的毒打，让他认识到学习的重要性，自此之后便不再偷懒，专心治学。

1929 年夏，钱锺书以外语和国文第一名的成绩考取了清华大学。他的国文成绩特优、英文满分，才情轰动整个清华，但是，他的数学却只考了 15 分。这在当时的录取标准里，几乎没戏。幸运的是，当时的校长罗家伦看到钱锺书的英文、中文成绩俱佳，高出一般考生一大截，就决定打破常规、破格录取。即使数学只有 15 分，但钱锺书的总分在清华大学正式录取的 174 名男生中，位列第 57 名。

仿佛一切冥冥之中自有天意，钱锺书考入清华，比杨绛先几年来到清华，就是为了等她，等那个书香气息浓厚、面若蔷薇的女子。

1932 年孟春，杨绛和钱锺书在清华园的古月堂外第一次相见，彼时，钱锺书身着青布大褂，脚踏毛布底鞋，戴一副老式眼镜，满身儒雅气质。当时的杨绛还不知道，写起文章纵横捭阖、臧否人物口没遮拦的钱锺书，已是名满清华的才子，而此时的杨绛，也是众多男生眼中的“女神”。

似万千梦里遇见。尽管孙令衔分别对他们说，彼此都有男女朋友，但依旧不能阻挡钱锺书和杨绛一见钟情。

其实，孙令衔对钱锺书说的杨绛有男朋友，这里的“男朋友”指的是费孝通。但这也只是费孝通的一厢情愿，杨绛对于他从来没有承认过。而孙令衔对杨绛所说的关于钱锺书已经订婚的“叶小姐”，却是真实存在的。

钱锺书家有个远房姑母，被人称为“叶姑太太”，由于特别赏识锺书的才华，因而想将自己的养女叶崇范许配于他。碍于情面，钱家答应了，但是钱锺书对于这件事没有做任何表态。

在遇到杨绛之前，钱锺书从来没有想过去解释这件事，或者直接跟“叶姑太太”说明这件事；但是在遇到杨绛之后，能言善辩的钱锺书竟有好几日都在

为此事忧心忡忡，他担心自己的辩解会让杨绛觉得是在找理由。于是，在几天后的工字厅会客厅里，钱锺书见到杨绛的第一句话就是：我没有订婚。外界传言说我已经订婚，这不是事实，请你不要相信。

爱情的力量是伟大的。曾经天不怕地不怕、自傲自负的钱锺书，在遇到杨绛后彻底被她的温婉多情、清新脱俗所俘虏，他心甘情愿地受她差遣，乐此不疲地享受着因她带来的一切烦琐，甘之如饴。

君住江之头，妾居江之尾，同饮一江水。世事如棋，人海茫茫，冥冥之中的相遇已属不易，相知相爱更是难得。

其实，钱锺书和杨绛的缘分早已注定。在杨绛八岁时，当时得了伤寒后死里逃生的杨荫杭，想要搬离那个站在院子里能看河里来往船只的宅院，就托朋友四处打探哪里有合适的房子。当时有亲戚介绍了一处中意的房子，杨荫杭和唐须荌就带着杨绛去看。而这个宅院里住着的不是别人，正是后来与杨绛携手一生的爱人钱锺书及其家人。那时，他们住在留芳声巷朱氏宅的旧屋子里，杨绛见到了钱锺书的家人，却唯独与钱锺书擦肩而过。

想来，上天也不肯让这样一对珠联璧合的玉人再次擦肩而过。如果当时杨绛与钱锺书相见，可能就会少了日后在清华园古月堂相见时那种怦然心动、如同触电般的惊艳美好。

当然，如果二十多年的时光流转，花开花落，只是为了那个必然会来到此处与自己相会的人，那么，这样的等待也是浪漫的、别有意义的。

## 云中谁寄锦书来

云中谁寄锦书来，雁字回时，月满西楼。

仰头凝望远天，那白云舒卷处，谁会将锦书寄来？正是雁群排成“人”字，一行行南归的时候。

花开花谢，悲欢离合，生命就是这样此起彼伏。所以，我们能感受到爱，感受到痛，在说长不长、说短不短的光阴里，寻找到幸福，然后守护它、珍惜它。

杨绛和钱锺书的感情，从一见钟情的那一刻开始，就好到不能再好。像所有的情侣一样，他们在林间小道悠然漫步、在荷塘边甜言蜜语。在不能相见的时候，写一些动人心弦的情书传递感情。一封封饱含着浓烈爱意的情书，全部出自钱锺书之手，它们如同一滴滴热泪，悄然将杨绛的心融化。

在钱锺书为杨绛写过的情诗中，最著名的莫过于《壬申年秋杂诗四首》：

缠绵悱恻好文章，恋香凄足断肠；答报情痴无别物，酸一把泪千行。

依穰小妹剧关心，鬟多情一往深；别后经时无只字，然惜墨抵兼金。

良宵苦被睡相谩，猎风声测测寒；如此星辰如此月，谁指点与谁看。

困人节气奈何天，煞衾函梦不圆；苦雨泼寒宵似水，虫声里怯孤眠。

清新淡雅，读来令人格外安静，这与平日钱锺书一挥而就洋洋洒洒的文风极为不同。

作为我国的高等学府，清华大学自建校以来人才济济。早在钱锺书就读清华时，便有文学院长杨振声、外文系主任王文显和叶公超等一大批名流学者，他们各有所长，令人仰慕。但自视清高的钱锺书却对这些名人不感兴趣，他一心想要占领、横扫的，是清华大学图书馆。无论课上还是课下，同班同学对钱锺书的评价都不约而同地一致：“他的中英文造诣很深，又精于哲学及心理学，终日博览中西新旧书籍。最怪的是上课从来不带笔记，只带一本与课堂无关的书。一面听讲，一面看自己的书，但考试时总能考第一。”

在同学的眼中，钱锺书是“神”一样的存在。他有着惊人的记忆能力和超高悟性，无论多么深奥的书籍，他都能迅速而准确地领悟其中的深意。每每遇到辩论，他也总能将自己所学信手拈来，随意列举的例子生动形象又贴合实际，且能当场讲出出处，让在场的人无不叹服。许多想要读书却不知读什么书的人前来向钱锺书询问，他也能根据对方需求一口气列出几十本，还配有书名、作者及内容介绍，无不让同学赞叹称奇。

《清华周刊》《新月月刊》《大公报》等杂志上，随处可见钱锺书发表的说理透彻、旁征博引的文章，字字洋溢着无尽的才情，引得吴宓教授由衷感叹：“自古人才难得，出类拔萃、卓尔不群的人才尤其不易得。当今文史方面的人才，在老一辈人中要推陈寅恪先生，在年轻一辈人中要推钱锺书。他们都是人中之龙，其余如你我，不过尔尔。”他的卓尔不群，也很快得到了叶公超、温源宁等名家教授的一致赏识。这样的殊荣，仅他一人而已。

钱锺书的才情名满清华，引得许多著名学者点头称赞，这是他的优势。但在为人处世上，钱锺书的年轻气盛，使他处处锋芒毕露，时时让对方陷入尴尬难堪的境地，自己却浑然不觉。比如，他批评周作人在文学创作中的概念不清和逻辑简单，虽然言之有理，但显得过于骄横，让周作人哑口无言，弄得日后相见甚是尴尬。

虽然钱锺书能言善辩，在何种场合都能高谈阔论、滔滔不绝，但他骨子里却对交际有种与生俱来的排斥，特别是对那些别人挤着脑袋想去拜访的权威名流，他全无兴趣；纵使有社团活动邀约他，也很少能等到他的出现。于是，很多人便将“架子大、不近人情、爱出风头”的帽子扣在他头上，但他依旧我行我素。

用自己喜欢的方式与世界相处，不在无谓的事情上浪费光阴，钱锺书将因拒绝交际而省出来的一切时间花费在清华大学的图书馆里，疯狂地阅读各种作品。靠着自己的韧劲和悟性，他还作了大量独具匠心的旧体诗，并与性情孤傲的石遗老人成了要好的朋友。在老人的指点下，钱锺书诗作的意境与风骨更加高远、陡峻。

清高孤傲、自大狂妄。正是这个目中无人、硬如磐石的钱锺书，在与杨绛相识相恋后，变得细腻温情、仿若无骨。利用文字，他将自己的爱慕之情表达得淋漓尽致，并通过清华大学校内的邮箱，将信直接送至杨绛的宿舍。可是，很少用信表达心意的杨绛，几乎不怎么回，因此惹得钱锺书幽怨连连，故而发出了“别后经时无只字，居然惜墨抵兼金”的小落寞。

此时钱锺书即将读大四，而杨绛也即将借读毕业，如此一来，两人即将天各一方。为了尽可能长时间地厮守，在二人确定恋爱关系后不久，钱锺书就开始悉心辅导杨绛学习，并且鼓励杨绛考清华大学的研究生。

对于这个傲视群雄的才子来说，周围所有人的存在都抵不上杨绛的一句话、一个眼神。尽管杨绛不曾回信，但爱到疯狂的钱锺书变成了一杯沸水，他的情书一封接一封地传送至杨绛手里，以此表达着自己对杨绛的浓浓爱意。

1932 年 7 月，杨绛在清华借读大四顺利毕业。此时，恰好一位苏州的亲戚

介绍杨绛去苏州的一所小学当教员，工作清闲且每月有 120 元的收入，于是，杨绛便收拾行囊，回到了苏州。工作之余，她一边在校内的图书馆中博览群书，一边挤出时间复习功课，日子过得充实有意义。但人的精力是有限的，复习功课的时间也是有限的，于是，杨绛回信给钱锺书，想推后一年再考研究生。

杨绛的这个打算让钱锺书感觉到一种从未有过的失落和折磨，想到两人长久不能见面，钱锺书内心十分难过。因此，他再三劝说杨绛，最后两人还起了争执。因此，杨绛对钱锺书的态度转变了许多。觉察出杨绛的变化后，分外敏感的钱锺书以为杨绛要另觅意中人，十分伤心，可这个往日聪明绝顶的男孩哪里知道，自己心系的女神对他一样想念、牵挂。

一封封滚烫的饱含深情的情书接踵而至，那些生动的仿佛带有钱锺书体温和气息的文字，让杨绛读来倍感亲切和幸福。她为那些文字里的爱意而感动，为写下这些文字的人而赞叹。很快，两人便和好如初。

二人频繁的书信往来，惹得钱锺书的父亲钱基博十分好奇。一次，钱锺书和杨绛的信件偶然落到了钱基博手中，他便在好奇心的驱使下拆开来看，恰逢聪慧明理的杨绛在信中这样写道："现在吾两人快乐无用，须两家父母兄弟皆大欢喜，吾两人之快乐乃彻始彻终不受障碍。"读到此处，钱老先生不禁喜不自胜，大赞："此诚聪明人语！"顾不上征求儿子的意见，眉开眼笑的钱基博就直接给杨绛回信：诚恳放心地将儿子托付于你。至此，杨绛和钱锺书的结合得到了钱父的许可。

长时间的分离，让两人对对方的思念愈加浓烈，他们在鸿雁传书的同时，迫切地想要长相厮守。

1932 年年初，北京寒冬的风依旧有些凛冽，而此时的苏州，已经有了"吹面不寒杨柳风"的温软。在这样美好的光景中，钱锺书应杨绛的邀请，来苏州拜见杨绛的父母。

此时的杨荫杭在杨绛借读清华时患了"中风"，早已失去了往日玉树临风的英姿，脸上也有了岁月的痕迹。但对于自己钟爱的女儿，他始终给予最深的疼爱和理解，尽管不舍得女儿嫁人，但杨荫杭还是想在自己尚且有能力的时候，为女儿寻到一个可以托付终身的人，如此，他才能放心离去。

钱锺书的到来，让杨荫杭为女儿择婿的心愿从想象变为现实，与钱锺书相见后，两人相谈甚欢。钱锺书的博学广识、儒雅风范，让杨荫杭觉得他“很是高明”。

见过杨绛父亲之后不久，迫不及待想要抱得美人归的钱锺书就邀请了杨荫杭的两位好友为媒人，正式向杨家提亲。

一日不见如隔三秋，分开半年之久的两人，在见到对方的瞬间，内心忽然如春水荡漾开来。他们热切而亲密地相拥，仿佛世间的一切都消失不见，只剩天荒地老的永恒幸福。

当年暑假，在苏州的一家酒店，钱锺书和杨绛在双方亲友的见证下，举行了温馨的订婚仪式。从此，四目相对的时候，有了与从前完全不同的安心。

1933 年年初，在蹉跎了半年时光后，杨绛开始全力备考。尽管觉得自己实力不济，但清华研究生考试当天，杨绛还是硬着头皮进了考场。没想到，成绩揭晓—居然中了！这让杨绛如中头彩般惊喜异常。要知道，清华事先规定报考外国文学的需要增加第三外语，为此杨绛还临时恶补了德文，也只能粗粗读懂《茵梦湖》，没想到考试当天第三外语免试，而杨绛的时间全都浪费在了德文上。但无论如何，得以再回清华的杨绛是幸运的，她既可以与自己喜欢的文学再度牵手，又可以与自己的爱人相伴左右。

1933 年，钱锺书于清华大学毕业。因父亲在上海教书，他便应父命去光华大学担任中文系主任，而此时的杨绛因尚未毕业仍然留在清华。订婚后的两人，再次劳燕分飞，他们一南一北遥遥相望，“云中谁寄锦书来”成了他们最大的期盼和念想。

为解相思之苦，二人的书信往来更加频繁。偶尔心血来潮、感情泛滥，杨绛也会写些情意绵绵又文采极佳的文字给钱锺书，这让远离未婚妻的钱锺书欣喜万分、激动不已。钱锺书所创作的大量的古体诗，也正是在这样的背景下产生的。

销损虚堂一夜眠，拼将无梦到君边。

除蛇深草钩难着，御寇颓垣守不坚。

如发篦梳终历乱，似丝剑断尚缠绵。

风怀若解添霜鬓，明镜明朝白满颠。

这是钱锺书在1939年写给杨绛的。“除蛇深草钩难着”一句出自佛遗教经，而下边的“御寇颓垣守不坚”则出自二程语录。钱锺书将自己对杨绛的相思之情比作蛇入深草，蜿蜒动荡却捉摸不透；又比作心中的城堡被爱的神箭攻破，无法把守。通过形象的比喻，钱锺书化腐朽为神奇，巧妙地将佛家禁欲点石成金，变成了自己对杨绛的爱情宣言。能用佛家典故与理学家语来作情诗的，自来无第二人，因而，这首诗也成为钱锺书众多诗作中最为得意的一首。

爱就是爱，心心相印，生生不息。

年少的爱情是纯净浓烈的，也只有在这样一个毫无压力、随性自由的时期，可以为了爱飞蛾扑火、奋不顾身。杨绛和钱锺书一样，难逃此劫。

## 婉拒费郎千金意

许多人都想要留住时光。但最美的或许不应是留住时光，而应是留住记忆、留住念想。

像一直留在记忆深处的初次相逢一样，一个眼神的碰撞，就会有后来绵长明丽的故事，而这样的记忆就像时光，永远流动着初见般的美好。

杨绛和钱锺书就在这样恬然的记忆中留住了时光，他们的故事开始在年少，结束在白发苍苍。他们在几十年的柴米油盐里，演绎着爱，诠释着爱，任何人都不能将他们拆散。

在钱锺书所创作的《围城》里，主人公的名字叫方鸿渐。他既善良又迂执，既正直又软弱，既不谙世事又玩世不恭，与当时一部分知识分子的精神面貌有很多相似之处。许多人看到方鸿渐，便会不由自主地联想到费孝通，这不仅仅是因为他追求过杨绛，还与社会学《围城》里的原话：“他是个无用之人，学不了土木工程，在大学里从社会学系转哲学系”有关。因为《围城》中的方鸿渐与社会学有关，而费孝通正好是社会学教授。

这当然是大众一厢情愿的想象，作为爱恋杨绛的“第一人”，现实生活中的费孝通真诚坦荡，富有浓重的家国情怀。因而他才能将自己最为宝贵的青春年华奉献给村庄、奉献给人民。

1910年，费孝通生于苏州府吴江县一个知识分子家庭，此时，他的初恋情人杨绛还没有出生。几年之后，费孝通随全家迁入苏州，因为其母亲与振华女中校长王季玉是好友，为儿心忧的她怕体弱多病的费孝通升入其他中学遭大男孩欺负，就想要费孝通转学去振华女校读书。

费孝通一听急了：振华女校全部是女生，就我一个男生去，岂不是要被同学们笑死。因此，无论母亲怎样劝说，费孝通都坚决反抗。但是，严厉的母亲哪里肯容忍儿子这样放肆下去，当即下了死命令，不去也得去！最终，拗不过母亲的费孝通只得乖乖去了振华女校，因而成了杨绛的同窗。

那是1923年，杨绛12岁，还是个不知天高地厚、喜欢恶作剧的小姑娘。当时的费孝通在她眼里，也不过是个愣头愣脑、不会玩游戏的小呆瓜。有一次，两人一起玩耍，杨绛用树枝在沙地上给费孝通画了一幅丑像：胖嘟嘟的脸，嘴巴就那样张着闭不拢。画完之后，杨绛一边哈哈大笑，一边使劲儿问费孝通：“这是谁？这是谁？”费孝通只憨笑，不作声。或许那时候，费孝通心里对杨绛已经有了某种不一样的感觉，只是年龄尚小，双方都不曾发觉罢了。

尽管看着“愣头愣脑”，但实际上费孝通非常聪明。但凡老师讲过的知识，他总能做到过目不忘且能灵活运用，让不少同学刮目相看。

当时的振华女中，女生都留着清一色的长辫子，唯独杨绛，一头短发，清新俏丽。因而，这个学习成绩优异、气质超凡脱俗的杨绛，在费孝通眼里成了个“洋来洋去的洋学生”。每当课间游戏或无事发呆的时候，他总会情不自禁地朝着杨绛的位子瞅，但费孝通只是把自己对杨绛的好感藏于心中，从没有对杨绛有过任何表示。直至他们一同考入东吴大学，杨绛成为众多男生心仪的“女神”之后，费孝通的爱慕之情才渐渐浮出水面。

新华社、人民日报驻外记者吴学昭在《听杨绛谈往事》一文中如此写道：东吴许多男生追求杨先生。费孝通对他们说："我跟杨季康是老同学了，早就跟她认识，你们'追'她，得走我的门路。"本以为说了这番话就能阻止其他男生追求杨绛，但令费孝通没有想到的是，杨绛的追求者只增不减。而杨绛听到这话后如此回应："我从十三岁到十七岁的四年间，没见过他一面半面。我已从一个小鬼长成大人，他认识我什么呀！"无奈之下，费孝通只得壮着胆子，表达了自己内心对杨绛的喜欢和仰慕。

碍于自己和费孝通是相识数年的好友，因而，面对费孝通的表白，杨绛既没有表现出明显的拒绝，也没有给予任何接受的暗示。但是在外界看来，两人的默不作声，恰好坐实了他们的恋情，况且，费孝通一直穷追不舍地努力，想要追上杨绛的步伐。

1930年秋天，费孝通离开东吴大学转入燕京大学。临走前，他问杨绛："我们做个朋友可以吗？"杨绛说："朋友，可以。但朋友是目的，不是过渡。换句话说，你不是我的男朋友，我不是你的女朋友。若要照你现在的说法，我们不妨绝交。"此后，二人再没见面。

1932年春，杨绛和周芬、孙令衔等一行五人结伴北上去燕京大学借读的时候，费孝通已经在燕京大学读了三个学期的书。他们刚出北平火车站，就看到有个人在站口探头探脑、不停地观望，而这个人，就是后来大名鼎鼎的著名人类学家、社会学家费孝通。当时的他，已经完全陷入了单相思的旋涡，因而能够在交通不便的年代，从远在郊区的燕京大学进城接站，而且连续三次，才见到杨绛一面，这绝不是寻常人能够做到的。费孝通的人品由此可见一斑。但即使钱锺书没有出现，杨绛对费孝通的感情也只是停留在友谊的层面。

缘分就是这样奇妙，兜兜转转，前行不顾，也许只为了在最好的时机，遇到最合适的人。

1932年，杨绛在蒋恩钿的帮助下得以去清华大学读书，为防其他男生追求杨绛，费孝通让他的好友孙令衔宣传“杨绛已有男朋友”的消息。于是，才有了钱锺书与杨绛第二次见面时的解释：“我没有男朋友。”

直至杨绛和钱锺书坠入爱河，费孝通还是没有放手的意思，于是，正在热恋中的杨绛专门写信给费孝通，“自己已经有男朋友了”。闻此消息，腼腆憨厚的费孝通十万火急地从燕京大学来到清华，与杨绛“吵架”。在古月堂前树丛里的一片空地上，费孝通与杨绛及其好友蒋恩钿、袁震三人理论。费孝通认为他更有资格做杨绛的“男朋友”，因为他们已做了多年的朋友，但杨绛并不认同。在与杨绛理论的过程中，费孝通还知道了，杨绛所谓的男朋友，就是钱锺书。

两个男生同时爱上了一个女生，这种在电视里才会出现的桥段就真真切切地出现在了杨绛的生活里。此后，不言放弃的费孝通依然暗中与钱锺书较劲儿，但很可惜，随着杨绛和钱锺书在1933年订婚，杨绛从此便成了费孝通心中的梦。

以此为转折，费孝通更加锐意进取，想用自己的未来向杨绛证明自己的实力。

> 据吴学昭在《听杨绛谈往事》中的记载：陈岱孙、费孝通作了全校性的“师范报告”，杨绛没听。袁震告诉她，费孝通检讨他“向上爬”的思想最初是“因为他的女朋友看不起他”。
>
> 许多年后，当年苦追才女杨绛的费孝通已经成为誉满全国的社会学家、人类学家，受到千千万万人的尊重和敬仰。但杨绛和费孝通仍然保持着“发乎情、止乎礼”的纯洁友谊。钱锺书去世后，有一次费孝通去拜访杨绛，送他下楼时，杨绛还一语双关地说道：“楼梯不好走，你以后也不要再‘知难而上’了。”

事实证明，杨绛的眼光确实独到。她和钱锺书的爱情经过岁月的洗礼，不仅没有冷场褪色，反而愈发鲜艳明亮。而曾经苦追自己的费孝通，也在上天的安排下觅得佳人。

1931 年“九一八事变”后，费孝通和其他同学在参加学生游行时，因不小心受寒感染肺炎住院，错过了学期考试，不得不留级，于是，遇到了比他晚一级的女孩——王同惠。两人在学术争论中相识，在后来的交往中感情日益加深，但在杨绛与钱锺书订婚之前，两人只是朋友关系。

一年后，费孝通与王同慧的关系火速升温，爱情的火苗也渐渐旺盛起来。他沉浸在恋情的甜蜜中，表面看去，似乎已对杨绛的事情充耳不闻。现在的他们，都各自幸福着。

但时间的脚步还是在一直向前，从未停下。

1935 年夏天，在杨荫杭的主持下，杨绛和钱锺书在苏州杨家大厅举行了隆重的西式婚礼。那天，一袭白纱着身的杨绛缓缓地走在红毯上，脸上露出迷人的笑意，旁边有专门为她提花篮的花女和为她提纱裙的花童。此刻的他们与纯净洁白的花瓣交织在一起，恍惚间如离尘世。

炎炎盛夏，热如牢笼。婚礼开始没多久，杨绛的婚纱就仿佛湿了水一般黏在身上，热得她透不过气来。而钱锺书的白衬衣领子也被不停冒出来的汗水所浸透，看起来分外狼狈。

但这样狼狈的时刻，却是两人共同相守的日子里最为幸福的时刻，即使在许多年以后，钱锺书依旧没有忘记当时那个场景。在自己的小说《围城》中，钱锺书设置的曹元朗与苏文纨结婚的场景，正是当年的自己和杨绛。

“结婚穿黑色礼服，白硬领圈给汗水浸得又黄又软的那位新郎，不是别人，正是锺书自己。因为我们结婚的黄道吉日是一年里最热的日子，我们的结婚照上，新人、伴娘、提花篮的女孩子、提纱的男孩子，一个个都像刚被警察拿获的扒手。”在杨绛的文章《记钱锺书与围城》一文中，杨绛如是写道。

世间万千，从此抵不过伉俪深情。杨绛和钱锺书的百年之恋，自此有了完美的开始。

在钱锺书和杨绛结婚后一个月，费孝通与王同惠便在未名湖畔的临湖轩、

当年吴文藻和谢冰心结婚的地方结婚，证婚人是燕京大学校长司徒雷登，出席他们婚礼的还有费孝通的导师吴文藻。

本以为幸福就此尘埃落定，但不幸却在他们毫无防备的时候忽然降临。

费孝通与王同慧结婚没多久，二人就应约前去广西瑶山做社会调查。期间，费孝通不幸陷入瑶山猎人为逮捕野兽而制造的陷阱之中，被木石压住。心急如焚的王同慧奋不顾身地将石块逐一挪开，但此时的费孝通足部已受重伤，不能站立，因而王同慧急忙跑出森林求援，从此一去不返。直到次日傍晚，有人发现了受伤的费孝通，将他救了出来。七天后，湍急的山涧里浮出王同慧的尸体，费孝通这才知道，自己的爱人已经离世，他难过到泣不成声。而此时，他们结婚才刚 108 天。

妻子的忽然离世，让费孝通心中异常难过。为了疗伤，费孝通在导师吴文藻的安排下，前往英国伦敦政治经济学院，师从马林诺夫斯基学习。几年之后，费孝通在他的博士论文《江村经济》一书的首页上写道：请允许我以此书来纪念我的妻子。1935 年，我们考察瑶山时，她为人类学献出了生命，她的庄严牺牲使我别无选择地永远跟随着她。

费孝通是个极其重感情的人，不仅体现在他对妻子的纪念上，还体现在为国为民的高尚情怀里。在抗战最艰苦的时刻，费孝通拿到了博士学位，但他没有选择留在国外享受，而是毅然回国，任教于云南大学。在此期间，费孝通在哥哥的介绍和撮合下与孟吟结婚，从此二人相依相伴，不离不弃，也成就了一段爱情佳话。

费孝通是君子，在杨绛的眼中是，在钱锺书的眼中还是。面对当年杨绛“不近人情”的拒绝，费孝通气过也苦恼过，但他气的不是杨绛的“绝情”，而是自己的怯懦胆小。如果许多年前，自己勇敢而坚定地表达对杨绛的爱慕之心，或许结果又全然不同了。但也正是杨绛的拒绝，激起了他内心潜藏的那股斗志，让他在自己所学的领域绽放异彩。后来，费孝通始终与杨绛和钱锺书保持着纯粹、深厚的友谊。

1979年4月，中国社会科学家访美，费孝通与钱锺书一路同行并机缘巧合地被安排在同一套间，二人之间的相处自然而亲密，这个从《听杨绛谈往事》一文中可以看出：

> 钱先生出国前新买的一双皮鞋，刚下飞机鞋跟就脱落了。费老对外联系多，手头有外币，马上借钱给他修好了。钱先生每天为杨先生记下详细的日记，留待面交，所以不寄家信，费老主动送他邮票让他寄信。钱先生想想好笑，淘气地借《围城》赵辛湄和方鸿渐说的话跟杨绛开玩笑：“我们是‘同情人’。”

这个“同情人”，非杨绛莫属。

2005年，享年94岁的费孝通去世，他和杨绛之间的纷扰纠葛也戛然而止。也许，对他而言，杨绛永远是自己心中那个不染纤尘、净如天使的梦，让他走到哪里带到哪里。带去天堂，便也从此充满了“此情不渝”的味道。

# 第四章

# “一双名剑”，英法求学

这世界上，最能静心的事情莫过于读书。一个人，若想在滚滚红尘中保持一颗纯净之心，书是最好的熔炉，也是最强的滤网。它能过滤掉一个人周围大部分杂质，让心灵的尘埃逐渐被洗涤干净。

杨绛和钱锺书对书的追求甚至超越了生命。早在清华大学时，二人便常常结伴去图书馆，那里瀚如烟海的图书让钱锺书和杨绛深为痴迷。后来，勤学的杨绛更是通过自身努力，考上了清华研究生，但是为了陪伴丈夫钱锺书完成学业，她毅然终止读研，陪丈夫漂洋过海，远赴英国牛津。

从此，名震东吴的才女和誉满清华的钱锺书，如同“一双名剑”，畅游书海。

藏书巨大的牛津图书馆，成了杨绛和钱锺书的“饱蠹楼”。他们在这里，坐拥书城、埋头苦读，并时不时地开展读书竞赛，从而使原本孤苦伶仃的异国生活有了温暖灿烂的美丽色彩。他们也会相伴走过牛津、巴黎的大街小巷，去听那里的故事，见那里的人。

形形色色的人，就像书中讲述的形形色色的事情一样，各有美好也各有愁绪。但无论何时，他们总会被书中所渗透的温暖而感染，他们会在万里之外，给家里的亲人寄信，也会欢喜地像个孩子一样等着邮差送信上门。女儿阿瑗的降生，让他们更加明白，相濡以沫的幸福竟有甘之如饴的香甜。

只是，冥冥之中，总会被无形的家国情怀所牵引、羁绊，而且它们与生俱来，永远不会随岁月而删减。

## 夫唱妇随别亲友

沈从文说："我一辈子走过许多地方的路，行过许多地方的桥，看过许多次数的云，喝过许多种类的酒，却只爱过一个正当最好年龄的人。"

总觉得这段话用在杨绛和钱锺书的身上最妥当。风雨同舟、心心相印，在平淡的日子中相依相守，在柴米油盐的琐碎中寻找幸福，这大概是许多夫妻梦寐以求的事情。

爱不是一见钟情的门当户对，而是岁月沉淀中的沧海桑田。如果不经历千回百转，便不会懂得，在爱情路上出现的那些纷纷扰扰、枝枝蔓蔓，是必不可少的磨砺与淬炼，它们随着时光的长河奔流向前，在夫唱妇随的默契中诠释着爱情的真谛。杨绛与钱锺书的爱情，便是如此。在民国众多的绝美爱情中，他们的爱情并不惊艳，但却透着无与伦比的细腻、温暖。

对钱锺书有独到研究的胡河清曾赞叹："钱锺书、杨绛伉俪，可说是当代文学中的一双名剑。钱锺书如英气流动之雄剑，常常出匣自鸣，语惊天下；杨绛则如青光含藏之雌剑，大智若愚，不显刀刃。"

1933 年，杨绛顺利考入清华研究院，学制三年，但杨绛却只上了两年就半途而废，只因自己的未婚夫钱锺书考上了公费留学。

其实，这样的结果不是偶然。很早之前，钱锺书就想报考英庚款（中英两国政府协定，英方归还中方庚子赔款，并专门设立了管理这笔款项的董事会，并以举办留英公费考试，资助国内优秀学生到英国学习）资助的公费留学考试。但在当时，考试要求报考者必须有两年的社会服务经验，因此在清华研究生毕业后，钱锺书便应父命去了光华大学任教。

1935 年，钱锺书两年服务期满，他报考了出国留学考试。参加考试的有 200 多人，却只录取 25 人，且钱锺书报考的英国文学只招 1 人。而这仅有的 1 人名额，恰恰就被总平均分为 87.95、成绩是当届第一、也是历届第一的钱锺书获得。得知自己考试通过，满心欢喜的钱锺书第一时间就将这个好消息告诉了杨绛，杨绛听了也很高兴。

但是当时，杨绛还没毕业。考虑到钱锺书这位大名鼎鼎的清华才子从小生活养尊处优惯了，除了读书学习之外，其他生活琐事一窍不通，需要有人在身边照顾，因此杨绛决定先跟他完婚，然后同去英国。

但天公不作美，当时的清华研究院只有杨绛就读的外语部没有设置留学生通道，因而杨绛必须办理自费才能和钱锺书同行。

没有和家人商议，也没有丝毫的犹豫不决，在与老师做了简单沟通后，杨绛就和老师的想法达成了一致：用论文代替了剩下的一门需要大考的功课。于是，提交论文后，杨绛顾不得许多，便匆匆办理休学，提前一个月回了家。

简单地收拾了行李，急于归家的杨绛就登上了回家的船，颠簸几个小时后，熟悉的苏州终于出现在了眼前。从船上下来后，杨绛雇了车，到了家门口，她快速地把行李搬进院子，然后就朝着父亲的房间飞奔而去。此时，杨荫杭正在午休，他一听到女儿的声音，立刻下床回应："呃，可不是来了！"

仿佛心有灵犀一般，午休时的杨荫杭隐隐觉得阿季回来了，便去夫人唐须嫈的房间里去找，却只见夫人独自一人在做针线活儿，完全没有阿季的影子，惹得唐须荌一脸惊愕。但这会儿阿季的突然出现，倒让他有了种“曾母噬指、曾子心痛”的神奇感觉，恍惚中他相信，母子连心是真实存在的，而父子连心也是有的。

杨绛的突然回家，让杨荫杭和唐须荌都深感意外。在阿季没有吐口之前，他们一度以为女儿可能发生了什么惊天动地的大事。随后才知道女儿突然回来是为了和钱锺书完婚，然后陪他出国留学。思想开明的杨荫杭很是支持，他还和夫人商议，尽快为女儿与钱锺书办婚事。

作为苏州当地颇有声望的人家，杨荫杭和唐须荌的思想特别民主、开明，他们极尽所能地为女儿做任何可以做到的事情。

按照苏州当地风俗，姑娘出嫁前，要由自己的父母设宴（但他们并不参加），请女方的姐妹、女伴及女同学，意思是让小姐妹们为其送行，这也标志着一个人生活的结束，另一段新生活的开始。于是，1935 年旧历 6 月 11 日晚上，杨绛的“小姐宴”如期开始。尽管家中布置得喜气洋洋，姐妹、亲戚朋友围坐了满满一桌，但想到马上就要与父母分别，杨绛却怎么也高兴不起来。

杨绛的伤感很快传染给了大家，尽管所有人的脸上都露出淡淡的笑意，但她们潜伏在内心深处的伤怀，总是在不经意的时候悄悄地探出脑袋。嫁人，其实也是另一种离别。从自己熟悉的家中到另一个新的家，那种忽然进入陌生环境的落寞和不安，“小姐宴”上的杨绛体会得深入骨髓。

1935 年 7 月 13 日，杨绛和钱锺书先在杨家举行了隆重盛大的西式婚礼，随后又在钱家举行了喜庆热闹的中式婚礼。中西合璧的婚礼，在当时，让不少人觉得甚是新奇，尤其是这一对璧人的结合，在双方的亲戚朋友看来堪称完美。

由于天气炎热，两场婚礼下来，杨绛和钱锺书都因为体力不支，受热过多病倒了。到了杨绛回门的日子，唐须荌还欢天喜地地准备了一桌子丰盛的饭菜，但连阿季的影子都没有看到，这不免让爱女心切的唐须荌异常担心。好在十多天后，身体复原的杨绛得以回家见到母亲，这又让唐须荌深感安慰，可谁曾想到，这竟然是她们母女的最后一次相见。

短暂的团聚后，就是漫长的分别。

1935 年 8 月，杨绛和钱锺书背起行囊，坐上远洋轮船的二等舱，正式开始了艰难跋涉的英国之旅。

在出国的行李中，对书爱到狂热的钱锺书箱子里装的多半也是书，他还随身带着约翰逊博士的词典，在闲来无事的时候，和杨绛一起翻看。因为路途遥远，从家里到达牛津，需要在海上漂泊一个多月。

一个多月的海上漂泊时光是漫长的，幸亏两人天南海北地说笑、聊天，才让这漂泊的时光多出了一点点韵味。从杂文选刊到专业书籍，从生活琐事到人生哲理，两人都能有不尽相同但又各有道理的见解。他们愉快地讨论着、交流着，将海上一成不变的风景装扮得有了诗情画意的味道。但在海上漂泊期间，他们也并不是一直如胶似漆、琴瑟和鸣，吵架也是有的。对此，杨绛在《我们仨》中这样写道：

> 我和锺书在出国的轮船上曾吵过一架，原因只为一个法文“bon”的读音。我说他的口音带乡音，他不服，说了许多伤感情的话。我也尽力伤他。然后我请同船一位能说英语的法国夫人公断，她说我对他错。我虽然赢了，却觉得无趣，很不开心。锺书输了，当然也不开心。常言：“小夫妻船头上相骂，船杪上讲和。”我们觉得吵架很无聊，争来争去，也改变不了读音的定规。我们讲定，以后不妨各持异议，不必求同。但此后几年来，我们并没有各持异议。遇事两人一商量，就决定了，也不是全依他，也不是全依我。我们没有争吵的必要。
>
> ——杨绛《我们仨》

好的感情，并不是一味地退让和迁就，而是在两人意见相左、发生分歧的时候，有一方能够以最大的宽容和耐心，充满爱意地站在对方身边。

颠簸的航行，终于在一个多月后告终。杨绛和钱锺书二人到达伦敦的时候，正是阳光明媚、风和日丽的好天气。此时，距离牛津大学开学尚且有些时日，于是二人商议，先在伦敦游玩几日，再去小镇牛津。

两人还去见了在英国留学的钱锺书的堂弟钱锺韩、钱锺纬。远在他乡，异国重逢，这难得的团聚让他们兴奋不已。为此，文思泉涌的钱锺书还当即作诗一首：

见我自乡至，欣如汝返乡。
看频疑梦寐，语杂问家常。
既及尊亲辈，不遗婢仆行。
青春堪结伴，归计未须忙。

四人的心情在这首诗里得到了充分的体现。在钱锺书堂弟的带领下，他们先后参观了大英博物馆和当地有名的几个画廊，然后赶去牛津大学办理入学手续。

通过考试来到牛津大学的钱锺书，此时所有的手续已经由官方办理妥当。根据原先的考试安排，钱锺书顺利地进入埃克塞特学院，攻读文学学士学位。而自费的杨绛此时则犹如一团乱麻，一筹莫展：本来想选心爱的文学，但是学生名额已满，只剩下历史尚有空缺；但她又不愿学历史，于是就放弃了报名机会，当了一名旁听生，听几门课，然后去图书馆自习。那里也不提供住宿，所以杨绛只能自己寻找合适的落脚点。

深爱钱锺书的杨绛对此毫无怨言，她甚至满怀感恩地设想：“假如我上清华外文系本科，假如我选修了戏剧课，说不定我也能写出一个小剧本来，说不定系主任会把我作为培养对象呢。但是我的兴趣不在戏剧而在小说。那时候我年纪小，不懂得造化弄人，只觉得很不服气。既然我无缘公费出国，那我就和锺书一同出国，借他的光，还可省些生活费。”

出身名门的杨绛，虽是个“十指不沾阳春水”的娇小姐，但她知书达理，对父母更是十分孝顺。早在杨绛出国之前，杨荫杭就得了高血压，这种病在当

时的医疗条件下，没有任何药物可以缓解或根治。为此，在出国的那些日子里，她每每为父亲的病情忧心，哪里还会为了让自己国外的求学生活过得优渥，而伸手向父母要钱呢！

牛津的学费与当地一般学校相比贵出许多，而且需要另交导师费，此外房租、伙食的费用也比较高。杨绛粗粗计算过：如果她到别处上学，两人必须得分居，那样就得两处开销；如若再加上来往差旅费，确实很不划算。但没有办法，因不提供住宿，所以必须得找个住处尽快安顿下来。

随后，两人租住在了金家。他们所住的是一个特别漂亮的房间，老金的妻女每天都会来收拾，因此屋内十分整洁干净。更为难得的是，这个屋的窗外就是芳香四溢的花园，闲来无事的时候，杨绛和钱锺书就会去那里转转。

除了居住寓所的花园，杨绛和钱锺书还会时常去小镇上的其他地方转悠。但不管是去什么地方，他们都能发现这个陌生国度里不同于故乡的东西，充满好奇之余又满是欢喜，因此，他们将其称之为“探险”。

“牛津是个安静的小地方，我们在大街、小巷、一个个学院门前以及公园、郊区、教堂、闹市，一处处走，也光顾店铺。我们看到各区不同类型的房子，能猜想住着什么样的人家；看着闹市人流中的各等人，能猜测各人的身份，并配合书上读到的人物。

牛津人情味重，邮差半路上碰到我们，就把我们的家信交给我们，小孩子就在旁等着，很客气地向我们讨中国邮票。高大的警察，带着白手套，傍晚慢吞吞地一路走，一路把一家家的大门推推，看是否关好；确有人家没关好门的，警察会客气地警告。我们回到老金家寓所，就拉上窗帘，相对读书。”

——杨绛《我们仨》

懂事的杨绛一边照顾“粗手笨脚”的钱锺书，一边打理自己的旁听事宜。

虽然对钱锺书生活上的“不能自理”早有耳闻，杨绛所知道的也仅限于他不会打蝴蝶结、分不清左脚右脚、拿筷子只会像小孩儿那样一把抓，但杨绛没有想到自己的丈夫竟然“粗笨”到如此程度。

> “他初到牛津，就吻了牛津的地，磕掉了大半个门牙。他是一人出门的，下公共汽车未及站稳，车就开了，他脸朝地摔一大跤。那时我们在老金家做房客，同寓除了我们夫妇，还有住单身房的两位房客，一姓林，一姓曾，都是到牛津访问的医学专家。锺书摔了跤，自己又走回来，用大手绢捂着嘴。手绢上全是鲜血，抖开手绢，落下半枚断牙，满口鲜血。我急得不知怎样能把断牙续上，幸同寓都是医生，他们教我陪锺书赶快找牙医，拔去断牙，然后再镶假牙。”
>
> ——杨绛《我们仨》

从陌生到熟悉，杨绛和钱锺书对这个小城忽然深爱起来。他们喜欢去这个小城的各个大街小巷漫步，去看不同的风景、不同的人，但最让他们狂爱而不舍得离开的，是牛津大学的图书馆。这座名叫“博德利”的图书馆，中外书籍浩瀚如海，更有许多珍贵的文献资料，是世界一流的图书馆，被钱锺书称为“饱蠹楼”。

偌大的图书馆，却只有寥寥无几的学生来此读书，因而环境十分清幽。嗜书如命的杨绛和钱锺书，在这个大于清华图书馆数倍的书海中如鱼得水、畅快遨游。除了必须要旁听的几门课程，杨绛几乎将所有的业余时间都用在了读书上。图书馆临窗有一行单人书桌，杨绛自己占据了一个桌子。她为自己制定了一个详细的课程表，一本一本地从头到尾细读并作了笔记，读完一本便按照课表从书架上取下一本，读不完的就留在桌上。

在牛津大学，自费生都会有一件黑色的背心，背后有两条黑色的飘带。钱锺书是我国的庚款公费生，在牛津却是自费生，所以他也得到了一个，并经常

穿着去上课。自费的男女学生，都穿这种黑布背心，男学生有一只硬的方顶帽子，但谁都不戴；女学生都戴软的方顶帽子；领奖学金的学生穿长袍。如果稍微注意一下就会发现，牛津大学附近的地方，有许多学生穿着黑色背心走来走去，无疑成了当地一道特殊的风景线。

看到满街都是穿学生装的人，没有背心的杨绛羡慕至极，心中充满了难以言说的失落感。尤其是在钱锺书去上必修课的时候，杨绛往往一个人穿着旗袍去上课。只是她从来没有享受过导师“一对一”的辅导，而是经常和两三位修女一起坐在课堂侧面的旁听座上，这使她内心时常会涌出一股深深的自卑感。

但那只是一瞬的想法和感觉。在杨绛心中，更多的是对未来的憧憬和对爱人的无悔付出。每逢钱锺书上课的背心需要清洗，杨绛总是小心翼翼地揉搓，生怕力气大导致背心破损。即便是在后来从牛津毕业归国之后的连年战火里，这件背心同杨绛和钱锺书一起“飞来飞去”，依旧保存完好，似当年模样。

2003 年年初，国家博物馆要筹备百年留学历史文物展，杨绛先生不仅提供了一张当时与南洋公学留学生的合影，还将她小心保存的黑色背心慷慨捐出。

这就是爱，是夫唱妇随的默契，更是相依为命的挚情。

## 才女亦是贤惠妻

"年轻时曾和费孝通讨论爱因斯坦的相对论，不懂，有一天忽然明白了，时间跑，地球在转，即使同样的地点也没有一天是完全相同的。现在我也这样，感觉每一天都是新的，每天看叶子的变化，听鸟的啼鸣，都不一样。"

杨绛是名副其实的才女，她终其一生都在追求文学之美的路上前行。求学清华时，一贯爱好文学的杨绛便开始自己创作，她清新的文笔、新奇的想法，备受任课教师朱自清的欣赏。她的第一篇散文《收脚印》和第一篇小说《璐璐，不用愁！》就是被朱自清推荐到《大公报·文艺副刊》上发表的。

虽然杨绛在清华没能拿到硕士学位，在后来陪钱锺书西方游学，也未攻读任何学位，但她一路旁听、一路自修，用少有的专注和毅力坐拥书城，厚积薄发。在英国留学时，杨绛和钱锺书时常开展读书竞赛，回到家中无事的两人，还经常对坐读书、一同背诗。假如两人共同忘了诗中的某个字且怎么换字也不合适，那么那个字准是诗里最欠妥帖的字。

钱锺书在班上，第一年训练作文，采取的是“一对一”教学法，导师对学生要求非常严格，任何作文都要求清楚、简约，不要印度式的堆砌，尤其是论文，不仅要满足上述要求，还要有未经人道的新见解。所以很多学生在进行论文选题时，都会选择一些相对偏的或者是没人研究过的主题。一旦有学生交作文，老师都会亲自批改。事实证明，如此严格的作文训练使钱锺书受益匪浅，他后来英文用词的精致准确、挥洒自如，可以说与此有莫大关系。

租住在老金家，一日三餐由他们提供、卫生由老金的妻女负责打扫，这让杨绛免去了许多家务的困扰。于是，每逢清闲，充满生活情趣的阿季就提笔练字。虽然喜欢学习的杨绛从国内带来了笔墨，却没有纸，于是，她就在房东送来的代替餐巾纸的纸上书写。英国朋友、诗人燕卜荪来访，见到阿季临帖，甚为欣赏。钱锺书起先练习郑孝胥体，一撇撇得又粗又长，很是难看，后来他见阿季临摹麓山寺碑帖甚是流畅雅致，便也改临麓碑。

鹿车共挽，夫唱妇随。平平淡淡的日子，在两人琴瑟和鸣的默契中变得浪漫多情。然而，随着两人在老金家租住的时日越来越长，他们所提供的伙食品质也每况愈下。杨绛吃得少，什么口味也都能适应，但对不沾洋味儿的钱锺书来说，难以下咽的饭菜简直要了他的命。细心的杨绛看在眼里，急在心里，两人用餐的时候，凡是钱锺书喜欢吃的、能吃的，杨绛都会省下来留给他。看着钱锺书日益瘦黄的脸，杨绛产生了“租下一套独立的房子”的想法，为此，她和钱锺书商议。

“你又不会烧饭，老金家的饭至少是现成的。自己的房间还宽敞，将就着得过且过吧！”尽管杨绛的想法一开始就得到了钱锺书的反对，但她还是按照报纸上刊登的广告，挨家挨户地去寻找。

没想到，机遇总是在毫无准备的时候翩然而至。某天，杨绛和钱锺书一起散步，眼尖的杨绛一眼就看到一处高级住宅区张贴了一张招租广告。但等到她再去看时，广告已经不见了，她不死心，便按照自己不甚清晰的记忆，壮着胆子去敲门。

门开了，身材圆润的女房东上下打量了杨绛一眼，问了一些问题，便带着她上楼看房子。一间卧室搭配一间起居室，旁边就是一个宽敞明亮的大阳台，站在阳台上，便能观赏大片的草坪和花园，风景秀丽极了。而且，房间里还有取暖用的电炉，这样一来，冬天便能够取暖了，杨绛对此很满意。

钱锺书来看，也不禁喜从中来。更让两人喜出望外的是，房子所在的地方不仅有环境清幽的公园，距离学校和图书馆也很近。更为难得的是，这里的房租也和老金家差不多，他们当即便与房东签订了租住合同。

在雪花飘飘中，新年到来了。夫妻二人忙前忙后，将生活物品和其他杂物从老金家搬到新租的房子里收拾妥当，自此，两人有了一个全新的暂时的“小家”。在这个租来的“小家”里，他们相濡以沫、勠力同心，用勤劳和智慧创造了一个全新的充满爱意的小天地。

锺书一向早睡早起，而杨绛一向晚睡迟起。搬入新居的第一天早晨，向来不动炊具的才子居然大发爱心地烤了面包、热了牛奶、煮了鸡蛋，还冲了浓香的红茶。他把黄油、果酱、蜂蜜与它们搭配放在托盘上，满心欢喜地端到杨绛的床头，请她享用。睡眼惺忪的杨绛惊喜万分、连连夸赞，没想到“拙手笨脚”的钱锺书居然能做出如此丰盛的早餐。妻子的赞赏极大地激发了钱锺书的主动性和积极性，从此，两人的早餐便由锺书负责，这个习惯竟一直持续到老。

锺书自称拙手笨脚、混沌未开，因此两人的小家由聪慧的杨绛主持。作为一代才女，杨绛自小生活在父母温暖的庇护之下，对于家事从来不上心，但她的勤俭与贤惠有目共睹。尽管两人在牛津收入不高，但掌管财政大权的杨绛总能将生活的所有开支安排得妥妥当当，且从未让锺书闹过饥荒，这让向来对生活琐事无从着手的钱锺书佩服得五体投地。

锺书喜欢看书，更喜欢买书，遇到自己喜欢的、中意的书，无论家里有没有闲钱，他都忍不住要买。杨绛怕书买得多了，回国时难以带回，就劝他下次再买，但有时一些畅销的书，到下次去买时早已售空，这令爱书如命的钱锺书十分恼火。为此，他曾在日记上大发牢骚：妇言不可听。后来，杨绛便从本就不多的生活

费中省出一些，作锺书买书之用，锺书也很自觉，每次也只是拿上“几文”。

两人的小日子在彼此的用心陪伴中过得有声有色、有滋有味。但多愁善感的杨绛从小生活在父母身边，长久的异乡生活，让她想家想得厉害，每周向远在万里之外的家中寄信，成了异国的杨绛心中最快乐的事情。每逢接到家中的来信，看着爸爸亲笔写的信件和妈妈亲笔附上的文字，杨绛总会从内心深处涌起一种又莫名又真实的感动，她小心翼翼又情有独钟地呵护着它们。

杨绛家中浓厚的亲情，在无形中也感染了钱锺书。虽然他也向家中寄信，但他收到的家信并不如杨绛收到的那样温情满满，更多时候，钱锺书的家书中只有严父手谕的谆谆教诲学养之道。因此，每逢杨绛有家书到来，钱锺书也会像她一样乐呵呵地读完；每逢杨绛给家里写信，钱锺书也会随笔附上几句。

杨绛的家庭是幸福的，所以她身上处处散发着平和温软的气质。而现在，杨绛和钱锺书两人的小家也在通往幸福的道路上越走越远，柴米油盐的琐碎，在两人的含情脉脉中蜕变成绚丽的玫瑰，芬芳而多情。

对于日常所需物品，杨绛和锺书多半会在去图书馆看完书之后回家的路上或傍晚散步时路过的商店里订购，店里按时送货很方便。在新租住的房子里，餐具炊具一应俱全，两人很快就学会了电灶、电壶的使用方法。有了可以自由做饭的厨房，他们在不断的实践中学会了做饭、炒菜，特别清闲的时候，两人还尝试着做红烧肉、炖海鲜……

从最初的手忙脚乱到后来的技艺娴熟，杨绛在租来的厨房里“卷袖围裙为口忙，朝朝洗手作羹汤”，引得钱锺书疼妻之情一发不可收拾。他爱着妻子的才情，又深深地被妻子的贤良勤劳所折服，尤其是当粗笨的他闯祸后，妻子面带微笑的“不要紧”，让他更加深刻地感受到爱的温暖和力量。

杨绛生下爱女钱瑗之后，在医院里休养。那段时间，钱锺书一个人在家过日子，每次到医院探望，钱锺书总会苦着脸对杨绛说：“我做坏事了”。比如，他打翻了墨水瓶，把房东家的桌布染了；他一不小心把台灯砸坏了……杨绛总是微笑着听完，然后说一句：“不要紧，我会洗，我会修。”出院回家之后，杨绛真的将桌布洗得一尘不染、将台灯修好。从此，钱锺书对杨绛的“不要紧”深信不疑。

> 在伦敦“探险”时，他颧骨上生了一个疔，我也很着急。有人介绍了一位英国护士，她教我做热敷，我安慰锺书说：“不要紧，我会给你治。”我认认真真每几小时为他做一次热敷，没几天，我把脓拔去，脸上没留下一点疤痕。他感激之余，对我说的“不要紧”深信不疑。我住产院时他做的种种“坏事”，我回寓后，真的全都修好。我们搬家是冒险，自理伙食也是冒险，吃上红烧肉就是冒险成功。从此一法通，万法通，鸡肉、猪肉、羊肉，用“文火”炖，不用红烧，白煮的一样好吃。我把嫩羊肉剪成一股一股细丝，两人站在电灶旁边涮着吃，然后把蔬菜放在汤里煮来吃。
>
> ——杨绛《我们仨》

烟雾弥漫、饭香缭绕。很多时候，杨绛在厨房里忙得像个陀螺，钱锺书也左摇右晃地打下手，通常两人在厨房里捣鼓半天，才能做好一餐饭。自理伙食虽然劳心费力，但也充满乐趣，在杨绛巧手做出的饭菜的滋养下，钱锺书吃得饱饱的，只想淘气。于是，有天他趁杨绛午睡，就用浓墨在她脸上画胡子，惹得杨绛又气又笑。

杨绛是名副其实的才女，在钱锺书的心里，杨绛还是他的“定海神针”。虽然没有经过艰辛生活的磨砺，但杨绛的生活智慧丝毫不比别人差，无论遇到什么事，她都能想到办法，巧妙地化险为夷，这令钱锺书钦佩之极。

一个初春的早晨，稍显猛烈的风将窗外的花草树木吹得左摇右摆。吃完饭，锺书要去学校上课，杨绛便送他出门，忽然一阵风刮来，房门砰地一声就被关上了。回过神儿来的杨绛惊觉不妙：钥匙锁在屋里了，自己怎么回去呢？

找开锁匠吧，价格太高，况且此时的杨绛身无分文；自己开吧，也没梯子

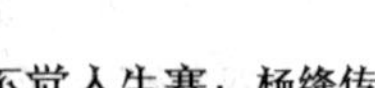


什么的，根本够不到窗子。杨绛虽然心里着急，但她仍然满脸淡定地转到楼背后的花园，想看看那里有没有进屋的通道。忽然，满心着急的杨绛眼前一亮：有位园丁正在花园里修剪草坪，他的旁边恰好放着一架二三十级台阶的长梯！于是,杨绛赶紧走过去请园丁把长梯挪到卧室正对着的阳台边上,她便爬了上去。

门是那种特别厚的木门，门框上方有一扇镶嵌着玻璃的小横窗，窗口微开着，留有一道两寸多宽的缝隙。杨绛试着向后推，窗户可以开得更大，只是窗户的位置太高了，如果没有物体垫在脚下增加杨绛的高度，根本不可能拿到钥匙。阿季左右巡视一圈，发现阳台上有只木箱，她站上去，脚使劲儿一蹬，整个人向上猛一蹿，左手居然搭上了窗沿！杨绛让自己的身体站直，用脑袋向上一顶，脑袋进去了，身体很快也进去了。

一进屋，杨绛就看到那串钥匙正在外间客厅的桌子上，她赶忙拿起来拴在腰带上，从此不敢再与它分离。等锺书下课回家，家里的一切都已收拾妥当，杨绛与锺书说说笑笑，仿佛什么都没有发生。

杨绛骨子里是充满浪漫情怀和高雅的生活情致的。比如，她喜欢在悠闲静寂的午后听几首舒缓的音乐，但那个年代的穷留学生一没乐器二没音响，也只能作罢。父亲得知女儿的念想，便将《元曲选》寄到牛津。闲来无事的时候，杨绛就自己唱唱过瘾。其实，她也教锺书唱，聪慧过人的锺书学得又快又好，但更多时候，他总是淘气地一边唱一边自己表演，往往是杨绛还未出声，他自己就已经笑翻。

快乐的时光因为有了彼此的陪伴，更显珍贵，两人也总是花样翻新地为他们的生活填充新的色彩。在这个过程中，杨绛的贤惠发挥了更大的作用，以至于很多时候，钱锺书眼里的杨绛是万能的。

有一次，两人忽然兴起，就准备了茶具，在使用频率较低的起居室里喝下午茶。说说笑笑一会儿，到了钱锺书上课的时间，他便赶紧出门去了。杨绛独自坐了一会儿，感觉浑身上下都很没劲儿，就歪歪头倒在沙发里睡了。迷迷糊糊中，杨绛似乎闻到了一种熟悉的气味，她心中一惊：煤气泄漏了！于是，她顾不得难受便迅速从沙发上爬起，手忙脚乱地打开窗。那一瞬，她心跳得厉害。事后找房东才知道，原来是因煤气管道老化漏气引发的事故，幸好杨绛发现及时，否则就酿成了一桩惨剧。

自古以来，婆媳关系难倒多少英雄汉。好的婆媳关系不仅能使家庭和睦，而且对孩子的成长也有着不容小觑的积极影响；反之，则伤人伤身。杨绛自幼在和睦民主的家庭中长大，因而秉承了母亲温婉贤孝的美德，待人温和而周到，无论是求学时期照顾夫君的任劳任怨，还是结婚之后对待婆婆的敬重顺从，满腹才华的杨绛没有丝毫的高傲之心，哪怕是每天按照惯例进行的读书也都低调内敛。因而，言行得体、行事周全的杨绛得到了夫家全家人的喜欢。

钱锺书虽是才子，但对家庭琐事一窍不通，尤其是在人际关系的处理上，钱锺书更是“木讷迂腐”。同时，他还有另外一个明显的特点，那就是“痴”。他记不清自己的生日、穿鞋时分不清左右脚、上街迷路找不到宿舍、半夜拿竹竿帮助自己的猫打架……在钱锺书笔下的小说里，他仿佛是个冷眼看红尘的人，但在现实生活中，他却对杨绛呵护备至，这也与杨绛本身的贤惠有莫大关系。

钱锺书和杨绛都很喜欢猫，新中国成立后，他们夫妇与林徽因夫妇同住清华，且是邻居，两家不约而同地各自养着一只猫。平日里，“痴傻”的才子对自家的猫格外爱护。小猫长大后，特别爱在半夜打架，常常在夜深人静之时跟林徽因家的猫“打斗”。为了帮自家的猫出气，钱锺书还特意准备了一根长竹竿倚在门口。不管多冷的天，只要听到猫儿的叫声，钱锺书就马上从热被窝里钻出来，抄起竹竿跑出门去。如果遇到自家的猫被林徽因家的猫欺负，钱锺书也丝毫不会客气地“教训对手”。林徽因也非常宝贝她的猫，说那只小黑猫是她一家人“爱的焦点”，任它淘气也一味护着，没人舍得打一下。为此，每当聪慧的杨绛看到丈夫半夜打林徽因家的猫，她总是一脸和气地前来阻止。对此，杨绛解释道：

“我怕锺书为猫伤了两家和气，引用他自己的话说：‘打狗要看

主人面，那么，打猫要看主妇面了！’”

我原是父母生命中的女儿，只因我出嫁了，就成了钱锺书生命中的杨绛。我最大的功劳是保住了钱锺书的淘气和那一团痴气，这是钱锺书的最可贵处。

——杨绛谈与钱锺书的婚姻

很多年后，杨绛回忆此事时，如是说到。

轻描淡写的日常琐碎，在杨绛的笔下骤然变得温情多彩。她的才情与贤惠一样，穿越了时光，静静散发着幽香。

## 天使降临尘世间

没有围墙和校门，有的只是满目的鲜艳和葱郁。春天一到，牛津大学便和牛津小镇一样美好：粉嫩的樱花在路旁开成一片绵延不绝的绚烂花海，各色各样的葱郁古树与湛蓝的天空相映成趣。走在软软的草坪上，泥土的气息包裹了春天的温柔扑面而来。

在牛津的第一年，是杨绛异国求学里最充实快乐的一年。在这里，她如饥似渴地遨游在知识的殿堂，同时，也满心欢喜地创造着生活的美好。

在牛津求学的众多学生中，英国贵族中学毕业的富家子弟占据了很大的比例。仗着良好的家境，他们在学校不仅不用心学习，且不守校规，夜晚翻墙出去饮酒作乐的现象比比皆是。所以，在牛津大学就读的每个学生都有两位导师：学业导师和品行导师。钱锺书品行之好有目共睹，因而他的品行导师格外省心，每有空闲，就常请他和杨绛喝茶聊天。

牛津大学学期短、假期长，每逢漫长的假期到来，许多学生都会选择外出

游玩散心。然而，嗜书如命的杨绛和钱锺书整个假期一直待在牛津，哪里也没有去。之后，锺书考试完毕，两人决定外出度假，到伦敦、巴黎去“探险”。两人还和自己的房东——达蕾女士约定：假期过完后还会回来，行李先寄放此处。如果能给他们留出一个条件更好的房子，最好不过。

这是两人入读牛津大学之后的第一次远游，因此，两人心中都充满了难以言说的兴奋和期待。由于锺书的堂弟锺韩已离开伦敦去了德国和北欧实习，两人的“探险”也就更随心所欲了。从圣詹姆斯公园到海德公园，从活力迸发的动物园到色彩鲜艳的植物园，从特拉法广场到旧书店……他们一路穿行在不断变幻的风景里，享受着异国他乡的美丽景致。

无拘无束地游逛一番之后，两人来到了繁华的巴黎。在这里，他们碰见了许多从前的同学，但还没有来得及和老同学坐下来畅快地闲聊，两人便应邀急匆匆地赶去日内瓦参加1936年7月召开的第一届世界青年大会了。锺书当代表，是政府当局由国内拍电报来指派的；杨绛呢，是经友人介绍而认识的一位在巴黎的中共党员，邀请她当中共方面的青年代表，他俩随共产党的代表一起活动。开会的前一天晚上，两人同乘夜车赶赴日内瓦，很巧，他俩和陶行知一个车厢，三人一夜聊到天亮。

重要的会议，杨绛和锺书是必然要参加的。此次的日内瓦会议上，锺书作为代表中国青年发言的特派代表，本应规规矩矩地发言。但是对“发言、演讲”一向毫无兴趣的钱锺书，直接把他写好的中国青年向世界青年的英文致辞交给了他人上台去念，然后，他就和杨绛一起逃离了会场，四处“采风”去了。

湖水涟漪、烟霞万顷，迷人的莱蒙湖，成了二人探险的首选地。两人甚至异想天开地想徒步绕着莱蒙湖转一圈，然而行至途中他们才发现，湖面越来越宽，要实现先前的计划可以说是天方夜谭。于是，果断放弃。

繁华的香榭丽舍大街、风光旖旎的塞纳河畔，巴黎的每一寸土地都洋溢着温情醉人的浪漫。从日内瓦返回巴黎，杨绛和钱锺书打算在这里待上一段时间。也正是在这个时候，阿季遇到了在清华同班上法文的同学盛澄华。此时，盛澄华已在巴黎大学研究法国文学，听说阿季和锺书有意到巴黎大学攻读学位，便诚恳地建议他们赶快注册入学。因为在巴黎大学读学位需要有两年学历，而巴黎大学不像牛津，没有每周"吃饭"证明本人在校的制度。由于两人对巴黎并不熟悉且对巴黎大学的注册流程一概不知，因此，杨绛和钱锺书将代办注册入学手续的事情全盘托付给了盛澄华，盛澄华也很用心地为他们打理入学的各项事宜。

秋天悄无声息地降临人间，路两旁的法国梧桐，茂密的叶子也渐渐变得疏落。凉凉的秋风中，牛津大学的新学期也将要到来，阿季和锺书收拾了行李，坐上了返回伦敦的火车。

重返牛津后不久，阿季便惊喜地发现，自己怀上了孩子。拙手笨脚的钱锺书听此消息，自然喜不自胜。而原来租住的达蕾女士家的房子，因为有另一家房客搬走的缘故，空出了一套面积更大、条件更好的房子，他们便收拾行李搬了进去。

生活变得更加美好起来。柴米油盐的日子，因为有了另一个小生命的陪伴而缤纷多彩。

秋季开学，钱锺书要按规定经过一学年的严格治学训练，并着手撰写学位论文。根据自己的所长和对研究价值大小的判断，钱锺书最初拟定的论文题目是《中国与英国文学》，并写了精练的提要。但很无奈，他的导师不通汉学，更不明白钱锺书研究这一课题的重要性和价值点，因而未得到许可。因此，钱锺书无奈之下将研究范围缩小为《十七世纪及十八世纪英国文学里的中国》。

此后，钱锺书在牛津大学里得到的"魔鬼式训练"发挥了重要的作用。他严格认真、全心投入，在潜心撰写的同时，从细微处下功夫，尤其是在论文完成之后尚不断修改，最终顺利通过。此后，钱锺书的纸质论文经打字装订成册，被收藏于牛津大学图书馆。抗战时期，钱锺书在西南联大教书时，他曾将论文打印稿交给同在联大的《中国图书季刊》主编袁同礼一阅，后分三期刊发在 1940 年、1941 年出版的《中国图书季刊》上，受到了许多饱学之士的高度

赞赏。2004年，外语教学与研究出版社为出版《钱锺书英文文集》，曾专门派人去牛津大学图书馆查阅钱锺书的论文原件，但一直没有找到。据说，1986年10月英国女王访华前，还曾调阅此件。因此，钱锺书的论文原稿究竟去了哪里，至今也无从得知。

钱锺书的论文写作持续了很长一段时间，在这段时间里，他几乎达到了废寝忘食的地步。但在对待怀了孩子的杨绛时，他完全丢掉了往日的“痴呆”和“迂腐”，变得温暖又贴心。对生活琐事一窍不通的钱锺书，甚至主动学做家务，想要帮杨绛分担生活的辛苦。

> 在牛津，我怀上孩子了。锺书谆谆嘱咐我：“我不要儿子，我要女儿——只要一个，像你的。”我对于“像我”并不满意。我要一个像锺书的女儿。女儿，又像锺书，不知是何模样，很费想象。我们的女儿确实像锺书，不过，这是后话了。
>
> ——杨绛《人世间最理想的婚姻》

在杨绛的《我的丈夫钱锺书》一文中，深爱丈夫的她如是写道。

1937年春，枯了一冬的柳树刚刚吐出细细小小的嫩芽，钱锺书就来到牛津妇产医院为杨绛预定生产时住的房间。在预约接生大夫时，女院长问：“要女大夫？”钱锺书回答：“要最好的。”于是，女院长将斯班斯大夫推荐给了他。巧合的是，斯班斯大夫与杨绛一家住在同一个小区内，他的房子在很美的花园里，诊所就设在家里，这为此后杨绛的定期产检提供了极大方便。从刚开始的每月一次产检到后期的两周一次，杨绛往返步行，不仅锻炼了身体，也省去了预约的麻烦。根据杨绛的身体情况和怀孕时间，斯班斯大夫还为杨绛腹中的孩子推测了预产期：你将生一个加冕日娃娃。

在英国，人们对皇室抱有十分的敬重和喜爱，生个“加冕日娃娃”更是至高无上的荣耀和幸运。但是淡泊名利的杨绛和钱锺书，对这样的“荣幸”却丝毫不感兴趣。杨绛肚子里的孩子也深知父母的心思，加冕日都过去一周了，他还没有丝毫动静。

炎热的夏天马上就要到来了。5 月 18 日清晨，杨绛忽然感到一阵阵痛，于是，钱锺书急忙将她带到了医院。短暂的阵痛过后，杨绛就感觉不到任何临产的生理反应了，两人就一直惴惴不安地等着。直到 19 日，临盆的征兆再次出现。但任凭杨绛怎么使劲儿，孩子依旧生不出来，接生的大夫开始着急起来。为了确保孩子和大人的安全，医生不得已为杨绛注射了麻药并以最快的速度实行人工助产，用产钳将婴儿夹出，杨绛肚里的孩子才终于来到人间。

当杨绛产后的疲惫中醒来时，她左右望去，发现自己的肚子瘪了下来，正躺在一个毛茸茸的毯子上。浑身上下钻心的疼痛，让她丝毫动弹不得，她问身边的护士，知道孩子安好，这才放心。

杨绛如夫所愿，生下的是个女儿。可是，由于生产时不顺，孩子一生下来就全身青紫，不哭也不闹。经验丰富的护士赶快不停地拍打她小小的身体，好几分钟后，她才"哇"的一声哭出来。她的声音澄澈而响亮，因此，助产的护士为这个中国娃娃取名"Miss Sing High"，译为"高歌小姐"，音译为"星海小姐"。

这个小小的女孩，是在牛津医院出生的第二个中国孩子，所以，医院上下对她都有种发自内心的喜欢和疼爱。牛津妇产医院规定，孩子刚出生的时候不让抱出产房，如此一来，就苦了在产房外苦苦等待的钱锺书。短短的一天，在钱锺书眼里格外漫长，他来来回回四次，才终于见到了女儿的面。

第一次来，钱锺书得知杨绛生了个女儿，不过，他没能与杨绛相见；第二次来，知道大夫已经为夫人上了药，此刻还在睡梦中；第三次来，杨绛昏昏沉沉中偶有回应，但无力与他说话；第四次来，杨绛才彻底清醒。为了缓解钱锺书的焦灼，好心的护士还特意把孩子抱来给钱锺书看，他上上下下、来来回回地观察了好一会儿后，语无伦次地说："这是我的女儿，我喜欢的。"说完，就忍不住看着女儿的笑脸笑出声来。在他心里，小小的女儿是自己和杨绛爱情

的结晶，像天使一样纯洁、善良、可爱。

生活中的杨绛与钱锺书默契相投、志趣相合，谁也离不开谁，杨绛对钱锺书，更是堪称“宠爱”。当生完孩子的杨绛清醒后得知，钱锺书一天内全靠步行跑了四次医院，心疼不已，她顾不得自身的疼痛一再嘱咐他，坐汽车回去，不要累坏了。

女儿的出生，也成了钱家的一件大事。孩子的祖父根据孩子的属相，为她起了个新鲜别致的名号——牛丽于英。但杨绛和钱锺书并不喜欢这个称呼，便自作主张叫她钱瑗，有时唤作阿瑗。

对身体强健的西方人来说，根本没有坐月子这一说：许多产妇刚生完孩子，转而就去逛街、吃冰激凌、冲澡了。但对在异国他乡生活的杨绛来说，坐月子是中国传统习惯中必不可少的。况且，由于身体一直未能完全康复，杨绛不得不住在医院。这一住就是三周多，全当坐月子了。

牛津产妇医院床位有限，单人床更少。一般人住单人间，也就一周或十天左右；住普通病房的，也就五天到七天，久住医院的病人特别不受待见。但杨绛是医院里的特殊病号，她住的单人房在楼上，天气晴好的日子，护士就会把她的床挪到窗边，让她尽可能地沐浴到阳光。稍有空闲的时候，她也会和护士们一起乘电梯，去普通病房参观。

普通的病房里，住着三十几个妈妈和三十几个孩子。每到洗澡的时候，专门的看护人员便会前来将孩子的衣服都脱光，然后过磅，洗净之后再抱回来还给他们各自的妈妈。孩子睡在妈妈床尾挂着的摇篮里，一旦孩子哭闹，妈妈就会第一时间听到。而杨绛的女儿则长时间待在婴儿室，只有该喂奶的时候，才会被带进杨绛所住的单间里。因而在看到普通病房的那一幕时，杨绛竟莫名地心生羡慕来。

背井离乡的生活，既没有老人可以依靠，也没有亲戚朋友可以帮忙，这对刚刚晋升为父母的杨绛和钱锺书来说，手忙脚乱、不知所措是避免不了的。还好二人谦虚好学又爱女心切，跟着医院的护士学习了一阵之后，两人对于换尿布、洗澡、喂奶就非常熟练了。

住了将近一个月后，对照顾婴儿已经轻车熟路的两人决定收拾东西离院。出院当天，爱妻模范——钱锺书还专门找来一辆汽车，接妻女回家。回到家里的杨绛立刻被眼前的一幕惊呆了：对厨房之事拙手笨脚的钱锺书竟然做了一碗鸡汤放在餐桌上，细细看去，里面还有嫩绿的蚕豆。要知道，平时的“大阿官”连照顾自己都成问题，更别提照顾一个产妇了！那一刻，杨绛小小的柔软的心被满满的爱意融化，她感动着、喜悦着、幸福着。

钱锺书吃肉、杨绛喝汤、钱瑗吃奶……一家三口在牛津风和日丽的天气里，享受着来自生活的独一无二的美好和快乐。钱瑗的到来，非但没有将钱锺书对杨绛的爱分走，反而让钱锺书从内心深处对杨绛更为珍爱。每逢钱瑗生日，钱锺书总是说这是“母难之日”。为了不让杨绛再次承受生育的艰辛和痛苦，在那个没有计划生育的年代，钱锺书如此劝慰杨绛：“我们如再生一个孩子比阿瑗好，我们就要喜欢那个孩子，我们怎么对得起阿瑗呢？”所以，终其一生，他们也只有钱瑗这一个女儿。

从牛津妇产医院回家没多久，钱锺书就应学校要求开始准备论文答辩了。在时间紧、任务重的情况下，他一边潜心研究论文，一边悉心地照顾着杨绛母女。虽然两人对钱瑗都十分疼爱，但视时间为生命的两人却不得不为各自的事情忙碌，以至于当国内的家人收到出生不久的阿瑗的照片时，吃惊地发现：她所睡觉的“摇篮”，居然只是个书桌的抽屉！而对于此事，忙到焦头烂额的两人竟浑然不知。

时光缓缓地流淌着，阿瑗也慢慢地成长着。忙碌的生活里，因为有了阿瑗而萌发了新的动力和希望；琐碎的生活里，因为有钱锺书的“痴气”而欢乐异常。他会为弄坏门轴向杨绛忐忑地承认错误，也会在杨绛午睡的时候饱蘸浓墨将她画成“大花脸”，更会为逗阿瑗而千方百计地扮鬼脸……

不管钱锺书闹哪样，杨绛都会用最大的耐心和爱心去包容他。她用自己瘦弱但坚强的臂膀，为钱锺书和钱瑗撑起了一片温暖广阔的蓝天。

## 家国情怀系我心

“我们这个家，很朴素；我们三个人，很单纯。我们与世无争，与人无争，只求相聚在一起，相守在一起，各自做力所能及的事。碰到困难，锺书总和我一同承担，困难就不复困难；还有个阿瑗相伴相助，不论什么苦涩艰辛的事，都能变得甜润。我们稍有一点快乐，也会变得非常快乐。所以我们仨是不寻常的遇合。”

——杨绛《我们仨》

杨绛和钱锺书的家，充满了温馨。两人一起下厨、一起读书、一起品茶、一起寻风问月、一起逗笑女儿……

她理解他的狂傲、偏执和遗憾；他懂得她的付出、包容和无私。他们在最美的年纪相识在紫藤花的清香里，而后在风雨兼程的人生路上甘苦与共。他们用 63 年的相依相偎，深化了家的内涵和意义；他们用相濡以沫的情真意切，刻画了家的美好和温暖。

杨绛，有着大家闺秀的从容优雅，又有着令人动容的家国情怀。

1999 年，102 岁的宋美龄在得知她的旧居连同她的私人物品被一家美国公司骗购后说：“让那些美国人发不义之财吧！”而 102 岁的杨绛，在得知有人想拍卖已故丈夫钱锺书的手稿和书信时，毅然表示：“如不停止拍卖，将以百岁高龄亲自走上法庭”。

这就是杨绛。她生命的底线就是家，家庭是她“人生的第一秩序”。许多年后，当有人问道：“您一生中，如果家庭与事业之间发生矛盾，您会为事业牺牲家庭吗？为什么？”杨绛坦然答道：“有幸生长在一个和爱的父母家，又成立了一个和爱的小家庭，从未想到背叛。家庭和事业从未有过矛盾。”杨绛的爱家，由此可见一斑。

1937 年 7 月前后，钱锺书已经顺利完成了论文答辩，获得了牛津大学的硕士学位，一切都非常圆满了。按照原先的计划，两人收拾了行李物品，赶去全世界的时尚之都——巴黎。在那里，他们要开启全新的求学之旅。

此时的钱瑗也就百天。一家三口从牛津小镇坐火车前往伦敦，稍显拥挤的车厢里，穿着婴儿服的阿瑗看起来粉粉嫩嫩的，漂亮得像个光洁美丽的瓷娃娃，她小小的脑袋随着乘客们的动作而东张西望，可爱极了。火车不停地在铁轨上颠簸起伏，没过多久，阿瑗就睡着了。一位从伦敦上车的乘客进入杨绛他们所乘坐的车厢，看到睡梦中的阿瑗，忍不住赞叹道：a China baby（一个中国娃娃），也可译为“一个瓷娃娃”，以此来赞美阿瑗的皮肤光洁通透，这让爱女至深的杨绛甚为得意。

生活中的钱锺书笨手笨脚，对于如何抱女儿，他研究了许久也没找到特别舒服的抱法。于是，从牛津到巴黎这一路上，钱锺书只负责搬运、照看行李，阿瑗就由杨绛一直抱着。时间长了，杨绛的胳膊抱得实在太累，钱锺书这才与她短暂换手。

位于加来海峡大区的加来，是法国重要的港口，有跨海到英国的客运与邮运港，杨绛和钱锺书要从伦敦到巴黎，这里是必经之地。那天，抱着阿瑗的杨绛刚刚出现在人群中，加来港口的管理人员一眼就看到了她，并立即请她出来，

于是，杨绛得以第一个下船，第一个到达海关。没想，海关管理人员对杨绛怀里的“中国娃娃”十分喜爱，纷纷上前来细看、逗笑，几乎没有检查他们的行李就对他们完全放行。

带有浓厚学术气息和气质的牛津，是个安静恬淡、被绿意笼罩的城市；而向来以建筑闻名的巴黎，则是个处于时尚前端、风姿绰约的浪漫之都。所以，初来巴黎时，杨绛内心涌起满满的温情和感动。尤其是那些对她无条件放行的海关管理人员，让她在异国他乡，对这里的人、建筑、风景产生了一种真实的好感。

早在从牛津来巴黎之前，杨绛托付的同学就已经为他们找好了房子。房子位于市中心，距离车站很近，交通非常便利。更为难得的是，这座房子的主人——咖淑夫人，是个善良的退休老人，性格极好，平日里以招租为生。在这里租住的客人，每天可以向咖淑夫人要求提供一日三餐，省去了不少自己开火做饭的麻烦。咖淑夫人提供的饭菜不仅价格公道，饭菜样式和口味也都很符合大众需求。每到用餐时间，来自四面八方的租户们围坐在餐桌前，说说笑笑，非常热闹。

由于餐点种类丰富、样式繁多，菜总是一道一道地被端上桌来，如同洛阳的“水席”，因此，往往一顿饭结束，两三个小时也就过去了。这样将时间花费在吃饭上，对于求知若渴的杨绛夫妇二人而言，简直是暴殄天物。于是，在和租户们吃了一段时间的“大锅饭”后，杨绛夫妇就开始另立炉灶了。

与牛津大学相比，巴黎大学的历史更为悠久。经过岁月的洗礼，巴黎大学在多次学潮运动和法国政府的组改、调整中，不断走向自由、独立。那里没有新生训练、毕业典礼，也没有上、下课铃声，更没有任何训导制度。假如已经上课十分钟了，教课的老师还没有到教室，学生就会自动离席；假如老师因为讲得兴起而耽误了学生下课，他们可以选择早退……

相对自由的学风，让杨绛和钱锺书少了许多如何遵守学校制度的顾虑，也为二人的自由学习创造了条件。尤其是对于从小自由不羁惯了的钱锺书而言，大把的时间花费在谋取学位上，确实不是他的理想。当然，钱锺书的思想也在潜移默化中影响着杨绛，二人虽是交了学费读书的，但他们却从来不按照老师教授的来学习，而是按照自己的计划来读书。

节奏舒缓的巴黎比“高冷绝世”的牛津要接地气儿多了。来到巴黎之后，杨绛和钱锺书两人经常能在巴黎市区、公寓附近等地碰见华人。异国他乡，巧遇故知，是多么幸福的一件事！于是，大家相互问好，相伴往来，时间久了，也都非常熟悉了，一旦有谁需要帮助，很快就有人前来照应。杨绛身在异乡的相思之苦，也得到了很大程度的排解。

众所周知，西方孩子的独立性比中国孩子要明显高出许多。这不仅是因为西方国家对居民实行全方位的保障，还与西方父母的开放式教育有很大关系。在巴黎，很多没有时间照看小孩的父母或者想要从小培养孩子独立能力的父母，都会选择把孩子送到托儿所。

为了挤出更多的学习时间，杨绛和钱锺书也打算像巴黎大多数的父母一样，把阿瑗送到托儿所照管。为此，杨绛还特意向一个朋友打听，后来才得知，若把孩子送到托儿所，孩子就要很规矩地生活，吃饭、睡觉、喝水等必要的活动也要按照托儿所的规矩来。听到这里，杨绛看看年龄尚小的阿瑗，想象那样的场景，满是心疼，便打消了这个念头。

有阿瑗陪伴的日子是快乐的，小小的人儿，不吵也不闹，总是安安静静地自己待着。在杨绛租住的公寓里，正好有个邻居的太太，丈夫是公务员，早出晚归，两人也没有孩子，所以她特别清闲。两家熟识之后，杨绛便时常抱孩子过去玩儿，久而久之，阿瑗与这位太太也亲热起来了。

每当杨绛和钱锺书都有课或者两人因为其他事情无法抽身时，这位太太就帮忙带着阿瑗，不仅为杨绛和钱锺书节省出了不少时间和精力，也让杨绛免去了孩子遭人打骂的担忧。因此，每当手头稍有宽裕，杨绛就会支付一些报酬给她，以此表达自己铭记于心的谢意。

秋去春来，转眼之间，杨绛和钱锺书来巴黎上学已经有一段时日了，对于

巴黎这个城市，也日渐熟悉起来。白天除了上课，他们还会带上女儿去咖啡馆小坐一会儿、去旧书市闲逛一番。他们在途中会遇到各种各样的人，并从他们身上了解到这个地区的风俗习惯和文化。暮色苍茫时两人归家，炊烟袅袅，对坐读书，安然而从容。

从 15 世纪的诗歌到 18 世纪的小说，从法文到意大利文，在巴黎的这一年，杨绛和钱锺书在照顾女儿的同时，把自己浸润在书的世界。他们一起读福楼拜的《包法利夫人》，一起为不明其意的生字探讨。在书中，他们了解到整个欧洲的人文和各国的文化习俗和风土人情、了解到欧洲每种语言的特性和要点，这无疑为二人掌握多种外国语言铺就了基石。

特别是对语言抱有深度挚爱的杨绛来说，宽松的环境让她极尽可能地投入到阅读当中，因而激发了她更多的文学素养和灵感。她在巴黎求学时期的名作《阴》，就是那个时期的杨绛文学水平的完美呈现。

> 一棵浓密的树，站在太阳里，像一个深沉的人：面上耀着光，像一脸的高兴，风一吹，叶子一浮动，真像个轻快的笑脸；可是叶子下面，一层暗一层，绿沉沉地郁成了宁静，像在沉思，带些忧郁，带些恬适。松柏的阴最深最密，不过没有梧桐树胡桃树的阴广大。疏疏的杨柳，筛下个疏疏的影子，阴很浅。几茎小草，映着太阳，草上的光和漏下地的光闪耀着，地下是错杂的影子，光和影之间那一点绿意，是似有若无的阴。
>
> 一根木头，一块石头，在太阳里也撇下个影子。影子和石头木头之间，也有一片阴，可是太小，只见影子，觉不到有阴。墙阴大些，屋阴深些，不像树阴清幽灵活，却也有它的沉静，像一口废井，一潭死水般的静。
>
> 山的阴又不同。阳光照向树木石头和起伏的地面，现出浓浓淡淡多少层次的光和影，挟带着阴，随着阳光转动变换形态。山的阴是散

漫而繁复的。

诗意的文字，悠远的意境，在杨绛笔下，阴变为一个表情丰富、立体生动的人，生动形象而富有深情，平凡可见而又气象万千。透过这精练的文字，杨绛将自己的情感淋漓尽致地展现出来，她的文学功力实在不凡。

才情是不食人间烟火的仙气，亲情是不被风雨摧毁的坚守。作为一个视文学为挚爱的才女，杨绛饱读诗书、笔耕不辍；作为一个孩子的母亲，杨绛任劳任怨、行者于前。就连小小的阿瑗，也在无形中被母亲对文学的执念和付出所感染。在她刚刚能够独自坐稳时，就像平日里的母亲和父亲一样，捧着一本硕大的书，安静地看，一坐就是老半天。细心的杨绛发现了，就递给她一支笔，不料，阿瑗竟然像他们一样，在书上画来画去，这让夫妻二人十分惊奇又颇为得意。

在房东那里，杨绛学会了“出血牛肉”的做法。每次做好之后，就会拿给阿瑗吃，阿瑗吃得欢欢喜喜，杨绛也十分开心。中西餐都吃得惯，使阿瑗的小身板格外结实。粉嫩的小脸蛋儿、胖胖的小手、肉乎乎的小脚丫，让阿瑗这个小小的人儿看起来极为可爱、乖巧，引得钱锺书总是情不自禁地想逗她笑。每逢稍有空闲，钱锺书就会抱着女儿看看这儿、亲亲那儿，还时常装出一副恶心的样子闻阿瑗的小脚丫，逗得阿瑗咯咯地笑。

> “其实女儿很乖，我们看书，她自己一人安安静静地画书玩。有时，对门太太来抱她过去玩。我们买了推车，每天推她出去。她最早能说的话是‘外外’，要求到外边去。”

在杨绛的描述中，阿瑗懂事又乖巧。可钱锺书在给朋友司徒亚写信时，居然说女儿顽劣。细细想来，这不过是钱锺书对阿瑗满怀期望的溺爱之词罢了。

时间一天天流逝，阿瑗也一天天长大。杨绛依旧保持着与万里之外的家人通信的习惯，依靠文字，杨绛将阿瑗的情况传递给家人，同时，也让家人把家里的情况带给自己。虽然山水迢迢，收到回信往往需要很长时间，但只要杨绛寄信回家，便准能得到回复。但奇怪的是，自从杨绛生下阿瑗后，她的去信便石沉大海，再无音讯。

身在异国的杨绛开始担心起来，冥冥之中，有种强烈的预感一直在她心里徘徊萦绕：家里肯定出事了。她甚至设想到种种不敢想象的场景，然后为此坐立不安。直到后来的一天，她在报纸上看到国内许多地方（包括苏州）沦陷的消息后，悬着的心更加恐慌起来：不知道故乡的亲人们有没有遭遇危险？

一天、两天、三天……焦灼的等待，随着自家三姐的来信而得到了缓解。从三姐的回信中，得知父亲已经带着全家来到相对安全的上海，杨绛悬着的心才稍稍放下来。

战乱年代，无人幸免。动乱的大环境使钱锺书父母一家，在颠沛流离中辗转多地，最终寻得一家亲戚落脚，才算暂时逃过一劫。

其实，在杨绛举家迁往巴黎时，大姐来过几封信，但在信中，平时总会附上几句话的母亲忽然了无踪迹。杨绛深感怪异，便写信向家中询问，却迟迟得不到任何回复。直到过完新年，杨绛的大姐才在回信中告诉杨绛：她们的母亲已在 1937 年 11 月逃难时因病离世。

听闻消息，杨绛忍不住失声痛哭。许多年后，关于当时的场景和心情，她在《我们仨》中这样写道：

> 这是我生平第一次遭遇的伤心事，悲苦得不知怎么好，只会恸哭，哭个没完。锺书百计劝慰，我就狠命忍住。我至今还记得当时的悲苦。但是我没有意识到，悲苦能任情啼哭，还有锺书百般劝慰，我那时候是多么幸福。我使劲咽住，然则我使的劲儿太大，满腔热泪把胸口挣裂了。我自己才做妈妈半年，就失去了自己的妈妈。常言：“女儿做母亲，便

是报娘恩。”我虽然尝到做母亲的艰辛，却没有报得娘恩。

对于自己温婉贤良的母亲，杨绛心中是始终存有愧疚的。这种愧疚不仅来自不能承欢父母膝下的不孝，更多的还是来自杨绛多数时间身在异国他乡求学对父母未能尽到照管义务的自责。自从母亲去世之后，父亲杨荫杭就再也没有给杨绛来过任何信件，这让相距万里的杨绛日日担心起父亲的境况来。

烟雾弥漫，哭声四起，满目疮痍，血流成河。在第二次世界大战的阴影笼罩下，无数妇女、孩子为死去的亲人和即将到来的死亡哭得撕心裂肺，所有的商铺被洗劫一空之后遭到前所未有的损坏和封禁，街上背着包袱逃亡的人们，如过街老鼠一般惊慌失措……全国各地一片狼藉，哀嚎不断。国之心脏北平，杨绛的故乡苏州，俱已沦于敌手。

两人的奖学金还能延期一年，且杨绛所待的巴黎，相对而言，安全系数更高。但国难当头，岂能坐视？两人进行了简单的商量，就决定放弃这里的一切，回国。1938 年 9 月，焦虑万分的杨绛和钱锺书匆匆收拾了行囊，踏上了回国的归程。然而，由于受到战事的影响，回国的船票特别不容易买到，经过多次辗转，终于由里昂大学为他们买到三等舱的船票，夫妻二人这才回国。

“每个人的遭遇，终究是和自己的同胞结连在一起的。”这是才子钱锺书的原话。对他们夫妻二人来说，战乱之时报效国家远比实现个人理想重要得多。

白骨堆山满白城，败亡鬼哭亦吞声。
熟知重死胜轻死，纵卜他生惜此生。
身即化灰尚赍恨，天为积气本无情。
艾芝玉石归同尽，哀望江南赋不成。

钱锺书的《哀望》，道出了他们对祖国的魂牵梦绕。

困境中，与爱人相携相依；战乱时，与同胞并肩战斗。杨绛和钱锺书的家国情怀，体现在他们苦做学问的专注中，体现在他们共担风雨的深情里，体现在他们决心报效祖国的豪情中，体现在他们益于民族的智慧里。

# 第五章

# 抗战荼毒，重归故国

人，只要活着，便逃不过一个“情”字。因为，一个看似简单的“情”字，却凝聚着人生百态。就像许多人尝尽相思之苦，却依旧不能长相厮守一样，因为有情，才有遗憾和圆满。

杨绛对钱锺书的情，是至死不渝的爱情；对女儿阿瑗的情，是与生俱来的母爱；对父母兄妹的情，是刻入骨髓的亲情；对国家故乡的情，则是随其一生的乡愁。他们相似却不相同，各有深意却都有所侧重。

在出国求学的几年时间里，杨绛乡愁满心：她日夜辗转反侧，为上了年纪的父母忧心；她多次午夜梦回，看到姐妹兄弟们的熟悉身影。她带着浓烈的乡愁，在异国他乡，将儿时盛满心田的憧憬和温暖倾倒出来，再一一擦拭晾干。

对祖国的爱、对故土的爱、对家庭的爱，在杨绛深深浅浅的文字里都能看到。在祖国遭遇列强侵犯的关键时刻，她没有沉迷国外优越的生活环境，而是毅然决然地坐船回国。在战火纷飞的年代里，她坚守着一颗爱夫之心；在连绵不绝的炮火中，呵护着女儿；在枪林弹雨的袭击中，辛苦奔忙维持生计……她用她的文字，再现社会的千姿百态，创作了好几部话剧。

话剧的出演，让她很快成为明星。但面对荣誉，她淡定而平和。为了让丈夫实现他的“文学之梦”，杨绛甘做“灶下婢”，为钱锺书挡下所有琐碎之事，做钱锺书《围城》的第一个读者。

从此，她在这个“围城”中，一待就是一生。

## 南北相思不相忘

1938年9月，曾经醉人的薰衣草花海早已销声匿迹，只有零零星星的向日葵，在阳光的润泽下闪着耀眼的光泽。就在这样的时节，杨绛和钱锺书带着刚刚断奶的钱瑗，在巴黎坐上了回国的游轮——阿多士Ⅱ号。

三年前乘坐游轮出国的场景似乎历历在目，与那时相比，除了因战乱或是其他原因造成的伙食质量变差之外，其他的好像并没什么变化。可正是这一小小的变化，让对物质生活几乎没有要求的杨绛仅仅过了几天就忍不住忧心忡忡起来。

因为事先没有预料到船上的伙食质量，杨绛只为阿瑗准备了够几天食用的奶制品和其他辅食。这些食物吃完后，阿瑗就没有专门的辅食吃了，于是，在接下来的二十几天里，杨绛不得不让幼小的阿瑗天天吃土豆泥儿。原本胖乎乎的阿瑗在经历了二十几天的“忍饥挨饿”后，下船时早已瘦得不成样子，杨绛看着面黄肌瘦的孩子，既心疼又自责。

海上漂泊的日子是难熬的。与出国那次相比，多了阿瑗的海上漂泊显然有了更多的意义。在船上，阿瑗和大人们一样四处张望，杨绛和钱锺书也在机缘巧合下结识了外交官兼诗人——冒效鲁，三人一见如故、相谈甚欢。为此，冒效鲁还作诗一首描绘三人当时的状态：

凭栏钱子睨我笑，有句不吐意则那。
顾妻抱女渠自乐，丝丝乱发攒鸦窝。
夜深风露不相容，绿灯曼舞扬清歌。
喧呶聚博惊座客，倾囊买醉颜微酡。

杨绛、钱锺书的表情、动作及船上的情景，在冒效鲁笔下都变得格外生动、形象。钱锺书的满头乱发，被冒效鲁形容为“鸦窝”，倒也十分妥帖。

多日的海上漂泊终于在船只抵达香港后告一段落。按照原先的计划，船一到港，钱锺书就取出行李，只身一人上了岸，打算乘船到达另一个目的地——西南联合大学。

实际上，早在回国之初，钱锺书就提前联系了国内的老师和朋友，并向一些高校投递了信件，想要寻得一份能够保障全家生活的工作。信件发出后，钱锺书陆陆续续收到了很多回复，其中西南联合大学文学院院长冯友兰的邀请让他甚为喜悦。西南联合大学云集了北京大学、清华大学、南开大学这三所著名高等学府的大批知名学者，对钱锺书的重视程度也非同一般：只要钱锺书来授课，就可以直接做教授，不用同他人一样得从讲师慢慢熬了。况且，当时西南联合大学给钱锺书每月 300 元的薪水，这在当时已经算是很可观的了。

第一次与钱锺书分开，杨绛心里忽然涌起一种失落感。在乱世中生存，也许一次离别，就是永别。虽然杨绛内心深处有一千个不放心，但她还是面露微笑地目送着心爱的人远去。因为杨绛知道，人生聚散，实在是平常事。

乘船继续北上，虽然一路的颠簸让人疲惫不堪，可是马上见到亲人的兴奋又让疲倦至极的杨绛有了些许无法言说的欢喜。黄昏时分，轮船在夕阳的光影中轻轻靠岸，等待在岸边的钱锺书的弟弟，一眼就认出了杨绛和阿瑗，然后飞快地接过行李，带她们母女二人回到了此时已住在拉菲德路（今天的复兴中路）的钱家。

祖国山河大片沦陷，上海因为有英、美、法等中立国的租界，而成为被日军包围的“孤岛”。所有人都在枪林弹雨的袭击中变得小心翼翼，生怕被无名的战火吞噬、摧毁。而当时，国民党已经从上海撤出，日军在全面侵略上海后留下大军驻守，处处危机四伏。只有英、法、美等西方国家在上海的公共租界成了乱世中的最后一根“救命稻草”，于是，很多人纷纷逃往此处避难，公共租界的房价也因此快速攀升。

杨绛回上海后所住的房子，也是钱家人花高价租来的。由于人口多而房间又小又少，杨绛带着阿瑗回来后，也只能和钱锺书的弟媳妇及儿子挤在一个屋里，生活十分不便。于是，第二天一大早，思父心切的杨绛就带着阿瑗去父亲住的地方了。

此时的杨荫杭居住在家在上海的三女儿那里，地方相对宽敞，当带着阿瑗的杨绛出现在杨荫杭的面前时，让他甚为惊喜。看着父亲已经斑白的鬓角和沧桑的容颜，杨绛心疼又无可奈何。她忽然想起自己小时候，陪父亲午睡、帮父亲剥桔子的情景……好像昨天的父亲还很年轻，而今的父亲，已在时光的磨砺中慢慢老去。母亲的去世，又让父亲整晚整晚地失眠，好在，住在三姐家的父亲能时常得到女儿的陪伴，这让杨绛的心里又有了一丝小小的安慰。

许久没有见面的祖孙三代人暂时忘记了战事的烦扰，欢欢喜喜地聊着各种琐事。杨荫杭看着小小的阿瑗，眉开眼笑地逗她玩，阿瑗也很配合地响应着他……时光仿佛在这样的温馨幸福中停止了，等他们回过神儿来，眼前还都是明丽澄澈的美好。

城门失火，殃及池鱼。兵荒马乱的年代，谁也避免不了为谋生挣扎。可是，要想在乱世之中找一处安全的住所，实在需要财力的支持，好在杨荫杭一直不

曾闲赋在家，所以他还多少有些积蓄。为了让女儿和外孙女不再挤在拥挤不堪的钱家，同时也能陪伴在自己左右，没过多久，杨荫杭就花大价钱租下了另一套宽敞的房子。杨绛自然明白父亲的心意，但她又深谙为人处世的道理，所以她并没有一直居住在父亲租下的房子里，而是在钱家待几天，在父亲这里待几天。由于父亲租下的房子距离钱家很近，所以即使杨绛在钱家居住的几天，也能带着钱瑗步行去父亲那里转转。

杨绛和阿瑗的陪伴，让杨荫杭有了一种久违的高兴和舒心。杨绛的三姐和七妹，也经常来父亲这里小住，一家人就这样在战乱之中聚在了一起。他们一见面就坐在一起说说笑笑，一天的不快也随之烟消云散。

儿女的承欢膝下，让杨荫杭原本灰暗沉寂的内心忽然涌起奋进积极的力量。于是，他剃掉长长的胡须、戒掉长久服用的安眠药，还去了复旦女子文理学院教授“诗经”。他的课生动形象，充满趣味，颇受学生的喜欢。

时间就像掌中沙一般，不紧不慢地流逝。在战事连连的社会大背景下，杨绛一边为一家人的生计奔忙着，一边担心着千里之外的钱锺书。但是她不想将自己的担心说给父亲听，每天起床之后，仍旧乐呵呵地跟父亲谈笑。三年的留学生活，让她错失了好多照顾父母亲的机会，而今，母亲又离他们而去，杨绛对父亲的疼惜也就更多。她细心周到地照顾着父亲的日常起居生活，稍有空闲，就带父亲理发，为父亲买衣服、鞋子等生活必需品和他爱吃的点心。

长久的分别，让杨绛对父亲的饮食习惯并没有了太多的了解。起初为父亲买点心时，她不知道哪种点心或糖果是父亲更喜欢吃的，于是便买了好几种分别装满不同的罐子放在父亲的床头上。过一段日子，杨绛便轻手轻脚地溜进父亲的房间里去看，那个点心最少的罐子里装的点心便是父亲最爱吃的，于是，她立马买了新的放进去。

杨绛对父亲的用心由此可知。她自以为自己的“聪明”能让父亲在不易觉察中享受到家庭的温馨，其实，不善言辞的杨荫杭，早已用充满深情的文字将女儿给予自己的浓厚的爱悄悄地镌刻在了岁月里。直到许多年后，贴心的杨绛为自己已故的父亲收拾屋子，在父亲搁在床头的日记里看到父亲所记载下来的“点心罐子”这件小事，忽然间泪如泉涌。她想起父亲对自己的宠爱和贴心，然后陷入深深的悲伤中不能自拔。

风轻花落，时光在四季的轮回中踏下轻盈的足迹，卷起昔日的美丽悠然长去。在页的最后一章，写满了曾经的甜甜的香，那些往日的喜悦和悲伤，在似水流年的涤荡下随波轻轻逝去，留下历久弥新的昨天。闲来无事的时候，杨绛也会在淡淡的光影里想到钱锺书，想到两人一起相濡以沫、他乡求学的日子。

在渐渐长大的阿瑗身上，也越来越多地有了钱锺书的影子：她的走路姿势与她爸爸极为相像，她看书时的样子也跟他爸爸极像，只是杨绛与钱锺书天南海北的相隔，彼此的思念也只能由鸿雁代为传递了。

连绵的炮火使越来越多的人居无定所、衣食无着，回到上海后的很长一段时间，杨绛都在为谋生奔忙。为了维持生计，杨绛应一位富商之请，前去为他的女儿补课。苏州沦陷后，振华女中被迫关闭，当时的校长王季玉已经为筹建振华女中上海分校奔波了很久。得知杨绛归国，她特意到杨绛居住的地方求杨绛帮忙，杨绛只以为是教课，便随口应道：“我想也许只能教一两门课……只有半年。”

对于杨绛的回答，老校长也并没有多说什么，只是简单地留下了地址约杨绛第二天到指定地点赴约，之后便匆匆离去。直到第二天清晨杨绛到达赴约地点，老校长才告诉她，董事会要请她吃饭，让她做校长。从未有过“当官”心思的杨绛一听就连忙拒绝：自己资历浅，没做过校长，胜任不了。但王季玉老先生则始终认为，最适合做校长的人就是杨绛。

这个“从天而降”的校长，让杨绛从心底里生出强烈的排斥感。父亲早些年的官场经历，更是给她上了一堂生动的教育课：官场人事复杂，不仅不能明志，更会遭遇很多不公事。所以，从她懂事起，就一心想安心做学问，但恩师的盛情又不容拒绝，杨绛陷入了两难的境地。

父亲是女儿的指路明灯。杨绛回到家，便将此事说给父亲听，令她没有想

到的是，对振华女校历史了解得极为透彻的父亲听了事情的原委后，竟出乎意料地支持女儿去做校长。

恩师的求助、父亲的建议，让杨绛静下心来思考自己的选择。经过一番深思熟虑，杨绛决定出任校长一职，准备工作也开始迅速着手。从新建学校的校址选择到教室里的桌椅配备，从开设课程的确定到教课老师的聘用，杨绛一边悉心准备筹建学校的各项事宜，一边在王季玉老校长的指点下，学习协调老师、管理学生的方法和做预算的程序。直到后来某天，王季玉老校长将振华女校的美元存折和钤记印章交到杨绛手上，嘱咐她："归你全权处理，我走了"时，杨绛才更明晰，自己肩上扛着"振兴中华"的历史重任。

1939年，筹备了一年之久的振华女校挂上了牌子，不久又举行了开学典礼，之后开始招生。许多从前在振华女校上学的学生听说振华女校重新招生，都拿了课本直接入学；久不问世事的父亲为了支持女儿的工作，还专门为杨绛推荐了几个老师；杨绛也找了几个老师过来，如此一来，各个学科的老师基本配备齐全。当然，惜时如金的杨绛自己也没闲着，她教高三英语。

高度的责任心和强烈的使命感，使杨绛全身心投入到对振华分校的管理、经营中来。每天不停地为学校的一切事务奔波忙碌，让杨绛变成了高速旋转的陀螺，难得有完全属于自己的时间。偶有闲暇，她便坐下来为阿瑗唱首童谣，讲个故事，来弥补自己不能陪伴女儿的亏欠。然而就这样一盏茶的工夫，对杨绛和阿瑗来说都是奢侈。所幸，表姐家的女儿和阿瑗年龄相当，两个孩子时常一起玩耍，相处很融洽，看起来十分亲密。

孩子的模仿力是天生的，许多孩子在父母言行举止的潜移默化中继承了他们的秉性和特点，阿瑗也不例外。在杨绛的言传身教下，小小的阿瑗不仅乖巧懂事、能说会道，还像大人一样有良好的约束力，因而深得周围人的喜欢。每逢小表姐读书，阿瑗就搬把凳子坐在表姐的对面，认真地听她读。

刚回上海的那年冬天，阿瑗身上出了一大片疹子，来年春天又病了一场，所以她的肠胃特别虚弱，许多东西都不宜吃。小小的阿瑗竟然能够按照妈妈的话谨慎地吃东西，妈妈嘱咐不能吃的东西阿瑗竟真的不碰丝毫。有一次，有个学生给杨绛送了一大筐黄灿灿的枇杷，阿瑗看到了很想吃。可是，因为担心女儿吃坏肚子、加重病情，杨绛不敢把枇杷给阿瑗。小小的人儿，一边扯着杨绛的衣角，一边眼巴巴地流着泪，却没有任何行动。每次大人围在一起愉快地用餐，阿瑗就坐在旁边看着，有时她也会一个人静静地发呆，不哭也不闹。

有一天，细心的杨绛无意中发现：阿瑗一直盯着小表姐手里的书出神，杨绛过去一看，原来小表姐手里拿的是一套《看图识字》类的书，于是，她就给阿瑗也买了一套。令她惊喜的是，两岁半的阿瑗居然可以认出上面的每一个字，只不过拿在阿瑗手里的书是倒着的。这个情景，深深地印在了杨绛的脑海中，后来她才恍然大悟：小表姐读书时，阿瑗总是坐在她的对面，她看到的字就是倒着的。

"破解了真相"后，大家就将教阿瑗识字当作一项重要的任务来完成。年龄尚小的阿瑗也完全继承了父母的天才基因，学什么都又快又好，这令原本就对杨绛和阿瑗有所偏爱的杨荫杭甚为惊喜。

白天在学校教书，晚上还要批改一摞摞的试卷。杨绛从做了振华分校校长算起，对阿瑗的陪伴就少了许多，很多时候，懂事的阿瑗总是自己玩耍，特别想要妈妈陪伴的时候，阿瑗就会伸出自己粉粉嫩嫩的小手，捶打那一大摞试卷，好像她真切地知道，妈妈的忙碌来自它们。此情此景，让杨绛心酸不已。

好在，杨绛对阿瑗缺失的爱，在杨荫杭这里得到了最好的补充，就像从前宠爱杨绛一样，杨荫杭对阿瑗也有种与众不同的宠溺。尽管他睡觉的床只比单人床大了一点点，但他仍然愿意让阿瑗跟着自己睡，为了让聪慧的外孙女睡得舒适，杨荫杭更是拿出了自己极为珍视的宝贝——小耳枕，欢欢喜喜地让阿瑗用。

这个耳枕，是杨绛母亲唐须荌在世时特意为杨荫杭做的。枕头十

分软和，且用台湾席子包着，最为特别的是，这个枕头的中间，留着一个小窟窿，是专门用来放耳朵的。由此可以感知到唐须荌对杨荫杭的浓浓情意，而杨荫杭对这个小耳枕也情有独钟，除了天热的时候拿出来用用，平日里舍不得别人碰一下。而今，他能主动将这个宝贝拿给阿瑗用，可见他对阿瑗的喜爱程度之深。

除了备受冷落的阿瑗，远在昆明的钱锺书也深受“其害”。当时，钱锺书的课业并不算多，相比于杨绛，他有充裕的时间来做自己喜欢的事。教课结束清闲之时，只身一人在外的钱锺书便会将一天之中所发生的事全部写在日记里，打算以后拿给杨绛看。他也常常写信给杨绛，但因为杨绛太过忙碌，写给他的回信少之又少。虽然钱锺书心中十分落寞，但对于妻子，他是心疼又支持的，毕竟以杨绛的一身才华，一直做“灶下婢”也确实可惜。

就在这样深深浅浅的光影里，仿佛溢出一种漫然自由的春华秋实，那里也藏着一个梦，是杨绛关于钱锺书、关于阿瑗、关于父亲的梦。她怀念着从前母亲健在的日子里那种深入骨髓的暖，也享受着现在与父亲朝夕相处的从容安心；她牵挂着远在昆明、拙手笨脚的钱锺书，也惦念着日渐长大、懂事可爱的阿瑗。

时光长河，静然流淌。南北相思不相忘，情真意切归故国。纵使战火纷飞，有爱，就有家。

## 有死别，无生离

人的一生，总是在无尽的聚散中演绎着悲欢离合的欣喜与落寞。

“生老病死”这四个看似轻描淡写的字，却在无意中诉尽了人一生之中所要经历的种种大事。每一个字所代表的事情一旦发生，都会成为生命中的重要节点，镌刻在奔流不息的生命长河中。

杨绛的一生历经了波折，与丈夫钱锺书不能相守的日子也颇多，但是，无论杨绛身在何处，她总能用自己的方式，把平淡的甚至是有些清冷的日子过得暖心而多彩。也因此，无论钱锺书身在何处，都能第一时间想到杨绛。

淡然的处世态度，时刻为他人着想的善解人意，让杨绛在钱家，成了一大家子公认的“贤媳”。尤其是在抗战后期，物资极为匮乏，杨绛不得不精打细算。为了省煤，杨绛自己和泥做煤球，她还负责买菜、洗全家人的衣服。钱锺书的婶婶见杨绛一位千金小姐，在家什么粗活都干，很是感慨，便对杨绛说：“你是上得厅堂，下得厨房；入水能游，出水能跳。宣哥（钱锺书小名）是痴人有

痴福。”

尽管对钱锺书有着绵长的思念，但杨绛从来不会将这种儿女情长挂在脸上。无论何时见到她，她总是一副淡然的温润如玉的表情。

父亲是有名的才子，母亲是温婉的大家闺秀，和谐的家庭环境，对阿瑗的成长起到了“春风化雨、润物无声”的积极作用。阿瑗不仅非常体贴懂事，读书做事也非常认真，令杨绛更惊喜的是，阿瑗的想象力和情绪感知能力也都非常好。

阿瑗在三岁的时候，某天在书上看到一个“朋”字，她便开心地对杨绛说：“妈妈，这两个‘月’在亲热呢！”杨绛听后，深为女儿的奇思妙想而赞叹。她把这件事告诉钱锺书，钱锺书听后也得意至极，还当场吟诗一首：“颖悟如娘创似翁，正来朋字竟能通。方知左氏夸娇女，不数刘家有丑童。”以此夸赞自己的女儿所具有的聪慧和创意像自己和杨绛，同时还兼具左思女儿的美貌和神童刘宴的才华。

当阿瑗认识的字越来越多的时候，杨绛便专门买来好多带着插画的小人书给她读。阿瑗读得很快，没过几天，新买的书就被她读了个遍。杨绛发现后，就改买了一些故事书，里面有形形色色的长故事。

有一次，阿瑗正在翻看杨绛为她新买的《苦儿流浪记》，可刚看了没几页，她就忽然大哭起来。原来是书里的“苦儿”把她弄哭了。于是，杨绛就耐心地跟她解释：这只是个故事，况且，在故事结尾时，苦儿就不流浪了，生活也不苦了。可无论杨绛怎么安慰阿瑗，阿瑗的眼泪还是大滴大滴地往下掉，为了免去女儿伤心，杨绛就偷偷地把书藏了起来。

可没想到，许多年之后，阿瑗还是对这本书念念不忘，有一天，她开心地告诉杨绛，她找到了书的作者，知道了书的结局……杨绛这才知道，这些年，女儿心里的牵挂一直都在。

可爱的阿瑗，让杨绛原本忙碌的生活里多了一些缤纷的色彩。此时，钱锺书也发来电报告诉杨绛，他要回上海过暑假，这又让杨绛心头的喜悦再添一分。毕竟从结婚之后算起，这是夫妻二人时间最长的一次分别了。

可钱锺书回到上海后才发现，此时的钱家已经没有了自己安身的地方，从各地涌来上海避难的亲戚，早已把本来就不够宽敞的房间占满了。杨荫杭得知情况后，便叫两个女儿与自己挤在一处，将自己的房间让给钱锺书。老岳父如此善解人意的安排，让想念妻子的钱锺书感动不已。毕竟乱世之中，分别许久的人，对能够拥有一个相对安全的独处空间的渴望太强烈了。

虽然钱锺书是有名的才子、高傲的狂人，但是对于自己博学广智的岳父，他是从心底里有种深刻的敬服的。杨荫杭对钱锺书这个女婿也十分偏爱，两人无论何时凑到一起，总能天南海北地相谈甚欢。拥有犀利眼光的杨荫杭还发现，自己的四女婿和杨绛一样，也是爱读字典的人！于是，他不无得意地对杨绛说："哼哼，阿季，还有一个人也在读一个字、一个字的书呢！"

传统的家庭教育，使钱锺书养成了"尊德性而道问学"的习惯，因而对父母周到孝顺，是钱锺书一直以来坚持的原则。虽然住在杨家，但是钱锺书每天都会早起，从杨家步行到钱家向家里的长辈们请安问好。而彼时的杨绛正为学校的事情奔波劳碌，自然无法陪他，钱锺书便始终一个人来来回回。

有一天早晨，从钱家请安回来的钱锺书一改往日的平和，愁容满面地对杨绛说，父亲钱基博想让他到湖南蓝田国立师范学院做外文系主任。钱锺书不想去，他甚至有些怀疑父亲是一时兴起才做出了这样的决定。其实，不久之前，钱基博已应老友廖世承的邀约，到蓝田帮他一起创建了蓝田国立师范学院。在得知钱锺书来上海后，爱子心切的钱基博便频发电报称自己老年多病，以便让钱锺书来蓝田一边授课一边照顾自己，这样的话，自己的生活也不会太过清冷。

久不见妻儿的钱锺书骨子里是十分不情愿的，这不仅是因为乱世之下的团聚不易，也是因为现在任教的这份工作他很喜欢。况且，清华大学请他任教，不仅支付了极为可观的酬劳，同时也是战争年代难得的工作机会。

但只身一人的钱锺书拗不过钱家上上下下一大家子人的劝说，他便六神无主、不知所措地跑来问杨绛。对于这件事，明白事理的杨绛只是给了建议：清华任教时间未满一年，如果要辞职，确实不通情理；如果不想去蓝田，就要给家里一个合理的理由和解释。

尽管杨绛的建议合情合理，可她还是向父亲杨荫杭说明了情况，想要征求他的意见和建议。然而，杨荫杭听完后不仅没有任何表示，反而陷入了沉思中。父亲的态度让杨绛忽然意识到：任何人的任何事，都应该由自己来选择和决定，别人无权干预。而此刻，她能给钱锺书的，也只有尊重和陪伴。

在钱家人的施压之下，对长辈极为孝顺的钱锺书终于妥协，他心怀歉意地给清华大学外语系的叶公超先生写了封信，简单地对自己的辞职一事做了说明，但并没有等到回信。十月初，钱锺书就和蓝田师范学院的新同事们一起出发了。

不料，钱锺书才刚刚离开上海几天，杨绛就收到了来自清华大学的电报。电报询问钱锺书为何不回复梅贻琦校长的电报，这让杨绛有些愕然，因为他们夫妻二人自始至终没有收到过这样一份电报。或许是电报遗失在路上或是发错，都有可能，为了尽快将电报送到钱锺书的手上，杨绛只能把清华大学发来的电报转寄到蓝田师院，同时，她以最快的速度回电清华，说明未收到梅贻琦校长电报的实情。

山重水复的路、连绵不绝的战火，使杨绛转寄到蓝田师院的电报迟迟不能到达，等钱锺书看到杨绛转寄而来的电报时，距离收到电报已有 34 天的时间了。此时，所有的解释都已经为时太晚，因而钱锺书心里的愧疚也就越多。回想起来，自己在急需工作时被清华大学破格任用的事情还历历在目，而今，自己任职未满一年就要离开，偏巧又不能给对方一个诚恳的解释，这让钱锺书懊恼异常。

1940 年秋，留学维也纳医科大学的杨绛弟弟学业结束归国，本来就不甚宽敞的家更显拥挤；加上钱锺书来信，暑假就要返回上海，再这样与父亲挤在一起，显然不合适。于是，杨绛就向父亲说明要带着阿瑗搬出去住。几天之后，她物色到拉斐德路弄堂里的一间房子，便租了下来。

搬出去的前一天，对外孙女极度宠爱的杨荫杭对即将离开的阿瑗十分不舍，他抱着阿瑗有些伤心地说："搬出去，阿瑗就没有外公疼了。"年龄尚小的阿瑗仿佛一下子就听懂了外祖父的话一样，大颗大颗的泪珠像晶莹剔透的珍珠一般快速地滴落下来，很快就把杨荫杭的膝盖浸湿了。看着楚楚可怜的阿瑗，平素很少落泪的杨荫杭也忍不住哭了起来。毕竟，平日里杨绛出去工作的时候，阿瑗都是由他带着的，祖孙二人之间，已经建立起了不可动摇更不可替代的感情，现在分开，着实让人心里难受。

平日里过得飞快的时间在杨绛略为焦灼的等待中显得格外漫长。之前，钱锺书答应父亲钱基博只在蓝田待一年，一年之后就返回上海，可没想到，期满一年，父亲却不愿回来，思家心切的钱锺书便和徐燕谋结伴返沪，谁知路途不通，两人行至中途又被迫折返。杨绛带着阿瑗在新租来的房子里等了一个月，得知钱锺书因故不能回来了，只好把房子退掉重住父亲那里。

万物变迁、四季轮回，还未太过在意，上海的夏天就已经翩然而至。成片成片的绿色，将这个饱受战火摧残的城市装扮出些许活力和暖意，阳光穿过茂密的枝叶，让明媚开满人间。

几经辗转，钱锺书由陆路改为水路终于回到了上海。路上长久的颠簸，让他看起来肤色黝黑、憔悴不堪；极长的头发像倒扣在头上的鸟窝，凌乱不已；穿在他身上的样式老旧的粗糙夏布长衫，也在来来回回的剐蹭中破旧得不成样子。当疲态备现、步如灌铅的钱锺书出现在杨绛面前时，她心疼万分；已经将近两年没有见到父亲的阿瑗看到忽然出现的钱锺书时，吓得赶快躲到一边。她一直用怪异又带着警惕的眼神看着钱锺书，也不跟他说话，即便钱锺书特意买了一把外国小椅子作为礼物送给阿瑗，也丝毫没有得到阿瑗的回应。

很快，晚饭时间到了。整整一个下午都没有说话的阿瑗终于在长久的忍气吞声后发音："这是我的妈妈，你的妈妈在那边。"大家看着阿瑗严肃的表情和皱着眉头的样子，都忍不住笑了起来，她用孩子特有的方式，想要将面前这个陌生人"赶走"。

听到阿瑗的话，钱锺书尴尬地笑着问道：“我倒是问问你，是我先认识你妈妈，还是你先认识？”

“自然我先认识，我一生出来就认识，你是长大了认识的。”

阿瑗的回答，让杨绛有些小小的吃惊，她没想到，平日里乖巧温顺的阿瑗竟然有这等奇异的逻辑。刚才还稍显尴尬的钱锺书更是被女儿的话逗得前仰后合，他拉过阿瑗，在她耳边嘀咕了几句，阿瑗便像被他施了魔法似的跟他亲密起来。就连平日阿瑗心中“第一亲”的杨绛，此时也只能“望洋兴叹、醋意大发”而又无可奈何。

人前的钱锺书说话狂傲而直接，做事更是我行我素，因而看起来颇有高冷的感觉，而在阿瑗面前，这样一个“凌厉”之人，竟变成了顺从温和的“女儿奴”。与平日大人们总是教阿瑗读书、写字不同，钱锺书对阿瑗的教育，是在爱中进行的。阿瑗玩什么，他就陪她玩什么，他和阿瑗没大没小地嬉闹，两人夸张地斗架，也放肆地大笑，他们在长时间的共同玩乐中成了最好的“战友”和朋友。逗笑阿瑗之余，钱锺书也急切地等待着来自清华大学的聘用通知，因为早在暑假之前，他已经获悉清华大学想要再次聘请自己回校教书的消息，因而这次从蓝田回上海，钱锺书是辞了职的。可是，等了又等，过了好久，清华那边仍旧杳无音信，此时的钱锺书有些着急了，他在硝烟四起的孤岛上，期待着那一束能够助他冲破困境的光亮。

转眼之间，秋去冬来，在皑皑白雪的覆盖下，昔日的满目狼藉，此刻竟变成了一派素洁高雅。1941 年年底，日军偷袭珍珠港导致太平洋战争爆发，曾经堪称避难所的上海也全部陷于敌手，仍旧没有得到清华聘用通知的钱锺书想离开也再无可能。在钱锺书倍感失落的低迷期，爱屋及乌的老岳父杨荫杭又一次帮了他的忙：他将自己在震旦女子文理学院的钟点授课让给了钱锺书去做。凭借渊博的学识和出色的工作能力，钱锺书如鱼得水，很快就被该校聘为教授，且一直在该校任教到战争结束。

遥遥无期的战争一直持续着，人们的生存处境越来越艰难。杨绛之前辅导的富家小姐高中毕业后，她便不再担任这位小姐的家庭教师。一段时间后，傅东华带女儿去了外地，她女儿本在一所小学教书，她一走，原来的职位就空了下来，没有工作的杨绛正好接手。

尽管没有受过正规师范学院的专业教育，但蕙质兰心的杨绛做什么都有想法，她善于学习又善于总结经验，很快就在学生中树立了威信。可是，当时的学校受到日本人管制，处处都要格外小心，尤其是上学要经过的那条被日军严密把守的大桥，日本兵总是想尽办法对过路之人实施搜查、抓捕，让杨绛心惊胆怯。不久之后，她就辞去了这份工作。

靠着钱锺书在震旦女子文理学院赚来的工资，他们一家三口在水深火热的上海，小心翼翼地生活着。钱锺书的学生——周节之，总让老师钱锺书代为买书，但书买回来之后他基本不读，这正好让钱锺书“一顿大补”。沉醉在书的世界里，原本清苦的日子在钱锺书的眼里也变得万分富足，他还专门弄来一个“戒痴斋”的印章，印在每本书的前几页。

尽管日子过得清苦，但长时间分离后的团聚是那样令人喜悦和幸福，此刻，杨绛和钱锺书的内心深处也比任何时候都安稳、安定。一家人能在一起，真的是再好不过的事情了。

“从今以后，咱们只有死别，不再生离。”钱锺书在杨绛耳边，说出了这句最温暖最动人的情话。

## 创巨作，一鸣惊人

不飞则已，一飞冲天；不鸣则已，一鸣惊人。几千年前，史学家司马迁说出的这句睿智之语，至今仍有很强的现实意义和借鉴意义。

实际上，这看似简单的一句话却深刻而生动地诠释着“厚积才能薄发”的道理。荀子《劝学篇》里那句：“故不积跬步，无以至千里；不积小流，无以成江海。骐骥一跃，不能十步，驽马十驾，功在不舍。”也因此成了传颂至今的名句。

从垂髫之年到桃李年华，从豆蔻少女到身为人母，在杨绛的成长之路上，始终都有文学的陪伴。它既是她的爱人，也是她的知己；既是她的信仰，也是她的追求。杨绛也用她对生活的爱、对名利的淡泊，将那些原本生硬的文字变得温情四溢、充满力量。

人能够凝练成一颗石子，潜伏见底，让时光像水一般在身上湍急而过，自己只知身在水中，不觉水流。

——杨绛

杨绛的文字，恰如其分地彰显着她的性格。她可以在家庭琐事中独辟一方净土耕耘她的话剧，也可以在滚滚红尘中安守一棵菩提禅修她的小说。她始终都安静而淡然，仿佛世间所有的纷扰都与她无关。

战争依旧如火如荼地进行着，上海的物资也逐渐吃紧。原来杨绛在被日本兵管制的小学里教书，除了每月发固定工资外，还发三斗白米，这在战争年代，已经算是难能可贵的了。所以，在杨绛辞去了这样的一份工作后，独自承担养家重任的钱锺书渐渐感觉到了压力。

钱锺书向来以博学多闻出名，在震旦女子文理学院授课期间，他的才华吸引了很多人与他交往。正是在这所学校里，他认识了之后的好友陈麟瑞——这个对杨绛喜剧创作有着决定性作用的关键人物。

陈麟瑞于1928年毕业于北京清华学校，先后留学美国、英国、法国、德国，选读英美文学及戏剧研究。1933年回国后，任上海暨南大学、复旦大学、光华大学、震旦女子文理学院教授、外文系主任。不久之后，他和李健吾、柯灵、黄佐临等人东奔西跑，创建了“上海职业剧团”“苦干剧团”，欲以此实践自己的报国梦想。

1942年的一天晚上，陈麟瑞邀请杨绛夫妇和李健吾一起，说是去一家吃法很特别的饭馆里吃烤羊肉，以此庆祝自己改编的剧作《晚宴》上映。去了之后，杨绛才知道这家饭馆的特别之处：众人围着一盆燃烧的柴火，将羊肉放在柴上烤；烤熟之后，再用两尺多长的大筷子从不停跳跃的火苗中将肉夹出来塞进烧饼里吃。席间，对饮食颇有了解的陈麟瑞介绍，说这是蒙古人的正宗吃法。说到此处，杨绛忽然想起《云彩霞》里的蒙古王子和《晚宴》里的蒙古王爷，于是就分享给大家。很快，陈麟瑞、李健吾就被杨绛绘声绘色、精彩绝伦的描述震撼了，他们怂恿杨绛：“何不也来一个剧本？”

不同的时代造就不同的文学，在中华民族抵御外侮的运动中，许多文人都在竭力探索着救国救民的抗日道路。当时文化界抗日救亡运动

的重要载体就是戏剧，为此，许多文人还专门组织了职业剧团，将开展戏剧运动作为抗日救亡的重要手段，以此反击帝国主义对中华民族的侵略。此外，战争的残酷、物资的紧缺，给人们的生活带来了难以言说的压力。在长久的黑暗压抑中，许多市民将观看话剧作为释放生活压力的一种方式，因此，话剧成了当时人们最喜欢的文艺之一。而长期从事戏剧创作的陈麟瑞，便是推动戏剧抗日运动的主力军，他不仅戏剧创作经验丰富，同时也主持过许多剧团的工作，对戏剧有非常独到的研究。

听到陈麟瑞这样说，热爱文学的杨绛确实心动了。尽管起初她对自己没有太大信心，但在陈麟瑞和其他好友的再三鼓励下，杨绛很快将自己的顾虑抛之脑后。经过几个月课余时间的加紧创作，杨绛的第一本话剧《称心如意》很快完稿。她把剧本拿给锺书看，无奈的是，对剧本毫无兴趣的钱锺书只是粗粗地浏览了一下，敷衍了事般地说"不错不错"，就没有了下文。

从锺书这里得不到中肯的建议，顾不上劳累的杨绛就立即带着剧本去拜会相距不远的陈麟瑞，请他指导。对戏剧研究深邃精辟的陈麟瑞看完后当即告诉杨绛："你这个剧本，做独幕剧太长，做多幕剧呢，又太短，内容不足，得改写。"

陈麟瑞一针见血的话语，也许在旁人看来会因太过直接显得分外刻薄，但对于杨绛，这样诚恳的建议正是她求之不得的。听从了陈麟瑞的建议，杨绛很快对自己的话剧做了周密细致的调整，之后她再将剧本交给陈麟瑞看，得到的回复是："这回行了。"

深厚的文学功底、细腻温婉的性格，让杨绛笔下的文字始终透露出一种清新隽永的淡然香气。但对于"头一次下水"写话剧的杨绛而言，能得到陈麟瑞的认可，确实是意料之外的事情。

不久之后，已将杨绛的剧本交与李健吾的陈麟瑞得到了一个令人振奋的消息：《称心如意》立刻就要排演，这部话剧将由黄佐临亲自导演，自己也会粉墨登场。

听此消息，素来对名利毫无兴趣的杨绛第一次有了小小的期盼，就像近几年等待钱锺书一样，她所等待的不仅仅是钱锺书这个人，她等待的还有那种在相濡以沫中绽放的安心和温暖。而今，她在等待自己的作品在人群中绽放时的容颜和力量。

遍地的嫩绿与姹紫嫣红的花儿交汇在一起，柔软的春风，轻轻地将沉睡了一冬的柳条吹绿。在纷纷攘攘又细细碎碎的细雨里，上海的又一个春天悄无声息地到来。此时，杨绛的《称心如意》也在金都大戏院正式公演。

深刻揭示生活矛盾、冲突的剧情设计、精练又不失生动的语言、鲜明立体的人物形象、恰到好处的精彩演绎，使《称心如意》刚一上演，就大获成功。人们被跌宕起伏的剧情吸引的同时，也深深地被话剧中的精彩对白感染。这是经过生活磨砺的知识分子才能传达出的真情实感。杨绛恰如其分地掌握了喜剧的技巧，充分揭示了生活中的种种矛盾和冲突，哪怕是对于十里洋场中的小市民生活的灰色平庸的描述，杨绛也都能手到擒来。她把自己的情感和经历融入其中，深入地表现了上海市民生活里的种种尴尬和疲软。更为巧妙的是，剧中人物身上的喜剧因素所折射出的五光十色的社会万象，尤其引人深思。

在《称心如意》公演之前，没人会将“杨季康”叫作“杨绛”，杨绛名字的由来，与话剧公演前的宣传有关。为了在宣传用的海报上印作者的名字，李健吾临时让她起一个笔名。此时，杨绛忽然想起来，从前若有人叫她的名字语速特别快时，“季康”的发音就好像“绛”，于是，她便为自己起名：杨绛。

“杨绛”这两个显眼的大字印在海报上，许多人只看一眼，就记住了这个特别的名字。没过多久，就连自己母校的老校长——王季玉先生也看到了，她特意问杨绛要了两张票，和自己的侄女一起去看。看完话剧，惊奇不已的季玉先生还笑呵呵地问杨绛：“是你公公帮你的吗？”杨绛一听就乐了：“这和我公公有什么相干？”许多没有领略过杨绛才华的人也以为，这样精彩的剧本断然不会出自杨绛之手。一些与钱锺书熟识的朋友还特意打电话向他道喜，引得钱锺书和杨绛都哭笑不得。

随着《称心如意》在上海的持续走俏，一些高校的著名才子、学者也相继前来戏院观看。复旦大学教授赵景琛也是其中之一。看完之后，他不禁对剧中对人情世故刻画的细致入微，大加赞赏。他还对杨绛的才情予以盛赞："《称心如意》公演时，李健吾上台演老翁，林彬演小孤女，我曾去看过，觉得此剧刻画世故人情入微，非女性写不出，而又写得那样细腻周至。"

精练有力的语言、搞笑新颖的幽默点与不断冲突的剧情设计，让《称心如意》成为当时话剧的经典作品之一。《称心如意》的大获成功，也让杨绛坚定了创作话剧的信念。在接下来的日子里，她又凭借着自己对社会万象的深刻认知和醇厚殷实的文字功底，先后创作了喜剧《弄真成假》《游戏人间》和悲剧《风絮》，引起了强烈反响。尤其是杨绛于1943年十月创作完成的《弄真成假》，一上演就好评如潮，风头甚至压过了《称心如意》，堪称中国话剧界的经典作品。一些报纸也争相对杨绛创作的《弄真成假》作了大篇幅的详细报道，并刊发了多篇相关评论，以致《弄真成假》的演员们也以出演这部喜剧为傲。许许多多来自戏剧界的同人们，也联名写了感谢信，感谢杨绛创作出这样一个寓意深刻、影响广泛的好作品。就连作家、戏剧家李健吾也禁不住连连称赞："假如中国有喜剧，真的风俗喜剧，从现代生活提炼的地道喜剧，我不想夸张地说，但我坚持地说，在现代中国的文学里面，《弄真成假》将是第二道里程碑。有人一定嫌我过甚其词，我们不妨过些年头来看，是否我的偏见具有正确的预感。第一道里程碑属诸丁西林，人所共知；第二道我将欢欢喜喜地指出，乃是《弄真成假》的作者杨绛女士。"

李健吾这样的评价绝不是空穴来风，更没有夸大其词，这从几十年后，即2007年杨绛96岁高龄时，《弄真成假》被再次搬上话剧舞台这件事中也得到了有力证明。这不仅与杨绛超高的文学才情有莫大关系，同时，也与她敏锐的洞察力紧密相连。

《弄真成假》讲述的是20世纪40年代社会变革时期，男主人公周大璋与张燕华弄巧成拙、弄假成真的爱恨离愁。

周大璋是一位出身贫寒、仪表堂堂的男子，因为生活所迫，他寄居在亲戚家的小阁楼里。为了摆脱艰难的生活困境，他日思夜想希望能够迎娶到富庶一方的地产商张祥甫家的小姐，这样就能获得一笔数目可观的陪嫁，从此助自己踏入上流社会圈子。为了实现自己的目的，他不惜抛弃了原来的情人张燕华而取悦张祥甫女儿张婉如。张燕华本是张祥甫的亲侄女，寄身叔父家，形同女佣，她也拼命想要改变自己寄人篱下的处境，幻想嫁给自诩为官宦世家的周大璋后会有转机，结果离开了叔父，却住进了周家寄住的小阁楼里，这样的结局，使周大璋、张燕华“弄假成真”。

看似平凡的故事，经过杨绛的巧妙加工，竟处处涌动出一种“身临其境”的真实感。在这场各怀鬼胎的闹剧中，两位主人公为了达到自己不可告人的目的，不讲道理、不择手段，本以为可以如己所愿，不料却弄巧成拙。主人公的身世令人同情，但他们的作为却发人深省：每一个生活在现实社会里的人，又何尝不是两位主人公呢？杨绛通过一个故事揭露出现实社会中嫌贫爱富的丑陋一面，确实值得人深思。

《弄真成假》在上海的迅速风靡，也吸引了杨绛的父亲杨荫杭。在该话剧公演期间，杨荫杭还带着自己的几个女儿一同去剧院观看。看到现场反应热烈、哄笑不断，杨荫杭才得知，女儿创作的话剧竟如此受欢迎。骄傲之余，他忍不住问杨绛：“全是你编的？”杨绛点头一笑。

粗缯大布裹生涯，腹有诗书气自华。几千年前苏轼的经典之句，在几千年后的杨绛身上得到了最美的诠释。饱读诗书的杨绛，终其一生都在文字的陪伴中清新优雅地生活着，在那些平平淡淡的日子里，也因为有了文字而熠熠生辉、温暖感人。

《风絮》是乐观积极的她生平创作的唯一悲剧。《风絮》讲的是一个专注于社会改革的知识分子，带着妻子到了乡下，却因触碰恶势力而锒铛入狱后发生的一连串故事。戏是从知识分子入狱开始演起的，出狱后决心奋起的他发现，曾经与自己患难与共的妻子已经移情别恋，爱上了友人。友人出于道德，一再

婉拒他的妻子。然而，出狱后的男主人公经不起情变的打击，留下遗书想要沉潭自尽。友人见到遗书，以为自己的朋友已经死去，便和朋友的妻子拥抱在一起。丈夫的死亡让主人公的妻子自责不已。忽然，从潭边回来的男主人公追到两人面前，声称要和妻子同归于尽，不然就枪杀了朋友，再与妻子重归于好。听了丈夫的话，妻子忽然夺过手枪，朝自己连开数枪，倒地身亡。这突发的一幕让主人公惊呆了，反应过来之后的他当场失声痛哭，一幕悲剧就此诞生。

一朵杨花，随风飘零。用《风絮》来命名，也恰到好处地描绘出人生起伏不定却又无能为力的无助与无奈。而用《风絮》来代指剧中的主人公，更是十分贴合。他本来是个心怀大志的知识分子，却在命运的捉弄下，不得已走上了一段原本不会走的道路，自己也无力回天，想来让人伤神不已。

无论是对社会丑陋现象的揭露还是对人性污点的集中展现，杨绛的话剧从来都不会缺少的一个因素——无处不在的正能量。她的话剧，总能让观众在笑点中深思、在深思中产生共鸣，看到曾经的自己。就连她一生中唯一的一篇悲剧，也让人们在对主人公的遭遇心生怜悯的同时，永远不丧失追逐梦想的信心。

1946 年 6 月 12 日，《文汇报》上刊登了一篇关于《风絮》的评论文章，其中如是写道："《风絮》是杨绛女士第一次在悲剧方面的尝试。这里的成就如她以往在喜剧方面，同样是独特的。"一些戏剧界大咖，像李健吾、柯灵、黄佐临等也都对杨绛的话剧给予了至高的评价，从中足以见得，杨绛过人的才情与深邃的思想。

香港女作家舒非看了杨绛创作的话剧后，发出感慨："20 世纪三十年代的女作家，如果用颜色来代表，我想冰心是白色的，萧红是灰色的，杨绛属于紫色。"因为她的话剧里，延续着英式戏剧的传统：幽默与讽刺并存。讽刺的是人性的弱点，幽默的是人生的悲欢。

"剧本缺乏斗争意义，不过是一个学徒的习作而已。如果说，沦陷在日寇铁蹄下的老百姓不妥协、不屈服就算反抗，不愁苦、不气馁就算顽强，那么，这两个喜剧里的几声笑，也算表示我们在漫漫长夜的黑暗里始终没丧失信心，在艰苦的时候里始终保持着乐观的精神。”

——杨绛

在杨绛心里，写剧本与是否出名没有关系，与酬劳多少更是毫无关联，能为国家、为人民出力，才是她笔耕不辍的不竭动力。

## 伴君著书《围城》出

我们都渴望幸福从容、白头偕老的爱情。在合适的年龄，爱值得的人，大约是人生中最美好的事情，你深爱着对方，对方也懂得你。风雨兼程的日子，彼此心手相牵；尘埃落定的时候，彼此分享快乐和喜悦。比起浪漫的玫瑰和烛光晚餐，互通心意的陪伴才是让爱情永远保鲜的真谛，若是更加幸运地和一个愿意忍耐你的人牵手，这样的爱情远比那些只会给你风花雪月的人来得更长久。

在丁香花开的芬芳里遇见，从此倾心而待。她喜欢他的笨拙和傻气，他爱怜她的贤惠和才情；她为了他，心甘情愿地从大小姐变为“灶下婢”，他为了她，偷偷关上卫生间的门洗脏衣服……他们在最美的年纪遇见，然后把自己最好的爱给予对方。她是杨绛，他是钱锺书。

杨绛的才情举世公认，杨绛的贤良也名不虚传。在她和钱锺书的婚姻里，她从没有任何计较得失的想法和举动。在钱锺书闯祸后需要她的时候，她第一时间站出来为他打扫战场；在钱锺书陷入迷茫混沌之时，她第一时间给予他无私的支持和最大的理解；在钱锺书集中精力创作的时期，她不辞劳苦地揽下所有的家务，以此防止他被外界的琐事干扰。她倾尽所有为家庭付出，以最大的用心和努力保护着钱锺书身上那一团特有的痴气，她觉得，那是她最大的“功劳”。不计较得失、不计较名利的付出，让杨绛成了钱锺书最难得的“贤内助”，也正因此，杨绛和钱锺书的婚姻才更幸福长久。对此，杨绛曾写道：

> 我由宽裕的娘家嫁到寒素的钱家做“媳妇”，从旧俗，行旧礼，一点没有“下嫁”的感觉。叩拜不过跪一下，礼节而已，和鞠躬没多大分别。如果男女双方计较这类细节，那么，趁早打听清楚彼此的家庭状况，不合适不要结婚。
>
> 抗战时期，生活艰难，从大小姐到老妈子，对我来说，角色变化而已，很自然，并不感觉委屈。为什么，因为爱，出于对丈夫的爱。我爱丈夫，胜过自己。这种爱不是盲目的，是理解，理解愈深，感情愈好。相互理解，才有自觉的相互支持。
>
> 我与钱锺书是志同道合的夫妻。我们当初正是因为两人都酷爱文学、痴迷读书而互相吸引走到一起的。
>
> ——杨绛《杨绛全集》

从相遇到相知，从相恋到结婚，杨绛和钱锺书始终以高度的理智和强烈的责任感来对待他们的家庭。在婚姻的“围城”里，他们相互支持、相互慰藉、彼此尊重、彼此交心。他们的爱纯粹而高洁，丝毫没有受到尘世之染。

随着杨绛创作的几部话剧的先后走红，原本默默无闻的她成了大众眼中的名人。在当时上海的文化圈里，许多人在介绍钱锺书时，并不直接说才子钱锺书，反而称呼其为“杨绛的丈夫”。尽管如此，杨绛依旧把钱锺书看得比自己重要得多，她始终觉得，钱锺书对社会的价值比自己大。“我赖以成名的几出喜剧，能够和《围城》比吗？”所以当钱锺书提出想写一部长篇小说时，杨绛不仅让

他减少在震旦女子文理学院的教课钟点，而且还很高兴地鼓励他。

钱锺书减少了授课时间，收入自然也就减少了许多。为了节省开支，杨绛特意辞掉了原来家里的女佣，所有的家务都由她亲自操持。劈柴、生火、洗衣、做饭，很多时候，对家务活算是外行的杨绛钻进厨房，一站就是很久。为此，她经常会被煤烟染成花脸猫，被烟火熏到眼睛流泪，有时手被滚烫的热油烫到起泡，有时被菜刀切破手指。可是，因为急着想要看钱锺书的《围城》，杨绛做灶下婢也心甘情愿、毫无怨言。

为了最大程度地节省开支，杨绛对家庭琐事总是亲力亲为。她自己从大水缸里舀水和煤，然后做成煤球，弄得一脸狼狈。她收起满身的才情，第一次挤进鱼龙混杂的菜市场。对杨绛甚为了解的钱锺书想到，让杨绛这样的大家闺秀挎着个篮子去买菜，她必然会有些难为情，于是，在杨绛刚打算出门时，钱锺书就紧随其后跟了过来,陪她一起,在毫无压力的说说笑笑中把买来的菜带回家。

作为一个被人传为“神人”一样的存在，尽管生活上的钱锺书拙手笨脚，但他的观察能力绝对一流，特别是自己的妻子杨绛的无私付出，钱锺书是看在眼里的。每逢写作之余稍有闲暇，怕杨绛过度劳累的钱锺书就会悄悄溜进卫生间，轻手轻脚地关上门，在里面洗衣物。虽然他洗得一塌糊涂，每件都要杨绛重新来洗，但他这种暖心的举动让杨绛在辛劳之余深深地感动着。

钱锺书用自己独有的方式，细心周到地呵护着杨绛。他总能第一时间感知到杨绛情绪的变化，及时地安慰她；也总能第一时间感受到杨绛的疲惫，千方百计地逗笑她；还总能第一时间懂得她的心意，然后给予她情感上的交流和回报……他们生于俗世，却能让自己的爱情和婚姻一尘不染。

钱锺书写《围城》，每天的进度并不快，一天也就差不多五百字，但基本是一次定稿，很少修改也很难再改。每当钱锺书一天的“战果”新鲜出炉，他总是请杨绛第一个“品尝”，并且急切地等待着她的回应。看到杨绛笑，钱锺书也便跟着傻呵呵地笑起来；看到杨绛大笑，钱锺书则笑得更大声。他们彼此心照不宣地为书稿中的某一个情节叫好，也彼此会意所写的每句话的含义和存在的重要性。

深切的爱，绵密的情。很多原本相濡以沫的爱人都在时间的洗礼中各奔东西，但杨绛与钱锺书的爱却在时间的磨砺中历久弥香、愈发深沉。因为杨绛遇到了钱锺书，她甘愿为他付出一切，甚至是自己的生命；而钱锺书也幸运地遇到了杨绛，他甘愿为她安守家庭、遮风挡雨。所以，《围城》的字里行间，会处处流动着他们两人一起经历过的种种场景。比如，其中讲到的苏小姐结婚时的场景，就是以他和杨绛为原型的。“白硬领圈给汗水浸得又黄又软”的新郎，可不就是钱锺书吗?

对于自己的家庭，杨绛是用心的；对于挚爱的文学，杨绛也从一而终地保持着激情；只是在涉及政治问题时，聪慧的杨绛一直给人以“大智若愚”的冷漠感。她坚守多年来的原则，不愿触碰一丁点与政治有关的是是非非，但为了能让钱锺书心无旁骛地创作《围城》，杨绛也会在危险来临时奋起搏击。

1945 年的一天，钱锺书照例像往常一样去学校上课了。待在家中的杨绛忽然听到一阵急促的敲门声，她便放下手里的活儿去开门。门开了，两个目光凶狠的日本人正站在门外朝屋子里四下张望，机敏的杨绛第一时间感受到了来者的敌意，但为了稳住局面，杨绛装作若无其事地请他们进屋喝茶。趁着两人在外坐着的一小会儿空档，杨绛快速溜进卧室，第一时间将钱锺书的手稿藏了起来。

平静了心情之后的杨绛倒了两杯茶出来，放在日本兵面前。

日本人问：“这里姓什么？”

杨绛淡定地回答：“姓钱。”

“姓钱？还有呢？”

“没有了。”

“没有别家，只你们一家？”

“只我们一家。”

杨绛从容地应付了几句后，便悄悄地退回屋子里去了。这时钱锺书的叔叔走进来告诉杨绛，日本兵手里拿着一张条子，上面写着杨绛的名字，为了保险起见，不如出去躲一躲。于是，杨绛便从后门溜走，去朋友家了。

吃过饭，杨绛本想回家，不料，刚打算起身的时候，钱锺书的弟弟就进来了。他着急地告诉杨绛，日本兵找的就是她，如果她不回去，日本兵就会把钱家的人全部抓走。杨绛一听就慌了神儿，赶快告诉弟弟让钱锺书下学后不要回家，说完就飞快地往家的方向走。

沉着冷静的杨绛一边走，一边在路边买了一篮子鸡蛋，走到家门口，她轻声敲了门，开门的是婆婆。她看到拎着一篮子鸡蛋的杨绛，很是吃惊，杨绛赶快摆摆手，示意婆婆别出声，然后自己镇静地说道："我给您买鸡蛋回来了。"说着就往楼上走。

凶悍的日本兵还在，屋里也被翻得不成样子。看到杨绛过来了，不知道她名字的日本兵一本正经地问道："你是谁？""杨绛。"日本人大怒："那你为什么说姓钱？"杨绛装作恍然大悟般地回答："我嫁到了钱家当然姓钱，原来你们找我呀？我刚才去给我婆婆买鸡蛋去了，她有胃病。真对不起，耽误你们的时间了，我这就跟你们走吧！"没想到，两个日本兵听完，只撂下句"明天上午十点来宪兵司令部受审"，就若无其事地走了。

这惊险的一幕让全家人都屏住了呼吸，他们心里七上八下地想着杨绛的明日之行会遭遇到什么样的危险。倒是当事人杨绛跟个没事人儿一样，安安静静地清点着被日本兵翻得底朝天的柜子、抽屉。最后发现，日本人只是拿走了一个通讯录和几封信，钱锺书《谈艺录》的手稿并没有被没收。

原本还为钱锺书的手稿担心的杨绛，心里的大石头一下子就落了地。她坐在床边，暗自盘算着明天受审时日本人会问的各种问题，刚才的惊险还没有过去，回过神儿来，她又开始担心起钱锺书的安危来。

幸运的是，第二天到了宪兵司令部，日本兵只是问了杨绛几个问题，又让她填写了一个表格，就放她回家了。后来她才弄明白，原来日本兵要找的是另一个叫“杨绛”的人，而不是她。

围着灶台转的日子是辛苦也是无趣的，但杨绛总能用自己特有的积极和豁达，让乏味的生活变得缤纷多彩。在钱锺书创作《围城》的关键两年，曾几度因各种问题而坚持不下去，但杨绛的不断督促和里外周全，使钱锺书在忧世伤生中省出时间、凝心聚力，终于使得著作完成。

1946年，钱锺书的《围城》终于完稿。该书最开始是以连载的形式出现在《文艺复兴》上，随后又被专门收录进《晨光文学丛书》。生动的文字、精妙的故事，让很多读者信以为真。他们刚一看到这本书，就以为是钱锺书的自传，引来街头巷尾的人们纷纷传颂，许多读者更是诚恳来信，对书中的“钱锺书”的遭遇深表同情，还有一部分漂亮的女读者专门写信来，想要与“钱锺书”做“非一般的朋友”。就连戏剧家李健吾在第一次看到钱锺书的《围城》手稿时，也忍不住惊呼：这个做学问的书虫子，怎么写起了小说呢？而且是一个讽世之作，一部新的《儒林外史》！

事实证明，李健吾的眼光确实精准。《围城》的问世，很快征服了无数读者，在当时连载的情况下，众多读者为等每一节连载的小说，可谓是煞费苦心。由多家出版社多次出版印刷的《围城》，读者遍布海内外，作者钱锺书也一夜之间红遍大江南北。

殊不知，令人惊艳的《围城》背后，凝结着杨绛和钱锺书的诸多苦心。尤其是杨绛，能在国家战乱、物资紧缺的风雨飘摇时期，承担家庭的重担，全身心地支持丈夫进行文学创作，实在是难能可贵。对此，钱锺书也感念在心，他清楚地知道，是自己的笨拙给杨绛制造了更多的麻烦，也占用了杨绛许多读书写作的时间。因此，在《围城》的序言里，钱锺书如此写道：

“这本书整整写了两年。两年里忧世伤生，屡想中止。由于杨绛女士不断地督促，替我挡了许多事，省出时间来，得意锱铢积累地写完。照例这本书该献给她。”

《围城》的问世，有杨绛一半的功劳，杨绛的付出，钱锺书也深切地懂得。钱锺书的短篇小说集《人·兽·鬼》能保存出版也是因为“此稿本曾由杨绛女士在兵火仓皇中录副，分藏两处”，书出版后钱锺书用英文写下了一句耐人寻味的名言：“赠予杨季康——绝无仅有地结合了各不相容的三者：妻子、情人、朋友。”如果说专家们总是把人生的主要时间花在专业上，那么杨绛的专业应该是守望家园的园丁，而且无怨无悔。

正因如此，他们的爱情，才能既经得起风花雪月的滋养，又耐得住柴米油盐的炙烤。钱锺书笔下的那个让人无奈又让人充满希望的围城，对他们两人而言，却是个温暖坚固的人间天堂。

很多人以为，电视版《围城》里每集开头的那句“围在城里的想逃出来，城外的想冲进去。对婚姻也罢，职业也罢。人生的愿望大都如此。”出自钱锺书之手。事实上，这是钱锺书的贤妻——杨绛的杰作。作为《围城》的第一个读者，与钱锺书心意相通的她，最能明白丈夫创作的小说的灵魂在哪里，对钱锺书作品了解得最深入、最透彻的也是她。她仿佛拥有一般人无法企及的犀利与智慧，只需一眼，就能洞穿钱锺书的所思所想。

随着《围城》的畅销，许多电视台向钱锺书请示，想把《围城》拍摄成电视剧。一开始，对文学创作要求极高的钱锺书是拒绝的，因为他始终认为，电视剧并不能淋漓尽致地拍摄出小说中才有的妙趣横生的效果。为了杜绝拍摄电视剧版《围城》，钱锺书更是放话：“拙作上荧屏实不相宜。”因而，想要拍摄电视剧，就必须先拜访杨绛夫妇。

恰在此时，上海电影制片厂的黄蜀芹（黄佐临之女）十分偶然地在延安的一家小书店里看到两本《围城》，便都买了回来，她一边拍戏，一边利用间隙时间读书，很快就被这部小说吸引。为了将这样的好作品与更多的人分享，黄蜀芹决心将《围城》搬上荧屏。可她清楚地知道，如果就这样贸然前去拜访钱锺书和杨绛夫妇，说不定他们会将自己赶到门外。于是，她便联系自己的父亲黄佐临，让他帮忙写封“介绍信”，与此同时，黄蜀芹还和其他工作人员对《围城》进行了反复的阅读、研究和揣摩，并在此基础上编写了电视剧本，然后带着“介绍信”前来。

得知黄蜀芹是老友的女儿，杨绛和钱锺书十分热情地接待了她。杨绛将钱锺书创作《围城》的始末，细心周至地讲给黄蜀芹听，以便让大家能更准确地把握整个故事的创作背景和内容要领。对钱锺书了解至深的杨绛反复阅读了黄蜀芹带来的剧本，标记出了四十多处不甚妥当的地方，并在道具和场景的选择上提出了许多合理良好的建议，这对黄蜀芹精准形象地再现《围城》的精彩，起到了十分有益的推动作用。

“写围城的是淘气的钱锺书。”杨绛的一句话，给黄蜀芹拍摄电视剧版《围城》提供了极大的灵感。在黄蜀芹为如何突出《围城》的主题而苦恼时，杨绛的那句“围在城里的想逃出来，城外的想冲进去。对婚姻也罢，职业也罢。人生的愿望大都如此。”即刻将《围城》的轮廓和灵魂勾勒深掘了出来，不仅瞬间解了黄蜀芹的燃眉之急，也得到了钱锺书的高度肯定。

经过三个多月的日夜拍摄，总共十集的电视剧版《围城》终于呈现在了大众面前。演员陈道明、葛优用超群的演技和敬业的精神，生动而形象地重现了书中的精彩细节，淋漓尽致地展现了原著风格，使电视剧版《围城》受到了大家的一致称赞。杨绛和钱锺书也看了，看完之后对剧里人物的精彩演绎十分肯定。为此，钱锺书还专门写信给黄蜀芹：“与适自英国归来之小女，费半夜与半日，一气看完。愚夫妇及小女皆甚佩剪裁得法，表演传神……此出导演之力，总其大成。佩服佩服！”

电视剧版《围城》的大获成功，离不开杨绛的精彩之语。她恰到好处的概括和点评，恰如其分的指正和建议，为电视剧版《围城》深刻地诠释要义、突

出主旨，提供了新鲜纯净的血液。可以这样说，对钱锺书作品最了解的人，永远是周身书香缭绕的杨绛。因为她爱钱锺书爱到了骨子里，她爱他的稚气、傻气、憨气，她肯包容他的一切不足，她游走在他的文字中，更镌刻在他的生命里。

山长水远的人世，有了杨绛的陪伴，钱锺书便不觉得苦闷与孤寂。在他心中，那个肯在落寞时、困境中，无私爱护、支持自己的妻子，是那样温暖而绝世。她始终是他：最贤的妻，最才的女。

# 第六章

# 定居京华，女者侠气

杨绛的一生，是波澜起伏的一生。她出生于民主革命时期，处处暗流涌动；成长于新民主主义革命时期，处处战火滔天；在日军侵华时，远赴英法留学；在抗战时期，辗转流离、居无定所……直到新中国成立前夕，杨绛和钱锺书才得以在清华“短暂安家”。

本以为，这样的安宁可以持续到老。却不料，全国范围内摧枯拉朽的政治风潮，又将淡然名利的二人卷入其中。

面对思想大改造的激流暗涌，杨绛坦然无畏地接受各种“迫害”和“改造”。她会戴着假发不顾众人异样的眼光上街，也会义正言辞地与公交车司机“争吵”，更会平心静气地接受女学生对她进行的毫无证据的冤枉……在政治大潮的腥风血雨中，她果敢无畏又一身侠气地与各种“牛鬼蛇神”斗争，没有丝毫的怯懦与自卑。

作为名满天下的大家，生活中的杨绛人淡如菊、坦然豁达。在纷繁复杂的当今世界，面对种种诱惑，却还能够始终不移地保持着如同莲花般的纯净、菊花般的淡雅，实属难得。

而杨绛，将这样的纯净、淡雅与侠气融为一体。她以一己之身，为钱锺书和阿瑗遮风挡雨；以绵薄之力，与“黑暗势力”无畏斗争。

她是文人，也是侠女。

## 水木清华做学问

王国维在《人间词话》里谈到，古往今来，凡能成大事业、大学问者，必然经过三种境界：

“昨夜西风凋碧树。独上高楼，望尽天涯路。”此第一境。第一境界是“明”，即把握全局，明确自己所追寻的目标与方向，是最初求学与立志之境。

“衣带渐宽终不悔，为伊消得人憔悴”此第二境。第二境界为“行”，即为实现远大目标所应具备的坚忍不拔、越挫越勇的信念和毅力。

“众里寻他千百度，蓦然回首，那人却在灯火阑珊处。”此第三境。第三境界为“得”，即只要第一境界与第二境界都做好了且达到了自己的目标，那么成功就是水到渠成之事。

纵观杨绛和钱锺书的一生不难发现，他们对文学的爱好，是那样执着而热烈。他们做学问，为的不是享受荣华富贵，而是沉淀自己的内心，为自己的国家、民族贡献自己的价值。他们沉得住气、稳得住心、耐得住寂寞，因而能在乱世

之中独辟一方净土；他们不畏强权、不喜物欲、不贪享受，毅然决然地放弃了国外优越的创作环境和生活条件，义无反顾地回到了尚处风雨飘摇中的祖国。他们如清莲，清冽而孤傲。

新中国成立前夕，全国各地尚且被战争阴霾笼罩，放眼望去满目疮痍，形势一片混乱。在这一特殊时期，国内众多有名的知识分子都曾收到过国民党抛过来的“橄榄枝”，才女杨绛和才子钱锺书在当时的文化界早已声名斐然，自然更受重视。为了拉拢钱锺书和杨绛，国民党政府信誓旦旦地承诺：可以给钱锺书一个联合国教科文组织的职位，这在当时，简直是天大的荣耀。

但是不为名利所惑的钱锺书一口回绝：“那是胡萝卜。”在“国之不国”的困苦时期，他用自己的言行清楚地表明自己的心志：既不愿被“胡萝卜”所引诱，更不愿被“大棒”所驱使。尤其是钱锺书，他得到的飞黄腾达的机会更多：台湾大学想聘他为教授，香港大学想聘他做文学院院长，就连万里之外的英国，也想聘他做高级讲师……但是，面对四面八方抛洒而来的“糖衣炮弹”，钱锺书都义正言辞地拒绝了，因为他和杨绛都心怀祖国，他们真诚地拥护共产党的领导。

许多年后，有人问杨绛，是否为当初放弃优厚待遇而懊恼时，杨绛说了这样一段话：

> 我想到解放前夕，许多人惶惶然往国外跑，我们俩为什么有好几条路都不肯走呢？思想进步吗？觉悟高吗？默存常引柳永的词：“衣带渐宽终不悔，为伊消得人憔悴。”我们只是舍不得祖国，撇不下“伊”——也就是“咱们”或“我们”。尽管亿万“咱们”或“我们”中人素不相识，终归同属一体，痛痒相关，息息相连，都是甩不开的自己的一部分。
>
> ——杨绛《干校六记》

这是杨绛的心里话，也是钱锺书的心里话。他们知道，绳子能捆得住箱子等粗重的行李，难以捆住的是自己的心。于他们而言，行李并不重要，对祖国热爱的心才更珍贵。也正是他们的求学经历，使他们内心深处对自己的故乡有着浓厚的情。

1945 年 8 月，战败的日本无条件投降，为期十四年的抗日战争终于宣告结束。举国上下一片沸腾，许多市民聚集在一起，举行各种各样的庆祝活动，自古受传统思想影响较深的钱家，也不例外。但此时的杨绛心里却格外难受：她深爱的父亲因脑溢血逝世，曾经的他，是多么期盼能够看到抗战胜利的这一天！而今，抗战胜利了，父亲却不在了。

看到极度神伤的杨绛，钱锺书立刻紧紧地握住她的手安慰道："爸爸会为我们高兴，为国家高兴，我们终于熬过来了。"杨绛听了，稍感安慰。但她对父亲的爱，随着抗战胜利的喜悦一直延续了下来，以至于许多年后，想起与父亲在一起时经历的种种，她仍旧忍不住心伤、落泪。

1949 年 5 月，久历战争的上海终于冲破黎明前的最后一丝黑暗获得解放，大街小巷，无不萦绕着喜庆的气氛。在这个令人万分喜悦的好时节，杨绛夫妇接到了清华大学的聘书，聘请二人担任清华大学外语系教授。而此时的钱锺书，已经辞去了原先在震旦女子文理学院的钟点授课工作，来到了国家图书馆做外文部总纂，主要负责编写《书林季刊》。博学广智、工作又极为认真负责的他，做起来可谓是得心应手、顺风顺水。因此，还赢得了徐鸿宝先生的称赞："像钱锺书这样的人才，两三百年才出一个。"

的确，钱锺书是睿智的。他能从瀚如烟海的书中即刻找到对方想要的，并能准确地说出书的主要内容、作者等十分详细的信息。钱锺书也是博学的，经史子集，无一不通。在外国求学期间，也只有他能用流利的英文和外国人流畅对话、开玩笑。他有所专注又多方擅长，做学问小心谨慎又见解独到，深受当时文化界之宠。

钱锺书曾经在清华求学，后又在由清华、北大等名校合成的西南联大教书，对于他而言，母校清华给了他太多的机会。而对于杨绛，母校清华更是她终其

一生的惦念之所，因为在那里，她遇到了一生的知己、爱人——钱锺书。而今，能获得清华的聘请，对他们二人来说，既是一种至高无上的荣誉，又是一种莫大的肯定。如若能重回母校，自然可以放弃一切。

1949年8月24日，杨绛夫妇带着12岁的阿瑗从上海启程，踏上了北上的列车。正值豆蔻年华的阿瑗，是第一次去清华，因而内心充满了无限向往。在列车上，她时不时地问杨绛和钱锺书，清华是什么样，两人都笑而不答，于是她就一边亲吻抱在自己怀里的洋娃娃，一边提着自己装满袋子的玩具笑得嘻嘻哈哈。无忧无虑的年龄，让阿瑗的眼神看起来澄澈而明朗，两天的车程，因有阿瑗的陪伴，杨绛和钱锺书的欢乐也增添了许多。

26日早晨，杨绛和钱锺书带着笑靥如花的阿瑗下了火车，从此，开启了他们与清华相依相伴的新旅程。

杨绛和钱锺书初到清华时，清华的接管、恢复和改造工作正在进行中，因此稍有烦乱。但清华早已有明文规定：夫妇二人不能同在清华做正式教授。为了最大程度地发挥钱锺书的文学价值，杨绛让钱锺书入职做正式的教授，教大二年级英文，同时开设《西洋文学史》和《经典文学之哲学》这两门课程，外加辅导研究生学习。

满腹才华的杨绛只能做兼职教授。由于兼职教授的工资按钟点结算，因此工资很少，但课程安排却没那么轻松。对此，杨绛毫不介意，她还笑呵呵地称自己为“散工”。专属“散工”也有好处，比如，可以名正言顺地不去参加这样那样的会议，也相对有更多的自由时间。

很快，新中国成立了，普天同庆，万民齐喝，曾经安静的清华大学也因受到喜庆的感染而欢欣异常。在百废待兴的新时期，荒废已久的教育行业也在新中国雨露的滋润中欣然苏醒。此时的清华大学相比以往，也处处呈现出朝气蓬勃、活力迸发的新态势。杨绛和钱锺书曾经相熟的一些朋友，也陆陆续续地回到清华担任各门学科的教授、讲师，这让他们在闲暇之余，不得不花费更多的时间，将自己融入到广阔的社交圈子中去。

著名报人黄裳，是杨绛夫妇在清华交往过密的友人之一。1949 年，黄裳专程来北京看望他们二人，三人对坐聊天快乐之极。当时正是朝鲜半岛形势危急的关键时期，美朝战争一触即发，杨绛还抄录了陈简斋的诗赠予黄裳：

胡儿又看绕淮春，叹息犹为国有人？
可使翠华周宇县，谁持白羽静风尘？
五年天地无穷事，万里江湖见在身。
共说金陵龙虎气，放臣迷路感烟津。

这首饱含深沉和浓郁情感的诗，恰好道出了杨绛和钱锺书此时的心情，杨绛将这首诗赠予黄裳，很大程度上也是在疏解她和钱锺书的感伤。当然，细心的黄裳也非常清楚，因为他和杨绛夫妇一样，对国家和民族有着与生俱来的忧思情怀。

1949 年 12 月，作为杨绛夫妇法国留学时巴黎大学的校友——傅雷夫妇的到来，又让二人的生活发生了微妙且美好的变化。

在对傅雷不甚熟悉的人看来，总是板着一张脸的傅雷无疑是冷漠的，尤其是在对待孩子的问题上，傅雷的严厉人尽皆知。有一次，傅雷的朋友来家中拜访，正当他们坐在客厅里相谈甚欢时，傅雷忽然起身，轻手轻脚地来到客厅门旁边，猛地打开门，结果看到自己的一双儿女正侧着小脑袋趴在门框上。很显然，两个孩子是在偷听大人们的谈话，傅雷见状立即大吼起来。闻声赶来的傅雷夫人过来将傅雷拉开，他的呵斥才算停止，然而没过多久，傅雷再次起身拉开客厅的门，发现两个孩子又在那里。这次，傅雷真的动怒了，他大声呵斥着孩子，任凭夫人怎么劝解都不听。看到父亲的严厉状，两个孩子当即委屈地哭了起来，他们二人动都不敢动，直到傅雷的训斥结束。由此，傅雷成了外界传言的“大老虎”。

但在杨绛和钱锺书家中的傅雷，却始终以笑脸迎人。和杨绛夫妇在一起的

时候，他们四人总是有说有笑地促膝长谈，尤其是向来“艺高人胆大”的钱锺书，经常和傅雷当众开玩笑。有一次，在和朋友聚会时，无所顾忌的钱锺书当众和傅雷开玩笑。当时在场的一个朋友觉得钱锺书开的玩笑有些过头了，便使劲儿地给他使眼色，但心直口快的钱锺书对此没有丝毫回应，依旧嘻嘻哈哈地地看着傅雷。不想，傅雷对钱锺书倒也大度，还和大家一起说说笑笑。此次傅雷夫妇来北京，杨绛和钱锺书还时不时地与他说笑，四人相处十分融洽。

傅雷夫妇的到来，也为杨绛和钱锺书的密友吴晗提供了一个适合来清华教书的非常好的人选。为了让傅雷同意来清华执教法语，吴晗还特意请求杨绛夫妇帮忙说服。可是，当杨绛夫妇把吴晗的提议说给傅雷听后，傅雷当即表示不教法语，只想教美术和美术评论。但令人无奈的是，当时的清华还没有设置这样的学科，因而这件事情只能作罢。于是，傅雷夫妇在杨绛家待了一段时日后就返回了上海，继续翻译生涯。

与傅雷的工作经历相同，学贯中西的杨绛，也有着一段不为人知的翻译生涯。抗战结束后，较为清闲的杨绛就开始从事翻译工作。当时，她偶然读到了奥利弗·哥尔德斯密斯的散文《世界公民》一时兴起，就随意挑选出文章中的一段进行了翻译，并为其加上了名字《随铁大少回家》，没想就这样刊登在了《观察》上。翻译家傅雷见到杨绛的翻译作品后，禁不住连连夸赞。当时，初次试水的杨绛听到傅雷的夸赞后，只以为他是例行公事地客套，因此并没有将傅雷的称赞放在心上，就随便敷衍了一句。没想到，傅雷忍了一分钟后，生气地说：“杨绛，你知道吗？我的称赞是不容易的！”杨绛这才知道，原来傅雷的称赞是真心的。

傅雷的称赞无疑对杨绛日后进行翻译事业起到了推波助澜的激励作用。此后，她一直笔耕不辍，翻译出大量精彩的作品。例如，杨绛用业余时间翻译的西方文学史上第一篇流浪汉小说——《小赖子》。因为书中幽默生动的语言风格是自己喜欢的，因此杨绛对此格外用心。她先将法文版翻译为中文，然后又对西班牙原文版本进行了翻译，并进行了细致入微、高度精确的修改，力求翻译的字句和表达的中心最接近原著。

志同道合的朋友、充满书香的校园，在美丽的清华园，杨绛和钱锺书用心体味着生活的美好。

随着战争的结束，往日安静的清华很快在时代潮流的袭击中变得喧闹嘈杂。一些自以为时髦的女性，常常穿着灰色的长裤、胸前有两排扣子、腰间系着一条皮带的“列宁装”，在校园里招摇过市，看起来倒也别致。可性子安静的杨绛依旧会身着绸缎般光洁的旗袍，袅袅婷婷地出现在校园的某条林荫道上。偶尔遇到熟人，面带笑容的她总是温温婉婉地与人说话，给人一种与生俱来的婉约和亲切。炎炎夏季，如若路程较远，需要乘坐人力车，杨绛还会优雅地撑起一把精致的小伞，远远看去，自有一番端庄典雅的姿态。

杨绛夫妇担任外文系教授，教学任务并不是特别繁重，但是一场又一场马拉松式的会议，让二人深感难以应付。因为会议占用时间较多，杨绛和钱锺书赖以生存的读书生活也受到了巨大的冲击和影响。面对越来越多的会议、不断扩建的校园、不断改变增加的课程，学生们对文学的兴趣也骤然丧失了，许多原先对文学抱有热忱的学生在上课时也渐渐心不在焉。这种状况让杨绛和钱锺书甚为担忧，一是因为，杨绛和钱锺书心性喜静，他们来清华，更多的目的只是想在教书之余，做做学问，因而，热闹的环境让二人心中产生了莫名其妙的疏离感；二是因为，喧闹的清华丧失了从前富有的浓厚的文化气息和艺术格调，许多致力于求学的学生在这里没有学到相应的知识，稍有疏忽，便会成为引领清华坏风气的导火索。为此，他们还给黄裳写了一封信：

“北来得三晤，真大喜事也。弟诗情文思，皆如废井。归途忽获一联奉赠（略）。幸赏其贴切浑成，而恕其唐突也。如有报道，于弟乞稍留馀地。兄笔挟风霜，可爱亦复可畏（如开会多、学生于文学少兴趣等语请略）。”

信件日期为 1950 年 1 月末。

关于此情此景，同时期的浦江清的《清华园日记》中也有记载：“清华各团体自新中国成立后，盛行检讨之风，而检讨之习惯并未养成，所以多意气和裂痕。冯公（冯友兰）说了一句旧话，说清华原有一句俗语：‘教授是神仙，学生是老虎，办事人是狗。’校务会在此刻无论怎样总是错，希望不久新政府派校长来也！”

对于清华园的改变，杨绛和钱锺书看在眼里，急在心里。但是对于生活，他们依旧保持着极大的热忱和感知幸福的能力，简朴有序、夫唱妇随。他们在物欲横流的纷繁复杂中贯彻着“遨游于书海”的执着和信念；他们从图书馆借来各种各样的书，然后回到家中相对而坐，日夜攻读自得其乐。对此，与钱锺书夫妇交往甚密的黄裳如此描述道：

> 住在清华园里的名教授，算来算去我只有一位熟人，就是钱锺书。第二天吴晗要赶回城去，因此我就把访问安排在第二天的晚上。吃过晚饭以后我找到他的住处，他和杨绛两位住着一所教授住宅，他俩也坐在客厅里，好像没有生火，也许是火炉不旺，只觉得冷得很，整个客厅没有任何家具，越发显得空落落的。中间放了一张挺讲究的西餐长台，另外就是两把椅子，此外，没有了。长台上，堆着两叠外文书和用蓝布硬套装着的线装书，都是从清华图书馆借来的，他们夫妇就静静地对坐在长台两端读书。是我这个不速之客打破了这个典型的夜读环境，他们没有想到我会在这时来访，高兴极了，接下去，就是快谈。

从黄裳的文字中，足以看出杨绛和钱锺书夫妇的质朴素洁、深居简出。对他们二人来讲，夜深人静之时，两人对坐于青灯下悦读长卷，是再美好不过的一件事了。

恬淡的岁月，因有书籍的陪伴而更吐馨香。随着杨绛和钱锺书在清华的定居，日渐长大的阿瑗也很快入读了寄宿制学校，只有周末才回清华园与父母小聚。从初到清华时的新鲜好奇到后来对清华的挚爱想念，透过父母忙碌的身影，阿瑗深深懂得了责任的含义，无形之中，她也被父母的勤学节俭深深地影响着。父母桌子上摆放整齐的书，也变成了阿瑗日后最珍爱的宝贝，她也会跟着母亲看一些外国文学作品，并将自己的所思所想认真记录下来。

“锺书是我们的老师，我和阿瑗都是好学生。虽然近在咫尺，我们如有问题，问一声就能解决，可是我们绝不打扰他。”对此，杨绛和阿瑗都不约而同地一致，因为她们知道，做学问，最重要的是专心。

一次，阿瑗在读书时遇到了难题，便去向父亲请教。然而，听完女儿问题的钱锺书并没有着急解答，而是让她自己从字典里找答案，于是，听话的阿瑗就自己去查阅字典。一本字典翻完了没有，另一本也翻完了，还是没有……阿瑗就一直不停地翻，直到翻到第五本，才找到那个想要的答案。她高兴地笑起来，同时，也深刻地明白了爸爸的良苦用心：做学问，就要有坚持不懈的精神，若是想知道某个问题的答案，办法只有一个，那就是不断地去寻找。

彼时的钱锺书也要待到周末才能回家。所以，平日里，只有杨绛和佣人的家里分外冷清。在相对寂寥日子里，杨绛从亲戚家抱来了一只刚刚断奶的小猫咪相依为伴，并为它取名“花花儿”，它的到来，让杨绛感受到一种由衷的快乐。

小猫咪的妈妈是只纯正的波斯猫，而它并没有遗传到妈妈的良好基因而生的一副黑白相间的模样。猫儿刚刚被抱到家里时，杨绛听着它声声尖细的叫唤，顿时心生无限怜爱，把它抱在怀里整整一天，所以猫儿和杨绛最亲。

“我不知道李妈是怎么‘把’，怎么教的，花花儿从来没有弄脏过屋子，一次也没有。我们让花花儿睡在客厅沙发的一个白布垫子上，

那个垫子就算是它的领域。一次，我把垫子双折着忘了打开，花花儿就把自己的身体约束成一长条，趴在上面，一点也不越出垫子的范围。一次它聚精会神地蹲在一箱垫子旁边，忽然伸爪子一捞，就逮了一只耗子，那时候它还很小呢。李妈得意地说‘这猫就是灵。’它很早就懂得不准上饭桌，只伏在我的座后等候。李妈常说：‘这猫儿可仁义。’”从杨绛对猫儿的描述中可以知道，这只猫儿的确受宠。

因为有了寄托，杨绛对幸福的定义也就更简单纯粹。

于岁月更迭中，安守本心、呵护记忆，大约是她觉得最暖心的事情吧！

## 政治风潮身心碎

时光会在风雨的洗礼中慢慢陈旧，但却永远不会情有所属地为谁苍老。每一天，都是不可复制不会重来的新时光，尽管它有悲伤、有喜悦、有现实、有幻想，但只要有信心，就能在风暴的摧残中屹立不倒。就像这世间总没有一成不变的晴好一样。

“人间不会有单纯的快乐，快乐总夹杂着烦恼和忧虑，人间也没有永远。”对杨绛而言，平静如水的日子过得，波澜起伏的日子也一样扛得过。因为杨绛父亲杨荫杭的教育理念是“大叩则大鸣，小叩则小鸣”，这是典型的古中国学术世家才会拥有的温煦宁静的气氛，这样的环境，熏陶出一个拥有智慧的思想和自由的人格的杨绛。而杨绛的三姑母——杨荫榆的一生，则集婚姻的不幸、艰难的留学、女性的牺牲、保守的悲剧于一体，杨绛虽然很少见她，但却对自己的三姑母有着别具意义的深刻理解。

“1938 年 1 月 1 日，两个日本兵到姑母家去，不知用什么话哄她

出门，走到一个桥顶上，一个兵就朝她开一枪，另一个就把她抛入河里。他们发现三姑母还在游泳，就朝她连开几枪，看见河水泛红，才扬长而去。”

在杨绛《回忆我的姑母》一文中，她如此写道。杨绛看似平淡的话语，实则充满了义愤填膺的抗议。

抗战岁月里，出身名门的杨绛心甘情愿地做着“灶下婢”。在这灰暗的几年里，父母又相继离世。于是，现实生活中所发生的一切，对杨绛而言，皆有一种世事如烟的感叹。读杨绛的散文，可以明显感受到她字里行间渗出的淡然、从容，但在她内心深处，却时时散发出一种令人敬畏的精神力量。那既源于残酷岁月里留下的深刻记忆，也源于她本身的生活智慧和无尽勇气。可以说，生活的磨砺，塑造出了一个侠气满身、果敢无畏的杨绛，也恰好是她的这份侠气、果敢，为她一生的优雅奠定了基调。

充满凉意的秋风带走了原本苍苍翠翠的银杏叶子里的水分，使它开始绿中带黄，渐渐半绿半黄，最终金黄，凋落，飘零。曾经一派葱郁、生机勃勃的清华，在路面被银杏叶铺满的秋天开始变得萧瑟、凄美。

此时，知识分子思想改造运动开始了，在中国共产党建党三十周年之际，全国上下掀起了一股学习《毛泽东选集》的热潮。各地高校率先在教师中间开展思想改造、进行批评和自我批评，杨绛和钱锺书自然也在其中。

杨绛的代表作《洗澡》，恰好记录了这个时期发生的一些事情和她自己内心深处的一些想法。当时，全国上下都进入了“三反”（反贪污、反浪费、反官僚主义）运动中，大家将其称之为“脱裤子”“割尾巴”。可对于知识分子们而言，“脱裤子”这个词实在是让人难以启齿，于是，他们纷纷将其称为“洗澡”。

《洗澡》作为杨绛唯一的一部长篇小说，虽然里面没有任何真人真事，更没有杨绛本人的影子，但书里营造出来的气氛却完全是真实的。这正应了作家舒展跟她开玩笑时说的那句话：“怪不得夏公（夏衍）要捧您，因为您是文艺领域各种样式的大票友，文、武、昆、乱不挡，生、旦、净、末满来！”由此可见，杨绛所创作的《洗澡》的受欢迎程度。此外，对于这部18万字的长小说，施蛰存也有过如下赞誉：“半部《红楼梦》加上半部《儒林外史》。运用对话，与曹雪芹有异曲同工之妙……《洗澡》中的人物，都是‘儒林中人’。不过最好的一段，许彦成、杜丽琳和姚宓的三角故事，却是吴敬梓写不出来的。”

在一次“控诉会”上，杨绛被一个女学生声嘶力竭地控诉。起初杨绛是惊讶的，但很快她的脸上就呈现出一副波澜不惊的表情：因为接下来还会有“控诉”的人，只要不接话，这个小小的“浪潮”也就自然而然平息了。

所幸，控诉会很快就结束了，先前还坐得满满的人，瞬间四散而去。仍然没有回过神儿来的杨绛随着人流，缓缓地走出礼堂。忽然，外文系主任吴达元快步走到她跟前悄悄问道：“你真的说那种话了吗？”

杨绛一愣，转而答道：“你想吧，我会吗？”对杨绛甚是了解的吴达元立即回应：“我想你不会。”吴达元的肯定，让原本心情失落的杨绛骤然间感到一种温暖的力量。有这样一个人义无反顾地相信自己，是多么幸运！

恍惚之中，杨绛连自己如何回的家都记不清楚了，只知道，那个没有丈夫和女儿陪在身边的暗夜，没有人可以诉说，也没有人给予安慰，到处充满了冷漠无边的凄凉。于是，被黑暗覆盖的杨绛自我安慰道：“假如我是一个娇嫩的女人，我还有什么脸见人呢？我只好关门上吊啊！季布壮士，受辱而不羞，因为‘欲有所用其未足也’。我并没有这等大志，我只是火气旺盛，像个鼓鼓的皮球，没法按下凹处来承受这份侮辱，心上也感不到丝毫惭愧。”想到此处，已经释怀的杨绛便躺下安心睡了。

第二天一早，容光焕发的杨绛还特意挑选了一件颜色鲜艳的衣服，精心梳洗打扮了一番才出了门。她还特别去逛了人多嘴杂的菜市场，想要看看大家见到她会做出什么样的反应。事实证明，无畏的杨绛是令人尊重的，除了一些远远见到她就刻意躲开的人之外，还有好些人像往日一样走过来面带笑容地跟她打招呼。尽管他们的话都不是很多，但已让杨绛真心感动，她平和而从容地回应着他人，如同被冰雪覆盖却依旧吐芳的梅花一般。

淡泊是杨绛处世的态度，虽然她知道，这个“控诉大会”还远远没有结束。

过了没多久，控诉大会的事情就被一家报社给报道了。看到这则消息的杨绛依旧有种处变不惊的淡然，“知道我的人反正知道；不知道的，随他们怎么去想吧。人生在世，冤屈总归是难免的。”在杨绛的《控诉大会》一文中，她如是地安慰当时的自己。她也设想过，“控诉大会”或许会让她的教师生涯走到尽头，但令她惊喜的是，到了下学期，杨绛的课程不仅没有被取消，反而选修她课程的学生又有所增多，这无疑也有那家报社的功劳。

对杨绛而言，处变不惊已成为她性格中的一部分。遇到苦难时，全力奋起；遇到困境时，饱有坚韧；遇到曲解时，交给时间。因此，她的人生才能在暴风雨的浇灌中依旧明丽。

不久之后，全国范围内的高校大调整开始。杨绛和钱锺书被安排在北京大学文学研究所，身份从教授变为研究员，住所也从原来的清华园迁至中关园。尽管生活风起云涌，但他们两人始终用乐观的心态面对着一切挑战和磨难。

1958 年 10 月，文学所决定分批派人去乡下进行改造，杨绛被分在第一批，一个月后，钱锺书也被分配至乡下，而阿瑗，已经在炼钢厂工作。当时有规定，年龄在 45 岁以上的女同志可以免去下乡，更何况杨绛的身体状况确实令人堪忧。但是细心周到的杨绛，担心如果自己不下乡的话，万一被别有用心的人借题发挥而影响留在家中的钱锺书和阿瑗，那就不妙了。于是，她第一时间去了乡下。

这一次，上天终于可怜了善良的杨绛，她下乡的地方在北京的郊区，路程并不算远，况且还有二十多个“同病相怜”的伙伴。他们刚一到山里，就看见打麦场上，一个三角窝棚旁边，有位高高瘦瘦的老者，撑着一支长竹竿，撅着一撮胡子，正仰头望天。于是，同行的一位老先生说：“瞧！堂吉诃德先生！”

“哈！可不是！”于是，大家就称他“堂吉诃德”。

初来山村，这里的一切都是陌生的。对于大家闺秀杨绛，乡下的一切日常杂事似乎都成了难以逾越的关卡。她不会干农活，每晚都跟好几个人挤在很窄的竹榻上休息，吃不饱，简陋到没法方便的厕所，极度稀缺的水资源……都让杨绛觉得不能忍受。即使过了很多年，这段难熬的时光，依旧清楚地印在杨绛的脑海里。对此，她戏谑地将其称为“过五关”：

第一关是“劳动关”。公社里煞费苦心，为我们这几个老弱无能的人安排了又不累、又不脏、又容易的活儿，叫我们砸玉米棒子。我们各备一条木棍，在打麦场上席地坐在一堆玉米棒子旁边，举棒拍打，把王米粒儿打得全脱落下来，然后扫成一堆，用席子盖上。

第二关是“居住关”。在一间空屋里尘土扑鼻的冷炕上暂宿一宵，然后搬入公社缝纫室居住。缝纫室里有一张竹榻，还有一块放衣料什物的木板，宽三尺，长六七尺，高高架在墙顶高窗底下，离地约有二米。得登上竹榻，再蹬上个木桩子，攀援而上，躺下了当然不能翻身，得挨着墙一动不动，否则会滚下来，反正我经常是半睡半醒地过夜。

第三关是“饮食关”。早晚是玉米渣儿煮白薯块，我很欣赏那又稀又腻的粥。窝头也好吃，大锅煮的白薯更好吃，厨房里把又软又烂的白薯剥了皮，揉在玉米面里，做成的窝头特软。可是据说老乡们嫌“不经饱”。默存在昌黎乡间吃的是发霉的白薯干磨成的粉，掺和了玉米面做的窝头，味道带苦，相形之下，我们的饭食该说是很好了。

第四关是“方便关”。这个关，我认为比“饮食关”难过，因为不由自主。我们所里曾有个年轻同事，下了乡只“进”不“出”，结果出不来的从嘴里出来了。泻药用量不易掌握，轻了没用，重了很危险，因为可方便的地方不易得。沤“天然肥”的缸多半太满，上面搁的板子又薄又滑，登上去，大有跌进缸里的危险，令人“战战栗栗，汗不敢出”——汗都不敢出，何况比汗更重浊的呢！

第五关是“卫生关”。有两员大将把门：一是“清洁卫生”，二是“保健卫生”。清洁卫生容易克服，保健卫生却不易制胜。清洁离不开水，

> 我们那山村地高井深，打了水还得往回挑。除了早晚，不常洗手，更不洗脸，我的手背比手心干净些，饭后用舌头舀净嘴角，用手背来回一抹，就算洗脸。我们整两个月没洗澡，我和女伴承老先生们照应，每两星期为我们烧些热水，让我们洗头发，洗换衬衣。我们大伙罩衣上的斑斑点点，都在开会时“干洗”——就是搓搓刮刮，能下的就算洗掉。这套“肮脏经”，说来也怪羞人的，做到却也是逐点熬炼出来。
>
> ——杨绛《干校六记》

曾经坚决不会也不能忍受的，下乡之后的杨绛都能忍受了。比如在半夜闹肚子的时候，她壮着胆子跑出去上茅房，不料大门被反锁，厕所又在大门外。无奈之时，她随手挖坑，方便后再填上，之后再在上面铺上一层树叶，才跑回床上。

乡下的生活是艰苦的，但适应能力很强的杨绛，很快就顺利通过了自己所设的“五个关卡”，正式在农村安顿下来。在做农活的空档里，她认识了形形色色的农村人：花言巧语的大妈、装模作样的王嫂、三十来岁的大嫂；她也遇到了形形色色的农村事：妇女负痛呼号、患了风湿病的小伙子不小心弄撒了虎骨酒、俊男靓女在春节时尽兴表演。当然，她也会和大家一起去看靠近食堂的大妈喂养的小猪、和女伴一起给村里的姑娘们“扫盲”、快乐地参与“诗画上墙”……直到此时她才知道，曾经让自己觉得困难重重的乡下，其实也有着城里没有的美好。

在艰苦的下乡生活里，也因有了钱锺书的来信而温暖明媚。每逢有钱锺书的信件到来，杨绛的心便如三月柳絮般轻盈润泽，就像从前两人恋爱的时候一样。杨绛拆开信，看到信中所用的规规矩矩的小楷字，就仿佛看到了淘气痴傻的钱锺书，顿时心生无限爱怜。读完后，她会把这些信件一一收存贴身带着，偶尔有闲暇便拿出来重读，读完之后再收起来放好。

可是，随着钱锺书的来信越来越多，杨绛衣服上的口袋显然已经太小，于是，她便把信叠好放在提包里。时间一长，谨慎的杨绛一直为此日夜悬心，生怕一个不注意，生出其他祸端来。最后，她只能硬起心肠，将这些凝结着锦绣珠玑的珍贵情感付之一炬。

难熬的时光因为有了这些琐碎的牵挂而幸福满满，原本觉得很长的两个月，竟也在不知不觉中如流水一般逝去了。下乡的任务提前一个月结束，离开之前，平易近人的杨绛已经和当地的“老乡们”打成了一片。收拾完行李，杨绛回头望望这个已经熟悉了的乡村，心里忽然涌起一种深切而真实的不舍。

## 欲把菜园当“花园”

皎洁的月亮总以璀璨的正面示人，直到阿波罗13号拍回照片，人们才看见那些坑坑洼洼的环形山。这就像生活中的我们，总是很轻易地发现别人的光鲜亮丽，却看不到他们光亮背后所藏着的黯淡。

像百年岁月里的杨绛，一直以其难以掩盖的风华在浮华嘈杂的人世间行走一样。她用淡然如菊、安之若素的态度，在世事变迁中带给人平和的心态和力量，即使是在最灰暗的时期，她依旧靠着自身独有的豁然、乐观，成为风起云涌之际人们追求梦想的一座精神丰碑。

1966年，“文化大革命”爆发。杨绛和钱锺书的工资没有了，存款被冻结了，只给一点点生活费……

随着风潮越演越烈，杨绛和钱锺书工作有了变化。杨绛的新工作是打扫厕所，钱锺书的新任务是打扫大院。

厕所污秽不堪，可是，出身名门的杨绛对此并没有感到恶心、厌烦。为了全方位打扫好厕所的卫生，杨绛还用自带竹筷和布条做了个结实耐用的小拖把。

“小刘告诉我，去污粉、盐酸、墩布等都可向她领取。小刘是我的新领导，因为那两间女厕属于她的领域。我遇到了一个非常好的领导，她尊重自己的下属，好像觉得手下有我，大可自豪。”

每次杨绛向小刘索取打扫厕所用的工具，小刘都没有丝毫架子。事实上，杨绛也确实“不负众望”，没过几天，曾经肮脏的厕所就焕然一新，就连水箱的拉链上也都一尘不染。

1969 年，一大批知识分子被集中到一起生活。因为杨绛和钱锺书年龄较大，对待他们的管束也就相对宽松了许多，他们两人可以回自己住的地方，只要按时参加集体学习和训练就可以了。

此时的阿瑗也早已留在北京师范任教，在书香弥漫的校园里，阿瑗认识了同校的历史老师——王德一，并与他喜结连理。志趣相投的两人一起绘画、学习、教课，这让杨绛和钱锺书深感安慰。

11 月的北京，天气已经转冷，3 日那天的北京，也比往日寒冷得多。忽然，正在寒风中等公交车的杨绛远远地看到，人群中的钱锺书正迈着大步朝自己匆匆忙忙地走来。到了杨绛跟前的钱锺书小心翼翼地凑到她耳边，轻声说：“待会儿告诉你一件大事。”然后就和杨绛一起上了公交车。

此时的杨绛心里七上八下的，她设想了多种可能，甚至作了最坏的打算，直到听钱锺书说“组织上要安排我去罗山县的五七干校，这个月 11 日就要走”听到这句话时，她心里的巨石才稍微落地。但这个突如其来的变故依旧让她万分惊诧，原本打算一起庆祝钱锺书 60 岁生日的愿望就此成为泡影。更让杨绛感到害怕的是，组织要求除了人过去还要带上自己所有的行李、家当，这就意味着钱锺书返家的日子遥遥无期。

尽管心有不安，但杨绛还是装作若无其事地为钱锺书收拾了行李。想到回家的日子尚无定数，思虑周全的杨绛还专门连夜为他赶制了一个耐脏的毛毯套

子，缝制了一件耐磨的裤子，尽量让钱锺书免受皮肉之苦。

离别那天，凛冽的风吹透了杨绛的心。阿瑗和王德一站在杨绛身旁，目送着父亲远去的背影默默流泪。火车渐渐消失在远方的天际，杨绛还不肯回去，她的心，早已在火车启动那刻随着钱锺书远走高飞了。

人间挚爱，不过如此。他在哪里，哪里才是她的家。

钱锺书走后，杨绛被分配了新的工作——将书运进防空洞。对于年轻力壮的人而言，这个活并不算重，但是对上了年纪且身材瘦小的杨绛来说，这无疑是一项浩大的工程。好在她平日为人和善、乐善好施，很多人看到力不从心的她自己搬书，都过来帮忙。

辛苦的日子也就这样一天天过着，虽然身心俱疲，但好在大家都相安无事。就像一个人要走很长的路，经历过生命中无数突然来的变故之后才会成熟一样，杨绛的人生之路，再苦再难，也要一个人坚持走完。她别无选择，所有的人都别无选择。

然而，女婿王德一忽然被扣上“过左派”的帽子，让杨绛和阿瑗原本平静的生活再起波澜。在强大的压力下，王德一最后含冤自杀。

女婿的离世让杨绛悲从中来，她一边为这个善良的孩子惋惜，一边为日后要孑然一身的阿瑗伤心。屋漏偏逢连夜雨，船迟又遇打头风。此时，杨绛的妹妹杨必因急性心脏衰竭不幸去世的消息又传来……听闻这些变故，杨绛的心骤然跌至谷底，她默默地流着眼泪，仿佛心被什么掏空了一般，又仿佛有千万钢针一起扎向心房。那种伤心欲绝几乎让她晕倒，可她强忍眼泪努力坚持着，因为她还有阿瑗，还有钱锺书。

早在王德一自杀前，杨绛已被下放至干校，离开家去干校的那天，眼眶发红的阿瑗前来为母亲送行。看着形单影只的阿瑗，想象着日后阿瑗风雨兼程无人陪伴的凄凉，伤心的杨绛顿时不能自已，泪珠大颗大颗地往下掉。为了不让女儿跟着自己伤心，坐在车里的杨绛赶快闭上眼睛，将眼泪咽到肚子里。

初下干校的杨绛，和七八个人一起被分在“菜园班”。因为菜园需要人日夜看守，所以“连部”特地在菜地里盖了一个简陋的“窝棚”，每到白天，杨绛就独自待在菜园中。由于菜园里没有太多杂活儿，杨绛相对清闲，于是，她就利用这个时间看书，还将每天的见闻和感受用文字记录下来。当然，在这诸多的文字中，也有许多是写给钱锺书的信件。由于钱锺书送信、取信时所经过的这条路与杨绛的“窝棚”相距不过百十来步，所以他每天都会在取信之时顺路来菜园与杨绛相会。在这个空当，杨绛就把一天中已经写好的书信或稿子交给钱锺书，然后二人随地而坐、说说笑笑，看起来分外美好。这样的田边相会，大约持续了一年光景。对此，杨绛在《干校六记》中有详细生动的描绘：

> 那年十二月，新屋落成，全连搬到“中心点”上去，阿香也到新菜地去干活儿了。住窝棚的三人晚上还回旧菜园睡觉，白天只我一人在那儿看守。
>
> 班长派我看菜园是照顾我，因为默存的宿舍就在砖窑以北不远，只不过十多分钟的路。默存是看守工具的，我的班长常叫我去借工具，借了当然还要还，同伙都笑嘻嘻地看我兴冲冲走去走回，借了又还。
>
> 默存看守工具只管登记，巡夜也和别人轮值，他的专职是通信员，每天下午到村上邮电所去领取报纸、信件、包裹等回连分发。邮电所在我们菜园的东南，默存每天沿着我们菜地东边的小溪迤逦往南又往东。他有时绕道到菜地来看我，我们大伙儿就停工欢迎，可是他不敢耽搁时间，也不愿常来打搅。我和阿香一同留守菜园的时候，阿香会忽然推我说：“瞧！瞧！谁来了！”默存从邮电所拿了邮件，正迎着我们的菜地走来，我们三人就隔着小溪叫应一下，问答几句。我一人守园的时候，发现小溪干涸，可一跃而过；默存可由我们的菜地过溪往邮电所去不必绕道。就这样，我们老夫妇经常可在菜园相会，远胜于旧小说、戏剧里后花园私相约会的情人了。
>
> 默存后来发现，他压根儿不用跳过小溪，往南去自有石桥通往东岸。

每天午后，我可以望见他一脚高、一脚低从砖窑北面跑来，有时风和日丽，我们就在窝棚南面灌水渠岸上坐一会儿晒晒太阳，有时他来晚了，站着说几句话就走。他三言两语、断断续续、想到就写的信可亲自撂给我。我常常锁上窝棚的木门，陪他走到溪边目送他的背影渐远，再忙忙回来守在菜园里。

——杨绛《干校六记·学圃记闲》

看管菜园这等无趣的工作，在别人看来，是打发时间的好消遣，但对于杨绛，却有着别样美好的意义。一个普通到不能再普通的菜园，在杨绛的文字熏陶中变为书香四溢的“花园”。在这里，她与钱锺书鹊桥相会、情意绵绵；在这里，她营造出光明和温暖，获得勇敢前行的力量。

## 居无定所波折多

于千山万水中相逢，即是缘分；在颠沛流离中相守，即是幸福。也许有人会因为距离的遥远而改变了初心，但杨绛和钱锺书却在岁月的更迭中风雨携手。他们的爱，经历了世事的千雕万磨，始终纯粹；他们的情，经历了流年的千回百转，始终坚定。

1969年年底，钱锺书来到平日和杨绛相会的“花园”，告诉她，“北京来电让一批老弱病残先回京，名单里有我的名字。”杨绛听后十分高兴。经过干校生活的艰苦磨炼，钱锺书的身体已经大不如前，况且，钱锺书回去了还能陪一陪孤单的阿瑗，自己也能因此有一年一次的探亲机会。因此，她和钱锺书都期待着名单公布的那天。

漫长的等待后，名单终于张贴出来，但不知发生了什么变故，钱锺书找了好久也没有看到自己的名字。他把消息告诉杨绛，无奈的杨绛只能轻声安慰道：“罢了，既然如此，照常过日子吧！”

纷扰红尘，总会有很多不如意。对于这些杨绛看得十分透彻，她不会因为

忽然的得到喜不自胜，也不会因为忽然的失去耿耿于怀，对于生活，她始终用饱满的热忱和昂扬的斗志，等待万紫千红春天的到来。

1972年，杨绛和钱锺书终于等到了期待已久的春暖花开，在周恩来总理的特殊关照下，身体素质较差、年龄较大的杨绛夫妇得以首先离开干校，成为第一批返京人员。

回家那天，欢喜不已的阿瑗前来迎接父母，她把他们带到了自己已经居住了三年的大学寝室，那是三楼一间朝北的房间，阴冷异常。刚一进到屋子里，阿瑗就把双手背到背后大声说道："哎呀，不好了，大暴露了！"说完她就嘻嘻哈哈地笑起来。杨绛抬头看去，整个房间又脏又乱，无奈的她还来不及生气就笑出声来。

几经辗转的他们仨，终于在阿瑗的宿舍团聚。朝北的屋子夏天住着略感潮湿，冬天住着又分外阴冷，阿瑗的一个同事实在看不下去，便将一处小黄楼的房子让出来让阿瑗他们一家三口住。这是个敞亮温暖的干净屋子，光线也很充足，杨绛和阿瑗欢欢喜喜地忙碌着搬家，拙手笨脚的钱锺书也像模像样地打扫起卫生来。由于房间长期无人居住，屋内的柜子上落了许多灰尘，钱锺书在打扫时，不可避免地将很多灰尘吃到了肚子里，杨绛发现后赶快制止，但钱锺书的哮喘病还是复发了。

长时间受到严寒的侵蚀，多年的哮喘忽然发作，让曾经健朗的钱锺书一病不起，去医院开了药，吃了好长时间，也不见好转。许多时候，钱锺书只能靠着床半卧，连续的似乎上不来气的呼吸声，让他看起来枯槁又憔悴，也让杨绛分外心疼。

一天下午，杨绛忽然发现钱锺书的呼吸很不正常，便赶紧带他去医院看急诊。焦急不安地等了近四个小时，钱锺书才渐渐缓过神儿来，回到家杨绛才发现，自己先前因为太过着急，左眼球的微细血管都出血了。

1974年5月下旬，杨绛和钱锺书搬进了学部七号楼西侧尽头的办公室居住。在这间简陋的办公室里，他们相互扶持、相濡以沫地生活着。这里环境清幽，周围的邻居也很和善，更为难得的是，这里距离文学院的图书资料室非常近，因此，他们甚至想到了在这里养老。钱锺书那部著名的笔记体巨著——《管锥编》的初稿，就是在这间异常简陋的办公室里完成的。

起床，洗漱，吃饭，读书。若没有什么特别的事情，杨绛和钱锺书的日常生活规律极了，但偶尔也会有这样那样的“小插曲”，在某个不经意的时间悄然现身。

有一天，吃了安眠药的杨绛像往常一样躺在床上歇息，可是，睡梦中的她突然闻到一股奇怪的味道，她很着急但无奈起不了身。忽然一声闷响，惊觉是钱锺书摔倒在地的杨绛竟立刻醒来快速坐起。她急急忙忙地下了床，将钱锺书从地上扶起来，然后以最快的速度开窗放风。事后，他们仔细查看才发现，原来是烟囱出气口儿被堵住了，好在钱锺书发现后想去开窗，不料因吸入煤气，头一晕就摔倒了。好在这一摔惊醒了杨绛，不然后果不堪设想。经历了这惊魂的一幕后，夫妇二人就一直开着窗，围着厚棉衣，坐到了天亮。

寒冷的冬天，总是格外漫长。北京的冬天不仅凛冽而且风大，很多人家里生着暖暖的火炉，杨绛和钱锺书家里也是。但那时的北京，早已用煤气罐代替了蜂窝煤做饭。一天晚上，收拾妥当的杨绛早早把煤炉熄灭，上床睡觉去了，谁知第二天早晨，钱锺书居然像往常一样端着早餐出现在她面前。刚开始，杨绛也没有觉得有任何不妥，因此，她只是专注地吃着钱锺书端来的猪油年糕，钱锺书也只是笑眯眯地陪着她一起吃，并未作任何言语。吃着吃着，杨绛才忽然想到：钱锺书压根儿不会划火柴，他是怎么用煤气罐做的饭呀？

于是，她忍不住问钱锺书：“谁给你点的火呀？”

“我会划火柴了！”听到杨绛质疑的钱锺书得意地说。那一刻，杨绛的心里竟衍生出一丝细腻温软的感动。这么多年来，她已经习惯了锺书做早餐，所以并不觉得锺书的拙手笨脚已经在逐渐改变。今天，为了不让起床后的杨绛为冷冷的灶台失望，他竟然学会了划火柴。这个在别人看来小小的甚至不值得一

提的举动，在杨绛心里却如巨石落水，激起层层涟漪，她知道，那是锺书对自己的爱和深情。

相敬如宾，举案齐眉。平平淡淡的日子里，杨绛和钱锺书始终心心相印。在处理生活琐事之余，两人将大部分时间都花在了读书上。他们常常跑到资料室借阅书籍，读完后做了笔记再还回去；他们也会时常将家中的藏书赠予需要的人，供他们汲取知识、寻得答案。

给他人提供力所能及的帮助，是杨绛的本性之一。善良的她，对人真诚而热情，做什么事都会站在对方的立场，充分考虑对方的感受，因而拥有许多朋友。尽管从未想过，自己帮助过的人会如何报答自己，但冥冥之中，似乎早已注定，杨绛的一切善缘结出的善果必然能够惠及子孙。

一天早晨，已经起床的杨绛和钱锺书正在收拾屋子，门外突然响起一阵紧促的敲门声。打开门一看，一位端庄优雅的老太太站在门外，杨绛看着她有些眼熟，但并未想起这位老太太是谁。就在转身进屋的刹那才忽然记起，这不就是自己在下放干校时，曾经帮助过的那位扫大街总工程师的夫人吗？

杨绛和钱锺书将老太太迎进屋里，老太太这才说明了来意。原来，先前她见过阿瑗一面，对她印象极好，想要阿瑗做她家的儿媳妇，希望杨绛和钱锺书能够成全。起初，阿瑗并不愿意，但心疼女儿又明白事理的杨绛如此劝慰阿瑗：“将来我们都是要走的，撇下你一个人，我们放得下心吗？”懂事的阿瑗自然明白妈妈的心意，也就同意了。

事实证明，杨绛对女儿的劝慰是正确的，阿瑗和老太太的儿子结婚后，生活安稳而幸福。也许当时，她并未曾考虑到女儿所嫁的家庭经济状况如何，但她知道，老太太的儿子是个好人这就够了。人生百态，世事无常，她只想在有生之年，为自己的女儿找一个稳定安全的归宿，于此，她才能彻底心安。

素年锦时，安暖便好。尽管几经辗转，依旧居无定所，但对杨绛而言，颠沛流离的日子并不难过，因为有能够放心依偎的人，纵使再多波折，也不会有丝毫惧怕。这既源于她骨子里的侠气，也源于她内心深处根植的芳华。

# 第七章

# 巧避政治，文人傲骨

对于政治，杨绛有着天生的“免疫”。早在幼年时，她便目睹了父亲杨荫杭在政治场上的跌宕起伏，因而始终不求飞上高枝而宁愿“曳尾涂中”。人各有志，不能相强。尤其是对淡泊的杨绛而言，“巧避政治”无疑是最好的选择。

在东吴大学求学时，杨绛读的是“政治学”，由此来看，她对政治并非一无所知。但她总是谦称：“我不懂政治。”才女杨绛平生做过的最大的官，就是上海振华中学分校的校长，为此，许多人为她的“大材小用”而感到遗憾。但杨绛知道，自己和钱锺书一样，终其一生，只想做做学问。

作为文人，杨绛字字珠玑、妙笔生花。她创作的《称心如意》《弄真成假》先后进入大众视野，成为名噪全国的经典之作；此外，她还翻译了著名的世界名著——《堂吉诃德》，为中国与西班牙文化交流做出了杰出贡献，称其为“文学巨匠”，可以说是实至名归。

把时光拉长，回到岁月之初，杨绛的文人傲骨也表露无遗。越是处在艰难的境况之中，她越能修炼心性、心物合一。

她在岁月深处，演绎着静默的从容与力量。

## 三里河畔终安稳

所有的暴风骤雨，都会在某个时刻被绚烂的彩虹淹没；所有的是是非非，也终会在某个时刻完完全全地被高洁澄澈的真相吞噬。只是，从风起云涌的变幻到风平浪静的皈依，必须经历一个残酷漫长的过程，也只有经历了时间的炙烤和晾晒，所有的懊恼、不快、长途跋涉才会随之烟消云散。

从苏州到上海、从北京到牛津、从清华到北师大、从村庄到干校……纵观杨绛的一生，无不被长途跋涉的艰辛填充。但对于自己所承受的苦痛，杨绛并不在意，或者说，在她心里，那些只是她人生路上偶尔点缀的风景，因为有了它们，生命才更丰富、充盈。尤其是在经历了十年“文化大革命”之后，杨绛对世事的洞察和判断更为明晰、透彻，她依旧会在嘈杂的红尘中，保持着自己特有的清新优雅。

1977 年，“文化大革命”结束，举国上下欢喜不已，所有人，都在以一种全新的面貌和态度来迎接未来充满光明的生活。杨绛和钱锺书也为全国人民得

以实现思想解放而倍感喜悦，此时的他们，也迎来了一缕散逸着幸福味道的光明——他们有了新的住所，位于三里河南沙沟的国务院宿舍。

听此消息，杨绛和钱锺书也十分高兴，但是，忽然有人让他们去住国务院宿舍，杨绛总感觉有许多蹊跷的不能解释的地方。因为当时，有人直接找到杨绛的办公室，交给她一串钥匙，并且准备了汽车，还嘱咐她："如有人问，就说'因你住在办公室'。"很显然，这是有人特意为他们夫妇二人安排的。

思来想去，杨绛和钱锺书猜测，房子多半是胡乔木送的，因为当时的他，是毛泽东的秘书。经由他推荐，钱锺书还费心费时地主持了四卷《毛泽东选集》的英译工作。

钱锺书的狂傲人尽皆知，但他的狂傲并不令人生厌，恰恰相反，许多人提及钱锺书，有的只是彻头彻尾的敬服。那个年代，能够翻译毛主席的作品简直是天大的荣耀，许多朋友听说钱锺书要去翻译《毛泽东选集》的消息，都纷至沓来向他道喜。倒是从不愿触碰政治的他自己，不仅不觉得惊喜，反而有些恐慌，他还曾惴惴不安地说道："这件事不好做的。不求有功，但求无过。"

可是，刚一上任，富有经验、才学卓绝的钱锺书就做得如鱼得水，他的翻译不仅贴近原著，且极富意境，引得大家交口称赞。钱锺书的"狂傲"，此时再度浮出水面，一次翻译中，他当众指出原文里关于孙猴子从牛魔王腹中钻出的那小节内容是错误的，应该是孙猴子变作小虫，被铁扇公主吞到了肚子里。

钱锺书的指责在当时无疑如"春雷巨响"，为了解决争论，负责此事的许永焕还专门请示了上级。大家找了好几个版本的《西游记》进行比对，结果发现钱锺书说的没错，于是，毛主席就真的修改了原文。

由此，钱锺书的才学更加令人钦佩。作为一位手无缚鸡之力的文人，钱锺书的铮铮傲骨更令人钦佩，他和胡乔木之间，也因为这份翻译工作，一直保持着纯净友好的往来。因此，胡乔木对他们二人的生活也十分关注，这从他给钱锺书邮寄哮喘药这件事上可窥一二。

顾不上确定自己的猜测是否正确，原先选定的搬家吉日——立春就已到来。

对于这次搬家，杨绛说什么也不敢再让钱锺书“搭把手”了。为了最大程度地确保钱锺书的“毫发无损”，杨绛不仅全面杜绝他动手收拾，而且将他当作所有行李中最宝贵的那件，“放上”专车直接拉到新家。

杨绛的办法果然奏效，搬至新家后，钱锺书看书的时间越来越长，脸上的笑容也越来越多。

时隔不久，胡乔木忽然到访杨绛夫妇的新家。奇怪的是，他并没有问任何有关房子的问题，直至看到安置在大门口的床，他才忍不住问了一句：“房子是否够住？”

杨绛答：“始愿不及此。”

听杨绛说罢，胡乔木便转身离去。

由此，杨绛和钱锺书的猜测得到了证实。对于他的这份关怀，不会说漂亮话的杨绛用简单的五个字，将自己内心最诚挚的感谢给予他。也许对胡乔木而言，这句感谢可有可无，但杨绛深深地知道，钱锺书什么级别的干部都不是，能够住进宽敞明亮的干部楼，真的算是享受特殊待遇了。他们居无定所的生活，随着这一次的搬家也终于告一段落了。

新家是三室一厅的房子，不仅满足了基本的住宿需求，也为他们安放多如繁星的书籍找到了好地方。简单的摆设与几大书架上排列整齐的密密麻麻的书籍映衬在一起，像极了日常见到的图书馆。更令人难以置信的是，书架上的书籍，他们二人都一一用心读过。即使如此，夫妇二人尤嫌不足，每逢遇到没有读过的书，纵然价格再高，两人也会不惜重金地买下来；遇到一些极难买到的书，二人还会动用一切渠道设法买来。由此，杨绛和钱锺书家里的书籍越来越多，刚开始，它们只是占据了书房，渐渐地，它们的领地便扩展到了客厅。

书籍的存在和增多，让杨绛夫妇原本安静的日子丛生出诗情画意的香气来。对杨绛而言，读书是生活中至高无上的享受；对钱锺书而言，读书是终其一生孜孜不倦的追求。

杨绛家中摆放着一大一小的书桌，一个是钱锺书的，一个是杨绛的。对此，

杨绛戏说，钱锺书的名气比自己大，理应用大桌。也难怪，钱锺书的书桌上总是堆满了各种各样的书籍和手稿，除了迫不得已去参加一些会议、活动外，杨绛和钱锺书基本不去任何公共场合，而是挤出所有时间用来畅游书海。

对于他们夫妻二人的嗜书如命，著名艺术家黄永玉知道得最清楚。当时，他家就住在与杨绛家相隔不远的地方，每逢回湘西老家，他总会带回一些土特产给杨绛夫妇送去，但他从来不敲门，只是轻轻地将东西放在杨绛家门口就走。一方面是因为他知道，他们开门的时候会把东西拿回家；另一方面，是因为不忍心打扰视时间如珍宝的两人。

在从前漂泊的日子里，杨绛总习惯将一切琐事、危险的事揽到自己的肩上，努力为钱锺书和阿瑗遮风挡雨。而今，日子安稳了，她的这个习惯依旧没有丁点儿改变。小到打扫卫生，大到人情世故，杨绛很少花时间去打理自己，她的所想所做，无一不是为了钱锺书和阿瑗。

> “她像一个帐篷，把大哥和阿瑗都罩在里面，外在的风雨都有她抵挡。她总是想包住这个家庭，不让大哥他们吃一点苦。”钱锺书的弟弟如此形容杨绛。

这样的概括既是精辟的，也是准确的。对钱锺书而言，他对杨绛的爱不仅源于她的贤惠，也源于她的才情。就像许多年前，他和辛笛聊天时，辛笛说他有誉妻癖一样，他对杨绛的赞誉不是精心策划、故意而为，而是杨绛的好已经深深地印在了他的心里，开成了一朵朵不败的花，在流转的岁月里暗香涌动。

> “《称心如意》上演，在上海一夜成名。可你还和从前一样，一点也没变，照样烧饭洗衣。”
>
> “有一次日本人抓你，你沉着冷静，和从前一样，一点也没变，照旧烧饭洗衣。”

“一次，家里煤油炉过满，火着老高，周边都是干柴。你走来，灵机一动，抄起旁边的尿罐扣上去，火柱立刻灭下。”

杨绛笑说：“快别说了，‘呆大’。”

“杨绛的散文是天生的好，没人能学。”

“照常理我应该妒忌你，但我最欣赏你。”

曾经充满傲气的钱锺书，在杨绛面前竟也乖巧得像个小孩子，他心甘情愿地听从杨绛的差遣，安心而喜悦。

三里河畔，春暖花开。这美好的时节，孕育着无数新生的希望和喜悦。

## 《堂吉诃德》获殊荣

名利就像皎洁的月光，它悠然而高远地伏贴在天空、地上。当你寒夜而出，置身于无边的黑暗中时，这样的月光就成了你心上的太阳，它会为你指路，让你在漫然晕开的黑暗中寻得一丝明朗。但是，如果太过注重名利，就会让皎洁的月光蒙上厚厚的乌云，随时可能黑云压城、狂风暴雨。所以，很多人尤其是一些文化名人，都会远远地避开名利之争，因为，在他们看来，这世间唯有自己需要战胜。

恬静淡泊的杨绛正因深谙世态之变，她才能在百年的时光长河中保持着自己的低调和格调、清贫和清明、淡泊和淡雅、贤淑和贤惠、才气和才情、风骨和风度。终其一生，名利对她而言，都是可有可无的身外之物，她不会刻意争名夺利，但她的一生因专注学问而名利双收。作为文学天才钱锺书背后的女人，尽管杨绛是名副其实的“文学巨匠”，但她丝毫没有架子，任何时候和她相处，都能感受到她身上由内而外散发出来的专注、淡然。

1953 年，杨绛任北京大学文学研究所、中国科学院文学研究所、中国社会科学院外国文学研究所的研究员。工作之余，她始终坚持自己的翻译和写作事业，未曾有丝毫松懈。新中国成立后，许多知识分子遭受到冷板凳待遇，翻译作品无疑成为这个时期文学创作的最后一块“安全之地”。杨绛的翻译生涯起步于清华读研时期，说起来，她能几十年坚持不懈地进行翻译创作，源于一个小小的“插曲”。

有一天，钱锺书的老师叶公超请她到家里吃饭。饭后，他忽然拿出一本英文刊物，让杨绛译出其中一篇政论《共产主义是不可避免的吗？》。听到叶公超先生这样说，杨绛一下子就愣住了：虽然自己英文水平尚可，但从未学过、做过翻译，让自己翻译这样高难度的文章能行吗？

尽管心中颇有疑问，但无奈的杨绛也只能硬着头皮“应考”。没想到，叶公超看了杨绛交给他的翻译稿后连连称赞“很好”，还将这篇稿子推举发表到了《新月》杂志。从此杨绛走上了翻译的道路，且一发不可收拾地翻译了众多作品。抗战胜利后，储安平负责的《观察》杂志约杨绛写稿，于是，杨绛便把自己正在看的散文《世界公民》翻译了一段投稿给他，未想，居然得到了大翻译家傅雷的好评。

当时，与《哈姆雷特》《浮士德》齐名的《堂吉诃德》，作为西班牙文艺复兴时期的经典著作，在世界范围内广为流传，是我国所列的“外国文学名著丛书”之一。恰巧，编委会的领导林默涵先生之前看过杨绛翻译的作品，便决定由杨绛来翻译《堂吉诃德》。

为了更准确地翻译这部宏伟巨著，1958 年，已经 47 岁的杨绛开始自学西班牙文，她将先前学习各国语言的经验融入其中，使学习难度大大减少。为了将各个词语的具体释义记得更加清楚，杨绛和钱锺书还发明了一个游戏：钱锺书用意大利文、杨绛用西班牙文，一人说出一个词语，对方则要按规定的语言说出对应的词语，这个方法十分奏效。

1961年，杨绛正式开始翻译《堂吉诃德》，到“文化大革命”开始时，她已经翻译完成了整本书的四分之三的内容。看着自己苦心翻译的成果日渐丰满，杨绛从内心深处感到喜悦。在那个政治高压全面辐射的年代，随时有人破门而入进行抄家，只要发现任何与“革命”有关的东西，便不由分说一律销毁。杨绛和钱锺书自然没有参与“革命”，但定义他们为“革命人员”的最重要的证据就是家里各种写了字的纸张。

为了最大程度地保护家人的安全，杨绛忍痛烧掉了所有对她而言极具纪念意义的亲友书信和用来学习的各种文字资料。可是，几番犹豫的杨绛看着那摞厚厚的翻译稿，实在舍不得烧掉，便抱着它们挤上了公交车，想要带到办公室交给信得过的人保管。

起先她想把稿子交给自己相对熟悉的组秘书，然而，当杨绛说明自己的来意，组秘书竟现出模棱两可的态度，于是，她只好转找他人。后来，杨绛将翻译稿交给了先前只是一个通讯员但现在已经很有地位的人，谁知他在粗粗浏览后便断定：《堂吉诃德》是部“黑稿子”，于是，二话没说就把稿子没收了。

之后的事情可以想象，写了“黑稿子”的杨绛，先后接受了多次“教育”。聪慧的杨绛借机向组织申请，能否将没收的“黑稿子”还给她，好让她对照着修正自己的错误思想。不料，组织回应：“黑稿子”太多，一时找不到。

杨绛内心燃起的希望再次被现实浇灭，不久之后，她被安排打扫厕所。有一天，领导命令她去一个偏僻的储藏室打扫卫生，没想到在她清理废纸堆的时候，无意间竟然看到了被五花大绑的翻译稿，可惜还未来得及拿走就被看管她的老干部发现并没收了。为了找到稿子，杨绛开始在际遇的轮回中兜兜转转，直到遇到已经成为学习小组组长的组秘书，杨绛写字条请他帮忙寻找稿子，翻译稿才终于历尽波折地回到了杨绛手上。

此后，便是漫长的“干校”生活。时间的流转、世事的淬炼，让杨绛对文学的认识更加深刻和富有高度。此时的杨绛转而再看已经接近尾声的翻译稿才发现，里面的众多内容都不甚贴切，于是，她果断决定放弃已经翻译好的稿子，从头再来。

翻译《堂吉诃德》是个庞大系统的工程，为此，杨绛还专门抽出时间来制订了详细周密的翻译计划。为了保证翻译的质量，杨绛规定自己每天只翻译五百个字，但力求做到字字珠玑。比如，同样的句子，可能有很多种翻译方式，因此翻译的意思也会稍有差别。遇到这种情况，严谨治学的杨绛总会用多种方法翻译后，再逐一进行细细的比对，挑选出自己认为最合适的。倘若翻译后的句子没有一个让她觉得满意，她就会重新查阅资料，推倒重来。

对自己几近苛责、力求完美的杨绛，始终走在追求翻译实现“信”“达”“雅”的道路上。在她看来，翻译不仅仅是简单的语言转换，而是用适宜的文字将书中所讲的故事和道理原汁原味、淋漓尽致地呈现出来。因此，她一方面力求凸显“原著”的味道，一方面又追求翻译作品的“精彩”。宏大的共有 72 万字之多的《堂吉诃德》，杨绛用了将近 20 年才得以完成。《堂吉诃德》翻译稿完成后，已经对这部著作有了新见解的杨绛，还围绕整本书发表了一组论文，翔实地阐述了整个作品的艺术价值和存在意义。

1978 年，杨绛翻译的《堂吉诃德》由人民文学出版社出版，中译本刚一上市，就得到了西班牙方面的高度肯定。5 月，西班牙访华先遣队在访华时，恰巧遇到许多人在北京书店门口排着长队购买《堂吉诃德》中译本，可谓盛况空前。一个月后，西班牙国王访问中国，邓小平便把它作为礼物送给了西班牙国王。

杨绛《堂吉诃德》中译本的问世，不仅填补了我国西班牙语文学翻译的一个空白，同时，也对中国和西班牙进行深层次的文化交流做出了杰出贡献。同年 6 月，在西班牙国王和王后访华时，杨绛应邀参加了盛大而隆重的国宴。不久之后，西班牙国王亲自给杨绛颁奖，授予她“智慧国王阿方索十世十字勋章”。

1983 年，杨绛随同中国社科院代表团出访西班牙。在塞万提斯逝世三百六十六周年的纪念会上，主办方邀请杨绛出席并发言。

当天参会的都是拉丁美洲各国大使，第一位发言人主要介绍塞万提斯的生平简介，大家听了没有任何回应，整个现场气氛十分沉闷。轮到杨绛发言时，

她如是说道：

> “我们中国人有句老话，‘天上一日，地上一年。’就是说，天上的日子愉快，一眨眼就是一天，而人世艰苦，日子不那么好过。我们一年有三百六十五天或三百六十六天，塞万提斯离开我们人世，已三百六十六年，可是他在天上只过了三百六十六天，恰好整整一年。今天可以算是他逝世‘一周年’，我们今年今日纪念他，最恰当不过。”

杨绛精彩的解释瞬间引得现场嘉宾鼓掌叫好，气氛也一下子活跃起来。西班牙大使也被这精妙的解释吸引了，在杨绛上场时，他还只是简单地与她鞠躬握手，下场时就变成了吻手礼，大使的夫人也热情地拥抱了杨绛。

《斐多》是杨绛翻译的另一部作品，原著是艰涩难懂的希腊文，但杨绛毫不犹豫地选择了这块“难啃的骨头”。在对原著进行翻译时，她也没有像平常人一样逐字逐句翻译，而是通过反复细读作品，极尽可能地体会作者的深意，然后在此基础上把握翻译的整体思路和风格特点，力求还原本真。

《斐多》中译本出版后，受到许多读者的热烈欢迎，他们将其称之为“迄今为止最感人至深的哲学译本”。可以说，杨绛版《斐多》的成功，与杨绛版《堂吉诃德》的存在有很大关系。正是翻译《堂吉诃德》时积累的经验，为《斐多》初露芳容便已惊艳天下奠定了基础。

## 著书写作不停歇

从青葱岁月到期颐之年，杨绛对文学的爱从未停止。无论是战火纷飞的战乱年代，还是政治斗争此起彼伏的高压环境下，杨绛始终以一颗平和从容之心在文学的土地上默默耕耘。从青涩到成熟，从枝叶到花苞，杨绛用文字雕刻出每一段岁月最真实生动的样子。

“我不是专业作家，文学里的全部作品都是随遇而作，我只是一个业余作家。”在杨绛的百年人生历程中，这位“业余作者”从未停止对时代和人生的探索。她谦逊而自持、淡然而专一，不仅是真正的书斋里的学者、钱锺书的夫人，还是《我们仨》中贤惠的妻子、慈爱的母亲。她用漫长而短暂的一生，为我国文学事业的进步劈山开河；她用明媚而温润的心境，为守护钱锺书的著作殚精竭虑。

杨绛早年发表的几篇散文和小说，是在清华上学时所做的课堂作业，还有一些，是她与钱锺书一起在牛津大学进修时的读书偶得。在国家风雨飘摇之时，她毅然决然地回到故土，将家安置在沦陷的“孤岛”上。为了维持一家人的生计，满腹才学的杨绛当过家庭教师、代课老师；为了减轻钱锺书的经济压力，她听从他人建议，创作了剧本，之后一鸣惊人。

曾出版杨绛《堂吉诃德》的人民文学出版社的社长管士光这样评价杨绛的作品：“我觉得文学作品有的时候是靠生活的积累，靠对生活的感悟。就是说不要去为写作而写作，要真正有感悟、有体会的时候去写。所以杨绛先生的作品我们读了以后感觉非常自然，很省力不费劲，但是她把一些生活中的哲理说得很清楚，把生活中的一些人物描写得栩栩如生。”

像《干校六记》中那位力气虽然不大但是脚步很快的老太太、《走到人生边上》中坦然面对死生的哲人……杨绛的作品一直保持着她特有的诙谐、幽默、沉稳、幽香。

1981年，杨绛开始整理自己的小说作品《倒影集》，以此将自己比较优秀的作品集中起来发表。其内容主要以20世纪40年代的女性生活故事为主，包括《大笑话》《鬼》《玉人》《事业》等，并于1982年印刷出版。其中，《大笑话》是钱锺书看来写得最好的一篇中篇小说。

小说里的女主人公陈倩，是一个年轻漂亮的寡妇，不料，在从上海去北京取先生遗物的时候，被一群相当热心的太太们安排约会，一场闹剧由此发端。紧接着，各路“女神”开始相互探听隐私，彼此吹捧，争先恐后地上演各自出演的精彩好戏，为了达到自己不可告人的目的，她们处处谋划、精心算计，最后发现，自己的算计本身就是个闹剧。于是，陈倩果断踏上回家的列车，闹剧终于收尾。

这部小说虽然整体看起来有些夸张，但语言极为幽默，尤其是小说中，精练却不失形象的文字，读来令人感觉酣畅淋漓。极强的讽刺意味、立体的人物形象，构成了一个是是非非交错缠绕的女人世界：她们的外表看起来光鲜亮丽，令人赏心悦目，但本质上，深入骨髓的虚伪和自私，终让她们丑态毕现。杨绛用精妙的文字，使“大笑话”的教育意义更为凸显。

此后，“走到人生边上”的杨绛，进入创作的又一个高峰期：1981年，记述杨绛去干校前夕直到回京的琐碎之事和心路历程的《干校六记》出版，这一年她70岁；1988年，彰显时代风云中世事百态的《洗澡》首印，那一年她77岁。1998年，钱锺书逝世。在人生伴侣离去四年后，杨绛在2003年，用心记述了他们这个家庭63年的风风雨雨、点点滴滴，结成回忆录《我们仨》，这一年，杨绛92岁。2014年，杨绛为《洗澡》所写的续作——《洗澡之后》出版，人物依旧，只是有着纯洁感情的男女主角有了一个称心如意的结局，这一年，她103岁。

抒情、写意、记事、记人、论学、评书，杨绛的创作很多都是“随遇而作”，她不会刻意为写文章而写文章，这是她对自己写作的一贯要求。她的每一个文字，必然是经过世事的洗练和敲打的；她的每一篇作品，必然是花了心思、深入思考过的。对于文学，她始终怀有老而弥坚的韧劲儿和笔耕不辍的勤奋。

“我特别佩服老先生，她一辈子没偷过懒。”人民文学出版社副总编辑周绚隆感叹，晚年的杨绛完全可以享受盛名而不再作为，但她从来没有停止过思考和对文字的笔耕。

杨绛的勤奋与思考，也得到了读者的热情回应。2004年，人民文学出版社出版了八卷本的《杨绛文集》，当年即获重印，此后又陆续重印4次，总印数达1.6万套；2015年，经由三联书店出版的《杨绛著译七种》，刚一上市就销售一空；同由三联书店出版的《我们仨》，截至2013年已经印刷了38次，总销量超过200万册；杨绛所著的《干校六记》先后被翻译成英、法、日、俄等多种译本……

杨绛的著作内容和风格十分丰富多彩：有充满文艺色彩之作，也有怀人忆旧之作；有颇具趣味之作，也有感人深思之作。那些娓娓道来的人和事，在她的笔下都变得生动而鲜活、立体而饱满，仿佛一个不经意，就能在面前开出绚

丽的花朵来，它们给人的不仅是美的享受，也是一种认识时代、认识生活的绝佳方式。

充满时代印记的《干校六记》，堪称杨绛的经典之作。对此，胡乔木曾如此评价："怨而不怒，哀而不伤，缠绵悱恻，句句真话。"《干校六记》在国外也产生了广泛影响，被英国《泰晤士报·文学副刊》评价为："20世纪英译中国文学作品中最突出的一部。"由此可知，杨绛著作的文学价值和社会价值。

作为杨绛作品固定读者的钱锺书和阿瑗，对杨绛本人和其作品的特点都了解颇深。对此，阿瑗还作了形象的比喻，她说："妈妈的散文像清茶，一道道加水，还是芳香沁人。爸爸的散文像咖啡加洋酒，浓烈、刺激，喝完就完了。"钱锺书对阿瑗的说法十分赞同。

时光忽逝，昨日的一切还历历在目，而今，所有的青春都消失在暮年。杨绛开玩笑说，他们已经是"红木家具"，看似结实，实际是用胶水黏着的，一碰就容易散架，挪不了。

滚滚红尘，生老病死，谁都不能逃脱。所幸，俩人有相依相守、白头到老的爱情以及与文字相依相伴的幸福。

## 待我心，世间始终你好

最好的爱情是：如果回到当初，可以在茫茫人海中重新选择，我还是会选你。

杨绛和钱锺书也如是，他们在清华校园里的古月堂外相遇，从此合二为一。她中断学业、毅然出国，只为陪伴、照顾自己的丈夫；他细心留意、学会煲汤，只为全力照顾自己产后虚弱的妻子；她可以为了他，放弃身段，甘当“灶下婢”；他也会为了她，几十年如一日地做早餐送至床边看她吃；她用尽一生保护着他特有的“痴气”和“傻气”；他倾尽所有，在任何时候都与她站在一起……从无交集的两个人，因为同样的信仰和追求而牵手；各有所长的两个人，因为同样的坚守和付出，分别创造出文学史上的奇迹。

许多年前，杨绛读到英国传记作家概括最理想的婚姻：“我见到她之前，从未想到要结婚；我娶了她几十年，从未后悔娶她；也未想过要娶别的女人。”把它念给钱锺书听，钱当即说“我和他一样”，杨绛答“我也一样。”由此可见，夫妻二人伉俪情深。

杨绛年轻时，每顿饭吃的都不多，体质也一直不是很好，看起来瘦瘦小小的样子，但她的皮肤却极为白净，颇像刚出壳的鸡蛋。有一次，调皮的钱锺书趁着杨绛午休，就用黑笔在她脸上画了好些道道，谁想，杨绛醒来后一直擦不掉，最后竟用了好久才彻底洗净，从此钱锺书再也不敢在她脸上乱画了。

长相白净的杨绛，生活中却丝毫没有娇小姐的架势，家务活她总是亲自来做，从不劳烦钱锺书动手。很多时候，除了生活琐事，她一天最重要的工作就是看书，晚年之时，钱锺书身体不好，经常感冒，杨绛就在看书之余，挤出所有时间全力地照顾他。

为了不把时间耽搁在往返医院和家的路上，也为了使自己安心，上了年纪的杨绛还专门跟护士学会了扎针，每逢钱锺书身体不适需要扎针，都是她亲自上手。

1994 年，钱锺书病情忽然加重住进了医院，经过一系列全面详细的检查，最终确诊为膀胱癌，只能手术将癌细胞进行切除。不料，手术中发现右肾萎缩坏死，便一并切除了。

这样的大手术让原本身体素质就不好的钱锺书元气大伤，极度担心丈夫的杨绛，为了让钱锺书得到最周到的侍奉，在其术后的五十多天里一直日夜不息地陪伴在钱锺书身旁。医院里的大夫和护士看到神态疲惫的杨绛，好心地劝她回家休息换其他人来伺候，可是，放不下钱锺书的杨绛总是微笑着说："锺书在哪儿，哪儿就是我的家。"

看着劳累不堪的妻子，钱锺书心疼极了，他三番五次地跟杨绛商议，让她找别人来照顾他，但心系丈夫的杨绛说什么也不肯，依旧亲力亲为。日子久了，只要钱锺书一提到换人来照看他，杨绛就直接转移话题，钱锺书对杨绛的脾性极为了解，深知自己拗不过她，便只能作罢。

经过五十多天没日没夜的精心照顾，钱锺书终于得到医生批准出院。出院当天，他看着原本就瘦小的杨绛走起路来颤颤巍巍的样子，心疼不已。为了让钱锺书恢复得更快更好，孝顺的阿瑗也特意回到家中，每天她都会将外面的新鲜事带到家里，然后用幽默的语言讲给爸爸妈妈听，听到有趣之处，杨绛和钱锺书总会毫无顾忌地哈哈大笑。

一家人在一起，说说笑笑，对已是暮年的杨绛和钱锺书而言，这就是世间最美好的事了。只是，出院回家的钱锺书身体总不见好转，病情反复是常态，不久之后，钱锺书再次住进了医院。这一住，就是四年之久。

经过再次全面细致的检查，医生发现，钱锺书的膀胱颈上也有癌细胞存在。万不得已的情况下，医生为钱锺书进行了第二次大手术，不料手术后出现了肾功能衰竭现象，医生又赶快进行全力抢救，只是，这次抢救回来的钱锺书只能依靠血液透析维持生命。

时间在此时变得分外残酷，刚开始钱锺书是能够自由活动、说话的，然而随着时间的推移，他变得越来越虚弱，发展到最后，话也不能说了。但每每杨绛跟他说话，头脑清楚的钱锺书总是用眼神回应着，这让整日忧心忡忡的杨绛心中有了一丝丝安慰。

作为一名贤惠的妻子，杨绛对钱锺书的照顾格外用心。除了不可或缺的取药、取水等事情占用的时间外，其余的大部分时间杨绛都陪在钱锺书的床边。只是，为钱锺书牵肠挂肚的杨绛太担心他虚弱的身体经不住折腾，便每天坐车回家，为钱锺书熬制味道鲜美的鸡汤，送到医院来。

随着病情的恶化，钱锺书已经到了不能进食的地步，只能靠吃些流食配合打营养液维持生命。对此杨绛有着锥心之痛，但她依旧从容淡定地将熬好的鸡汤混在流食中，体贴地为钱锺书的身体输送营养。不嫌烦琐的杨绛，还总时不时地为钱锺书打各种各样的果泥，然后以鼻饲的方式喂给他。她也会用针将鱼肉里的刺一根根地挑出来，然后为他做新鲜的肉泥，如果做鸡肉泥，杨绛则事先将肉筋一根根地挑出来，肉泥一定要做得很细，很好下咽。

每天，已是高龄的杨绛就这样穿梭在医院和家之间，她心疼工作忙碌的阿瑗，也舍不得女儿来来回回辛苦地跑趟，便让阿瑗一周来两次，陪钱锺书聊天、谈心。尽管此时的钱锺书已经不能说话，但每次阿瑗来到身边，他平日略为呆

滞的眼神就会在那一刻闪烁出非比寻常的惊喜和快乐。

阿瑗也完全继承了杨绛的睿智和细心，每次来医院陪伴爸爸，她都会比杨绛早走一个小时。但号称天才的钱锺书尽管缠绵病榻，脑袋却清楚得很，倘若阿瑗提前几分钟走，孩子气十足的钱锺书就会生气，等过完这几分钟，钱锺书就心满意足地放阿瑗走了。阿瑗知道爸爸有这个不用看表就能准确知道时间的“特异功能”，所以，她便戏称爸爸为“灵童”。

其实，阿瑗集合了杨绛和钱锺书的所有优点，她爱读书、爱研究学问、淡泊名利、沉着冷静，当然，她的工作能力也很出色。作为北师大英语系教授的阿瑗，每天备课到很晚，但第二天一大早便起床匆忙赶往学校，由于住的地方距离学校很远，阿瑗每天都要在车上度过很长时间。

长期超负荷的工作，很快把原本身体强健的阿瑗压垮了。她先是咳嗽不止，继而又开始腰痛难耐，别人都劝她去医院看看，但一心扑在工作上的阿瑗以为只是普通的感冒引起的症状，便自作主张在校医务处开了些治疗支气管炎的药吃了了事。

渐渐地，阿瑗的腰痛越来越严重，没过多久，她竟疼得无法弯腰捡拾掉落在地上的东西。但此时的阿瑗，依旧忍着没去医院，也没有将自己的不适告诉本就辛苦照顾爸爸的杨绛。对此，疲惫不堪的杨绛也一无所知，她所有的心思，都在那个与自己风雨携手、同甘共苦半个多世纪的钱锺书身上，她希望用自己最诚挚的心，换来他的安好。

待我心，世间始终你好。这个从前简简单单的愿望，对此刻的杨绛而言，竟那样虚无缥缈、不切实际。

但尽管如此，杨绛依旧能感知到疲累之中的幸福所在：我喊锺书，他会回应。有他在，我便心安。

# 第八章

# 我独自，怀念“我们仨”

“锺书逃走了，我也想逃走，但是逃到哪里去呢？我压根儿不能逃，得留在人世间，打扫现场，尽我应尽的责任。”

当让杨绛挚爱一生的钱锺书和阿瑗相继离去，所有的悲痛都化作了令人振奋崛起的力量。已经将近九十岁的杨绛，收起所有撕心裂肺的痛苦，在忘我的文字中硬朗地站立起来。

面对接连而来的悲痛，杨绛没有一蹶不振。她用深居简出的生活和清丽无伤的文字，将所有的悲痛埋藏在心底；她守着自己内心深处独辟出的一块土地，难过时在此疗伤，喜悦时在此分享；她把自己对丈夫和女儿的爱化作文字，通透而又澄澈地勾勒出自己梦想中的“家”。

在对丈夫和女儿的深切怀念里，杨绛找到了懂事乖巧的阿瑗，找到了那个会与自己谈笑风生的锺书，找到了那个曾经简单到简陋的“家”……那里盛满了爱和温情，盛满了不经世事的鲜活和雅致，她把自己安置在那里，从此，心就有了归属。

“我独自，怀念‘我们仨’。”看似再普通不过的几个文字，却让杨绛倾尽了一生的爱与力量。她独自一人，行走在充满繁华和诱惑的尘世，仿佛一个转身，所有的梦境都会支离破碎一般。

所以，她写了一个女儿，写了一个“我们仨”。从此，山长水远的人世，便有了相依为伴的安心。那里，是她永远的家。

## “写女”欲陪君

人生是一个没有期限的修行，有的人，修炼心性，有的人，修炼技能。杨绛的一生，始终都在修炼自己，无论走到生命的哪个阶段，她都会为那一段时光的存在而欢喜。她会平和静好地完成那一段岁月里自己的责任和使命，然后收拾行囊，重新上路；她不会沉迷过去，也不会狂热地期待未来，不管正经历着或者即将经历怎样的挣扎与挑战，她的选择只有一个：顺生而行，即使有痛苦，却依然要快乐。

2002 年，已是 92 岁高龄的杨绛用心记述了他们这个特殊家庭 63 年的风风雨雨、点点滴滴，结成了回忆录《我们仨》。平淡的文字里，点点滴滴的琐碎中，处处透露着满满的温情。对杨绛而言，《我们仨》既凝结着她内心深处对于已经逝去的丈夫和女儿的无限想念和牵挂，又孕育着未来生命中的温暖和力量。对她而言，写一个女儿出来，陪伴自己、陪伴锺书，这山长水远的人世才够静好。

其实，“写一个女儿”出来的想法最早不是杨绛所想，而是一位朋友的提

议。他建议杨绛把一家人前前后后所发生的事情都用文字记录下来，留作念想。只是，当时的杨绛还在为照顾病重的钱锺书四处奔忙、身心交瘁，根本没有时间也没有精力完成这样一个“相当浩大的工程”。

女儿阿瑗知道了这件事，就想极尽所能为母亲实现心愿，但很无奈，命运和阿瑗开了一个天大的玩笑。1995 年春夏之交，火红的石榴花到处炫耀着它明媚张扬的色彩，被咳嗽久久折磨的阿瑗，始终不见好转，当年秋冬，阿瑗的腰疼加剧，有一天早晨，竟然痛到起不了床，但她依旧坚持着。来医院看望爸爸时，细心的杨绛注意到女儿疼痛难忍的神态，便问她怎么回事。不想让爸爸妈妈为自己忧心的阿瑗笑嘻嘻地解释，“自己挤公交车闪了腰。”身心俱疲的杨绛看着女儿乐呵呵的表情，就信以为真了。直到 1996 年 1 月，此时的阿瑗连站立行走都已困难，才决定去医院，临走前，她还轻松地对杨绛说：“妈妈等着我，我很快就回来。”

谁也不曾想到，阿瑗的这个“很快”，竟然会那么久。匆匆忙忙赶到北京胸科医院，进行了全身检查后，阿瑗被确诊为骨结核，并且脊椎已有三节发生了病变。此后又发现，阿瑗的肺部也有些问题，于是，随即办理了住院手续。

本以为这就是最坏的结果了，没想到，令人揪心的结果在后面。经过多位专家会诊后确定，此时的阿瑗身体里的癌细胞已经扩散，到了肺癌晚期。尽管入院之后，医生就针对阿瑗的病灶部位进行了精准的治疗，但阿瑗的病情并没有得到有效控制。

此时的阿瑗已是病入膏肓，每天都要进行的化疗，让她的身体承受着难以想象的痛苦，但心疼母亲的她依旧瞒着杨绛，只报喜不报忧。然而世上哪有不透风的墙，不久之后，杨绛还是知道了。得知女儿病情的杨绛，简直如遇晴天霹雳，她万万不敢也不能相信，这样的灾难会降临在她挚爱的女儿身上！

欲哭无泪的杨绛心都碎了，她撇下钱锺书，急着来看自己疼爱的女儿。可是，心疼母亲劳累的阿瑗固执地不让母亲来看望，因为她怕母亲看到自己憔悴的样子会难过，更何况，持续的化疗已然让她的一头黑发掉光，这样的自己让母亲看到了，只会更加伤心。

在女儿的再三坚持下，杨绛终于做出了让步。但她不敢把真实情况告诉钱锺书，就编了个理由，说阿瑗因为患了骨结核住院了，可以治好，一年左右就能出院。钱锺书听后只说了一句：“坏事变好事，从此可卸下校方重担。此后也有理由可以推脱不干了。”只是钱锺书万万没有想到，善解人意的女儿会先于自己离开人世。

与杨绛的心性如出一辙，病重的阿瑗也保持着常人没有的乐观。她自告奋勇地向妈妈请求，把“写一个女儿”这个任务交给她来完成，还说自己把名字都起好了，就叫《我们仨》。

接下了这个任务的阿瑗，整个人看起来精神都好了很多。尽管此时的她以顽强的毅力忍受着来自病痛的折磨，但不难想象，这样的日子并不好过。为了将父母和自己这些年发生的事情写在纸上，已经不能起身的阿瑗只好麻烦阿姨举着纸张，自己则仰卧在病床上写，这是当时的她唯一可用的写作姿势了。

为了完成妈妈的心愿，当时已经不能进食的阿瑗就这样咬牙坚持着。直到有一天，穿越了大半个北京的杨绛来医院看望病重的女儿，才发现这么多天来，孝顺的阿瑗竟这样将自己的话放在心上。看着女儿憔悴的模样，乐观的杨绛当场泪如泉涌。她默默地擦掉眼泪，跟女儿商量：书就不要写了，先好好养病，等病好了再写。听到妈妈的话，阿瑗无奈地放下了笔，她知道妈妈要写一个阿瑗出来，不只是为了陪着自己，更是为了茫然无知的日后，他们一家三口得以在另一个世界温暖团聚。

为了写一个活生生的跟现实中的自己一样的阿瑗，躺在病床上不能起身的阿瑗还煞费苦心地列出了书的大纲。她幻想着，能够用自己仅存的一丝光亮，照亮妈妈和爸爸未来的孤寂黑暗之路，所以，她用尽最后一股气力，奋起一搏。但现实是残酷的，纵使病中的阿瑗孤注一掷、破釜沉舟，依旧没能帮妈妈完成心愿，也没有帮自己完成心愿。

与女儿心有灵犀的杨绛，深深地感知到了阿瑗的落寞和遗憾，于是，她亲

自执笔，用一位母亲特有的无私与大爱，让已经离开人世的阿瑗在她的文字里再度复活。阿瑗的一颦一笑、一言一行，都像从前那样可爱、静暖，仿佛做了一个长长的迷离的梦，但醒来之后，梦境中所有的快乐和喜悦都骤然消失，那些曾经深藏的忧虑和悲痛，忽然如潮水般涌来。

梦里，正在和女儿一起玩耍的钱锺书忽然接到一个电话，说第二天让他去开会。果真，第二天一早，钱锺书就被一辆陌生的汽车接走了，他没有说要去哪里，也没有说什么时候回来。幸好阿瑗心细，记住了爸爸要去的地方的信息，于是，杨绛就带着阿瑗去找锺书，她们找啊找，找啊找，最后来到古驿道，看到钱锺书就站在那里。至此，“我们仨”终于团聚。

回客栈的路上，我心事重重。阿瑗住到了医院去，我到哪里去找她呢？我得找到她。我得做一个很劳累的梦，我没吃几口饭就上床睡了，我变成了一个很沉重的梦。

我的梦跑到客栈的后门外，那只小小的白手好像还在招我，恍恍惚惚，总能看见她那只小小的白手在我眼前。西山是黑地里也望得见的，我一路找去。清华园、圆明园，那一带我都熟悉，我念着阿瑗阿瑗，那只小小的白手一直在我前面挥着。我终于找到了她的医院，在苍松翠柏间。

进院门，灯光下看见一座牌坊，原来我走进了一座墓院。不好，我梦魇了。可是一拐弯我看见一所小小的平房，阿瑗的小白手在招我，我透过门，透过窗，进了阿瑗的病房。只见她平躺在一只铺着白单子的床上，盖着很厚的被子，没有枕头。床看来很硬，屋里有两张床，另一只空床略小，不像病床，大约是陪住的人睡的。有大夫和护士在她旁边忙着，我的女婿已经走了。屋里有两瓶花，还有一束没有解开的花，大夫和护士轻声交谈，然后一同走出病房，走进一间办公室。我想跟进去，听听他们怎么说，可是我走不进。我回到阿瑗的病房里，阿瑗闭着眼乖乖地睡呢。我偎着她，我拍着她，她都不知觉。

我不嫌劳累，又赶到西石槽，听到我女婿和他妈妈在谈话，说幸亏带了那床厚被，他说要为阿瑗床头安个电话，还要了一台冰箱。生活护理今晚托清洁工兼顾，已经约定了一个姓刘的大妈。我又回到阿瑗那里，她已经睡熟，我劳累得不想动了，停在她床头边消失了。

我睁眼身在客栈的床上。我真的能变成一个梦，随着阿瑗招我的手，找到了医院里的阿瑗吗？有这种事吗？我想阿瑗只是我梦里的人。她负痛小步挨向妈妈，靠在妈妈身上，我能感受到她腰间的痛；我也能感觉到她舍不得离开妈妈去住医院，舍不得撇下我一人在古驿道上来来往往。但是我只抱着她的腰，缓步走到后门，把她交给了女婿。她上车弯腰坐下，一定都很痛很痛，可是她还是摇下汽车窗上的玻璃，脱下手套，伸出一个手向妈妈挥挥，她是依恋不舍。我的阿瑗，我唯一的女儿，永远叫我牵心挂肚的，睡里梦里也甩不掉，所以我就创造了一个梦境，看见了阿瑗。该是我做梦吧？我实在拿不定我的梦是虚是实。我不信真能找到她的医院。

——杨绛《我们仨》

梦中的最后场景是，杨绛在古驿道上迷失了方向。她找不到了自己心心念念的阿瑗了，也找不到锺书。于是，她就一直走一直走，眼前的景色越来越模糊，慢慢地，竟成了漆黑一片。最后，在黑暗中穿行的杨绛便只能听到水声了。

“我们仨，却不止三人。每个人摇身一变，可变成好几个人……阿瑗长大了，会照顾我，像姐姐；会陪我，像妹妹；会管我，像妈妈。”

这样一个乖巧、懂事、贴心的女儿，杨绛怎舍得与她分离？但人生有时候，

总是很讽刺，一转身可能就是一世。说好永远的，不知怎么就散了。

“太阳落到前舱，立即回客栈。驿道荒僻，晚上大门上闩后，敲门也不开。”真真假假的文字与亦幻亦真的现实交错在一起，让杨绛心力交瘁。

但她与阿瑗，总是亲亲热热地依偎在一起。荒凉冷寂的古驿道上，有了她的陪伴，阿瑗便不再孤单。

## 爱女香消孤难耐

杨绛曾对钱锺书说：“女儿钱瑗是我生平唯一杰作。”因为钱瑗身上，不仅有杨绛温婉贤良的大家风范，同时她的血液里也流动着杨绛和钱锺书的勤奋与智慧。

对杨绛而言，阿瑗是懂事贴心的；对钱锺书来说，阿瑗是自己最铁的“哥们儿”。他们三人，是一个不能分割的整体，他们之间，不会因任何尘俗纷扰而疏离。

1937 年，上海沦陷。战事连绵，各种物资都十分吃紧，钱锺书当时也就是个普通不过的教书先生，收入并不高。有一次，一个学生送了一担西瓜到钱家，杨绛很吃惊：谁会送西瓜给一个教书先生呢！过了一会儿，送西瓜的学生打电话来，杨绛才确定，西瓜就是送给钱锺书的。

这么多西瓜，一下子让阿瑗开了眼。想到爸爸如此有“本事”，她便对钱锺书说：“爸爸，这许多西瓜，都是你的。我呢，是你的女儿。”言外之意是，

她为同时拥有西瓜和自己的爸爸感到骄傲，钱锺书听了不禁哈哈大笑。

每次家里有好吃的且阿瑗能吃的东西时，钱锺书总是爱逗阿瑗“Baby，no eat”，不让她吃。看着她着急又生气的小表情，钱锺书自己乐得不行。可是，阿瑗极为聪明，逗得次数多了，她就发现，有些东西自己是能吃的，于是，小小年纪的她便懂得了看爸爸妈妈的脸色来确定什么东西能吃。有一次，钱锺书又照例逗她：“Baby，no eat”，不料，阿瑗迅速地看看站在旁边的杨绛的表情后，说道：“Baby，yes eat”。情急之下的她，居然会说英语了，杨绛和钱锺书都被她逗得笑出了眼泪。

阿瑗小时候身体体质较差，经常生病，为此，杨绛的一颗心总是悬着。她担心因为照顾不周导致女儿生病，也害怕女儿因生病耽误了学业，尤其是上小学的时候，钱瑗只上了一两个星期就病了，被迫接回家中调养。此后，病情一直反复，如此下来，便没有完整地上过一个学期的课程，杨绛后来索性把阿瑗留在家里教。

1947 年冬天，平日只是小病的阿瑗这次竟然病得特别厉害，她的右手食指骨关节异常肿大，杨绛发现后，急忙带她去医院检查，没想到，阿瑗竟然患了当时无药可治的骨结核。阿瑗听到医生的话后，含着眼泪对杨绛说：“我要害死你们了。”看着可怜的女儿，杨绛心疼万分。

“许多孩子得了这种病之后，就会转移到脚部，然后慢慢转移到头部，最后一命呜呼。”医生的话仍然在耳边回响，但倔强的杨绛始终不愿意相信，自己的女儿患上了无药可医的病症。于是，她就按照当时得来的信息，自己喂阿瑗吃药，并专门为她补充各种维生素和其他营养。功夫不负有心人，在杨绛的精心照料下，十个月之后，阿瑗的病居然奇迹般地好了。得知消息，当时为阿瑗诊断的医生也大吃一惊。

尽管阿瑗的功课都是杨绛教的，但她完全继承了杨绛和钱锺书的优点，学什么总是又好又快。很多时候，一群孩子在外面玩，她也不羡慕，总是一个人坐着乖乖看书。随着所学知识的程度加深，教阿瑗数学对杨绛而言已经十分吃力了，于是，她问阿瑗：“妈妈跟不上了，你自己做下去，能吗？”阿瑗点头答应了。在1951年参加考试时，代数满分的阿瑗被贝满女中录取，这让杨绛颇感骄傲。

可是，钱瑗与杨绛、钱锺书一样，志气不大。后来，她考上了北京师范大学，立志要当教师的尖兵。对于阿瑗的选择，杨绛和钱锺书都十分支持。酷爱读书的阿瑗，还在1978年顺利考取了留学英国的奖学金，去英国留学两年。1990年，阿瑗又去英国出访半年。

在严格要求自己专心做学问的同时，阿瑗在36年的执教生涯中，始终孜孜不倦地为自己热爱的教育事业奉献着全部精力。她治学严谨，开创了英语“文体学”；她关怀学生，为人刚正，因而深受学院里学生的尊敬和爱戴。有一次，细心善良的阿瑗发现外语系资料室的翁某平时勤奋自学，并抽时间旁听大学课程，于是便主动为他批改作业，指导他读书，连续几年从不间断，终于使这位有志青年以同等学力考上了民族大学的研究生。

杨绛和钱锺书严谨治学的态度，也对阿瑗产生了深远的影响。在为上海一所高校编写《英语精读课本》时，作为主审官的阿瑗更是逐字逐句、从头至尾，反复读了好多遍，不少书页上也留下了密密麻麻的字迹。

对待工作，她专注而认真；对待学生，她无私而负责。虽然她没有取得与杨绛、钱锺书比肩的文学成就，但她以高度的责任感、使命感，践行着自己立志当一名“教师尖兵”的诺言。

可是，时间不会因为钱瑗的善良、优秀而停下，日渐加重的病情，使阿瑗的身心都在遭受着前所未有的巨大折磨。但无论何时，面对前来探望自己的学生，她总是避重就轻地与他们谈笑风生；面对杨绛，她也总是故作轻松地与之谈笑。她知道，已经80多岁的妈妈坐公交车穿越大半个北京城来看自己，实在是太累、太辛苦了。

“我母亲曾对父亲说，他这么病着，真可怜。可父亲说：‘我不可怜，

你们才可怜，要照看病人。’我现在觉得真是这样，我妈最可怜。86岁了，还要照顾两个病人。”

所以，从她住院开始，就一直坚持不让母亲来看自己。可心疼女儿的杨绛还是忍不住地在女儿和丈夫各自所住的医院之间来回穿梭。对她而言，这两个人，比自己的生命更重要。

随着癌细胞侵入骨骼，阿瑗的脊椎也渐渐开始骨质疏松，只能平躺不动，时间一长，她背上的褥疮溃烂得露出骨头，也无法翻身治疗。下身瘫痪，肠胃失去蠕动能力，不能进食只能输液，此时的阿瑗全身可输液的静脉已经扎烂，只好另想他法。可是，有学生和同事前去医院看她，她仍旧满脸笑容地说：“在身上随便打洞，真残酷呀！”善良的阿瑗想以开玩笑的方式，不让别人因感受到她的痛苦而伤心。

每晚与妈妈通电话，成了阿瑗一天里最快乐的时刻。在去世的最后几天，仿佛对自己生命即将终结早有感应的阿瑗还曾打电话给杨绛：“娘，你从前有个女儿，现在她没用了。”这一次，是她第一次也是最后一次主动提出要见妈妈，杨绛又穿越大半个北京城去了，在医院里，杨绛心疼地拉住女儿的手说道：“安心睡吧，我和爸爸都祝你睡好。”阿瑗听后就笑起来，像一朵静然绽放的花。

1997年3月4日，杨绛和钱锺书此生唯一的女儿阿瑗去世了。听到消息，杨绛瞬间难过得不能呼吸，但她没有去医院见逝去的女儿最后一面，就连阿瑗火化的时候，她也照例去了医院照料钱锺书。因为她实在不能面对母女分离，从此天各一方的凄凉。

作为一个失去女儿的母亲，没有人比杨绛更痛，但她还有一个重任扛在肩上——照顾病重的钱锺书。所以，她只能把悲痛埋在心里。

在阿瑗离开差不多一百天的时候，白发苍苍的杨绛一个人专门去了北师大校园里埋着阿瑗骨灰的那棵雪松旁。她安静地坐下来，无不哀伤地念了苏东坡的悼亡词：“从此老母肠断处，明月下，常青树。”以此来表达一位母亲对自已女儿的锥心怀念。

“1996 年后期，钱瑗在医院写给妈妈的信。母女通电话称‘拉手指头’，因为不如‘手拉手’着实，只能‘拉拉手指头’。”几年之后，杨绛在这些细碎的文字里，勾勒出一个让她倍感温暖和幸福的阿瑗来，她们依旧像从前一样说说笑笑、亲密无间。

有了重生的阿瑗，杨绛从此跋涉世间便不再惧怕孤单。

## 生死相念终不渝

生与死，不过是咫尺的距离。人生之味，千千万万，尽管这只是其中不可避免的一种，却依旧让人无法承受。

固然，生而喜悦，但死也无惧。可是，对于依旧活着的人而言，死却是一种不可抗拒的悲伤，一种无处安放的凄凉。

阿瑗的死，让杨绛悲痛欲绝。在阿瑗遗像旁边摆着的一只精致的花篮素带上，杨绛和钱锺书留下了此生对女儿的无声挚爱：瑗瑗爱女安息！爸爸妈妈痛挽。寥寥数语，让每个路过之人都忍不住落泪。

怀着丧女之痛的杨绛，依旧像往常一样穿梭在医院和家之间。明明心中悲痛，但她却不曾将自己内心的哀伤吐露分毫，她仍旧像平日一样精心为钱锺书制作各种细腻软和的吃食，然后出门挤公交带到医院。

女儿已经离开了，自己绝不能倒下，否则就没有人照顾锺书了。为了不让病重的钱锺书为女儿的离世伤心，杨绛一直没有将阿瑗的死讯告诉他，她还照旧每天做着阿瑗和他两人之间的传话筒，将阿瑗写的文章念给钱锺书听。

时间的脚步从未停下，当寒风呼啸的冬天又一次降临人间，钱锺书八十八岁生日也如约而至。那天，窗外雪花纷飞，处处银装素裹，漫天的雪晶莹剔透，悄无声息地飘落着，仿佛女儿阿瑗的笑脸一样，那样专注而淡雅，看来让人动情、引人深思。

阿瑗走了四个月之后，钱锺书的病情才进入一个相对稳定的时期，此时，忍了一百多天的杨绛才敢把这个消息稍稍吐露给锺书一点。考虑到他的身体状况并不是很好，杨绛足足花了一周时间，才把这件事慢慢渗透给锺书。令她吃惊的是，钱锺书仿佛早已知晓了一般，听到杨绛带来的“噩耗”，他只是点了点头。此后的钱锺书再也没有提过阿瑗。

大概是父女心有灵犀，否则，得知女儿离世消息的钱锺书断然不会那样镇定。但杨绛知道，即使锺书有累、有苦，也只会自己藏起来。他深知，和自己同样高龄的杨绛，再也承受不住任何打击。

然而，没过多久，病情本已稳定的钱锺书忽然开始出现持续发烧的反复现象。尽管院方想尽办法，并组织了专家研究处理方案，也依旧没能控制住钱锺书迅速恶化的病情。杨绛也意识到，这是一个不好的征兆，她的内心由此变得格外慌乱。但在锺书面前，她依旧保持着自己特有的从容与淡定，替他打理各种琐事。

有一天，有人带着钱锺书的诗集《槐聚诗存》前来医院拜访钱锺书和杨绛，想请他俩签名留念。看着久病憔悴的钱锺书，杨绛不忍心他被打扰，于是便替他盖章代签。签名时，杨绛还特意将钱锺书的名字写在了自己名字的前面，她一边盖章一边笑着说：“夫在前，妻在后。”

的确，她与钱锺书相爱相守六十三年，经历过青春年少时的花前月下、经历过异国求学时的孤苦无助、经历过连年征战时的艰苦惧怕、也经历过政治风暴下的水深火热……无论何时，她都是他有力的后盾；无论何时，他都是她默契的知音。他们对彼此的爱，从没有因为时光的长短、生活的繁杂而有任何改变；他们的爱情，像盛开的木棉那样热烈纯情、生生不息。

在钱锺书修行人间的最后一段时日里，痛失爱女的杨绛表现得异常坚强，她想用自己瘦弱但坚强的臂膀，支撑起这个即将支离破碎的家。“锺书病中，我只求比他多活一年。照顾人，男不如女。我尽力保养自己，争求‘夫在前，妻在后’，错了次序就糟了。”

即使身在炼狱，杨绛心中所牵挂的，仍是钱锺书。她小心翼翼又安安静静地守在钱锺书床边，用他们两人彼此能懂的家乡话进行交流，细心又周到地为钱锺书洗脸、擦手……杨绛用温柔而安静的爱，全力为钱锺书留下生命里的最后一缕光明和温暖。

1998 年 12 月 19 日，伴随着杨绛在钱锺书额头上的轻轻一吻，一代文学大师追随她的爱女而去。

“遗体只要两三个亲友送送，不举行任何悼念仪式，恳辞花篮花圈，不保留骨灰。”在生命的最后几天，低调的钱锺书如此嘱咐自己的爱妻杨绛，他想用最朴素最简洁的方式，与人间告别。

最懂钱锺书的人是杨绛，钱锺书走后，杨绛为他穿上了他生平最喜欢的行装，有好几件都是她亲手为锺书缝制的。同时，杨绛按照他的吩咐，举行了简单到极致的葬礼，没有鲜花和挽联，也没有任何应情应景的布置，只有一身素雅的钱锺书静静地躺在那里。他穿着一件黑色的呢子大衣、戴着一顶深蓝色的贝雷帽、系着一条灰色的围巾，跟平时没什么两样。

纯白的床单、苍郁的松柏与躺着的钱锺书交织在一起，庄重而肃穆，在杨绛亲手制作的花篮里，紫色的勿忘我和浪漫的玫瑰交错缠绕，肆意而动情。就连最后的送行，也只有家人和闻讯赶来的至亲、好友；摘下眼镜，安静而又仔细地看了钱锺书最后一次，杨绛的目光便与远方的混沌和空灵化为一体。这最后一别，从此山水相隔、不知彼此；这最后一别，从此天上人间、不知所踪。

杨绛就那样坚定而又空落地站着，前来送别锺书的亲友们怕她太过忧伤，便劝慰她离开休息一下，可是，任凭旁人怎么劝说，杨绛就是不肯离开。虽然锺书去了，但她的内心深处有一个急切而笃定的声音传来：只要你站在这里，像从前一样守护着锺书，他就会再次回来。所以，杨绛才会站得那样干脆、坚定而持久，只是，这一次，锺书的离开已然不是梦境，而是活生生的现实。杨绛知道，纵然她哭天抢地、献出生命，也依旧换不回锺书。

站了许久，所有的仪式终于结束。疲惫不堪的杨绛回到家中才发现，日日回来的屋子里竟是尘埃遍地。接连的悲痛让她喉咙发酸，她呆坐在那里，不知道明天要去向何处，恍惚中，她记起锺书生前安排她做的最后一件事：那就是好好活。她知道，自己已经别无选择。

在锺书离世后的最初那段时间，曾有后辈登门拜访，看到杨绛一个人孤零零地坐在那里的背影，那个后生就忍不住哭了起来。杨绛看到了，就赶忙拉起她的手劝慰道：

“你比钱瑗小四岁吧！傻孩子，我都挺过来了你还这样哀伤？你不懂呀，如果我走在女儿和锺书前面，你想想，钱瑗、锺书受得了吗？所以，这并不是坏事，你往深处想想，让痛苦的担子由我来挑，这难道不是一件好事吗？”

在刚刚经历了生离死别之后，身心都遭受重创的杨绛还能如此安慰替她伤心的人，倘若没有极高的修行，平常人根本难以做到。但杨绛做到了。

锺书死后，本就低调的杨绛更加深居简出、删繁就简。她把所有的不快都倾诉在文字里，通过一个个温暖而具有人情味的文字，把女儿和锺书拓印下来。哪天天气不好、心情很糟的时候，拿出来看看就会温暖无比。

生死想念，矢志不渝，锺书是她温暖明媚的春天。沧海桑田，四季轮回，她与他，始终相伴。

## 逃向何处？终是“书”

每一段岁月、每一段记忆，都有一个密码。只要时间、地点、人物组合正确，无论尘封多久，所有的情境都会在某天清晰重现。你以为事情过去了，你忘记了，就不再心有所系，其实，最后才发现，过去的只是时间，你依然逃不出、避不开无能为力的宿命。

所谓生命，就是不停地在别离中崛起、成熟的过程。因为有了更多的承受，我们才更懂得：珍惜拥有。

对杨绛而言，她拥有一段纯净至美的爱情；对锺书而言，他拥有一个完美无憾的人生。他们是志同道合的夫妻和战友，也是亲密无间的情人和朋友；他们倾尽一生的时间去守护彼此、去牵挂想念。即使后来，锺书走了，她依旧与他在他们的另一个世界，如影相随、谈笑风生。

她一个人翻看旧书，一个人读书写字，一个人发呆幻想。但在她心里，始终有锺书相陪。

有天，她翻看孟森的《明清史论著集刊》旧书，忽然发现，书中还有钱锺书生前阅读时所做的一些标注。于是，她便细细翻阅，试根据这些标注的内容来揣摩当时锺书的心理。看着看着，杨绛就忽然记起，小时候自己对孟森先生行鞠躬礼的场景，于是情不自禁地笑出声来，她想把这个惊喜说给锺书听，话还没说出口，便惊觉锺书已然不在。

她是失落的，那一刻，心空荡荡的，像徘徊在迷途的游子一般，不知自己将要去往何处。自锺书去世后，杨绛的生活更加素简，房间里的摆设特别简单且没有变过，也没有多余的装饰，远观即知，这屋子的主人必然清简、淡然、安之若素。

杨绛的确是这样的，对于生活，她几乎没有什么要求。唯一所愿，只是能多读书、读好书罢了。很多时候，她一个人待在屋里读书、写字，像不谙世事的孩子。在钱锺书死后的十几年间，她几十年如一日，手抄丈夫的书稿遗作，同时，又先后创作出大量的优秀作品。

“钱锺书逃走了，我也想逃走，但是逃到哪里去呢？我压根不能逃，得留在人世间，打扫现场，尽我应尽的责任。”

2001 年，《钱锺书集》在三联书店出版。此时，年近 90 岁的杨绛开始了另一项庞大而繁重的工作：誊清、粘贴、整理钱锺书生前留下的大量手稿和读书笔记，交由商务印书馆影印出版。

“这大量的中、外文笔记和读书心得，锺书都‘没用了’，但是他一生孜孜矻矻积聚的知识，对于研究他学问和研究中外文化的人，总该是一份有用的遗产。我应当尽我所能，为有志读书求知者，把锺书留下的笔记和日札妥为保存。”

为此，她翻遍了家中的柜子、抽屉、纸袋、麻袋等所有能放稿子的地方，竭尽全力将钱锺书所有零零散散、几经辗转的稿子收集在一起。

在全面承担了搜集整理钱锺书遗作这项艰巨的任务后，杨绛封自己当了个官：钱办主任。为了尽到“钱办主任”的责任和义务，高龄的杨绛不辞劳苦地将钱锺书已经碎裂的稿子一点点粘贴起来，重新装订、审核；对于那些没有经过钱锺书确认的稿子，杨绛舍不得放弃它们，就亲自审核出版作为资料供人使用；对于那些字迹已经相当模糊看不清楚的手稿，杨绛就凭着对锺书的了解一点点复原……由于钱锺书的手稿数量众多，且涵盖英文、法文、德文、意大利文等多种语言，整理起来难度非常大。同时，杨绛对德文和意大利文又鲜少涉及，更使整理手稿难上加难，好在，有《围城》的德文翻译者莫芝宜佳博士的帮忙，为杨绛减少了许多麻烦。

在杨绛的精心整理下，许多辗转流离已经碎裂的稿子得以重见天日。钱锺书的中文笔记，数量庞大且内容高深，还与日记混在一起，里面不仅有每天发生的事情，而且有对当天所读之书的观点和看法。杨绛便从这里细细挑选出有用的，再进行抄写、校对。

除去大量的中文和外文笔记，钱锺书的手稿中还藏着大量的“日札”，这些“日札”深刻地记录着钱锺书读书时的心得体会。记录这些心得体会的大部分是中文，但也穿插着外文，因此看上去密密麻麻又繁琐复杂，整理难度很大。但杨绛的功夫了得，她用尽毕生精力，竟然将钱锺书的浩瀚手稿全部整理完成。

后期清点显示，钱锺书共有外文笔记178册，3.4万页；中文笔记3万多页；“日札”23册，2000多页。由此可知，杨绛为整理钱锺书的遗作耗费了大量心血。

为了最大限度地还原钱锺书的手稿，出版社还引进了最为先进的扫描仪设备，并指派了专员负责此事。在为期两年的时间里，工作人员将每一篇手稿都扫描下来，分成小区，然后再分别用技术手段去除污点、调整清晰度，力求最大程度地保真。

经过为期两年的精雕细琢，2000年，耗资300万元的《钱锺书手稿集》部分顺利出版。2015 年年底，72 卷的《钱锺书手稿集》终于全部出版。我国的文化历史上，再添一笔宝贵的财富。

> “六十六年前，钱锺书曾对我说：‘我志气不大，但愿竭尽毕生精力，做做学问。’六十年来，他就写了几本书。《钱锺书集》收录了他的主要作品。凭他自己说的‘志气不大’，《钱锺书集》只能是菲薄的贡献。我希望他毕生的虚心和努力，能得到尊重。”

对钱锺书甚为了解的杨绛还倾注大量心血，收录了钱锺书的全部著作，集成了《钱锺书集》。书籍中的文字全部是繁体且为横排，很多作品都有对应的注释。比如，《对雪》《柳枝词》《塞上》等，内容翔实而准确，为后人借鉴学习提供了珍贵的史料。

曾经的三人，如今只剩下杨绛自己。虽然她想逃离，但为了锺书，为了女儿，她必须好好地活下去。可是，孑然一身的日子太过清苦，她受得了寂寞却逃不开想念，夜深人静的时候，清梦入心，她总能看到锺书和女儿正朝着自己一步步走来。

绵长的思念，那样真实而强烈。整理锺书的手稿和遗作，仿佛再一次与锺书相遇一般，虽然辛苦却美好无比。看着锺书留在纸上的细细碎碎的文字，就仿佛看到了锺书一颦一笑的样子；看到了锺书留在纸上的所思所想，就仿佛看到了锺书或喜或忧的表情。她知道此生的自己已然逃脱不掉，因为无论未来去向何处，锺书与锺书的书，始终与自己日夜相随。

2003 年，《我们仨》出版问世，杨绛用细密灵动的文字，将自己对锺书和阿瑗的最深切绵长的怀念留于世间。那些再平常不过的温暖场景、那些再普通不过的家常对话，字字生温，句句生情，感动了无数中国人。

时隔四年后，96 岁的杨绛又推出一本散文集《走到人生边上》，探讨人生价值和灵魂的去向，被评论家称赞：“九十六岁的文字，竟具有初生婴儿的纯

真和美丽。”她的从容和优雅，一览无遗。

一场温情浪漫的世纪佳缘，伴随着钱锺书的离世戛然而止，但杨绛用充满张力的文字，为自己营造出一个与钱锺书相依相偎的人间天堂。在那里，他们随时可以团聚，也随时可以喜悦；在那里，伤痛之时有人劝慰，喜悦之时有人分享。

在依稀清醒的梦境里，杨绛看到了年少的自己正朝着清华走去，满园的丁香花随风摇曳起来，钱锺书就站在那样馥郁的花影里，时光那样静好。

有阳光晕开的闪烁亮影打到了图书馆的书籍上，所有的心动怦然回归。那一刻，杨绛再次知道，自己对“书”的喜爱，竟有令她不能自已的旷世之妙。

# 第九章

# 山水一梦，世间再无“先生”

许多人称杨绛为“先生”，不仅与她倾其一生做学问、为中国文化所做出的贡献有关，还与她淡泊雅致的文人风骨有莫大关系。她在自己短暂又漫长的百年人生中，不仅创作了众多经典佳作，同时也留下了百年芳华。

她的不屑争抢、乐施善行，她的淡泊名利、从容平和，她的善解人意、知书达理……所有美好的词语，用在她身上似乎都不为过。百年岁月，似乎没在她身上留下一丁点痕迹，她依旧谦逊、依旧随和、依旧温婉，仿佛时光只能带走容颜，而其余的一切都与之无关。

她在彰显浮华的尘世间穿梭，却始终埋头做着自己喜欢的事；她在物欲横流的人世间行走，却始终对名利充耳不闻。她低调得像一阵春风，蔚然拂过久眠的土地，一旦万物复苏，她便欣然离开。

而今，这样美丽的她，终于在白发苍苍、心愿达成后，安然“归家”。就像出生时只带来哭声一样，离开的她也保持着鲜有的安详，她静静地、默默地，在广袤无边的暗夜里，将自己所有的“污秽”洗去。没有鲜花，没有葬礼，也没有骨灰，她从天堂里来，而今，再回归天堂里去。

她一个人静静地，走进彩虹，去找她的阿瑗和锺书。

从此，山水一梦，漫长的人世，便再无“先生”。

## 修身养性，不屑争抢

喧嚣红尘，转眼便已物是人非，唯有宁静是亘古不变的强大力量，就像睿智的人往往话语不多但却字字珠玑一样，让人在迷惘之时受益匪浅。

穿越百年风雨，经历坎坷洗礼，杨绛，成为一个时代的独家记忆。她是钱锺书心里完美的妻子、朋友、情人，也是众人眼中的才女、先生、学者；她平和而从容、安静而淡然，是行走在人间的千翠兰，纵然旱沙炙烤，依旧气定神闲、从容不迫；她与钱锺书伉俪情深，永远坚定而毫无怨言地站在他的背后，不依附、不争抢，沉稳而自得。

在风起云涌的人生里，杨绛用一个女人独有的淡然心性诠释着豁达与从容的真义；在烟熏火燎的厨房中，她用包容与挚爱践行着贤良与淑德的内涵。

我和谁都不争，和谁争我都不屑；

我爱大自然，其次就是艺术；

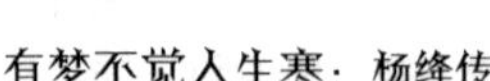



我双手烤着，生命之火取暖；

火萎了，我也准备走了。

1991年，杨绛在其所著的散文集《杂忆与杂写》的自序中，翻译引用了这首诗，以表达她晚年删繁就简度日的心境。杨绛还多次将它置于自己作品集的卷首，旨在用这首表现通达从容、积极乐观的人生态度和宁静淡泊、铅华洗尽的人生境界的小诗来修炼、提升自己。这样一首明净的小诗，恰恰是对杨绛修身养性、不屑争抢的真实写照。

晚年的杨绛，在控制饮食上尤为严格，基本不吃或者尽量少吃油腻的食物。读书、写作之余喜欢买大棒骨敲碎煮汤，再用这样的骨头汤煮黑木耳，每天喝一小碗，用来保持骨骼的硬朗。除此以外，她还习惯每日早上散步、做大雁功，时常徘徊树下，低吟浅咏、呼吸新鲜空气。高龄后，每天外出已然不便，于是，她就将每日的户外活动改为在家中慢走7000步，并始终坚持着。

规律的生活下，是杨绛深居简出的恬静淡然。其实，早在年轻时期的杨绛，便不喜欢嘈杂之所。她坐拥书城、才华满腹，晚年更是远离是非，除了与书为伴，几乎不问世事。不争不抢，成了她的伟大和不朽之处，但她的和谁都不争，并不是没有原则和底线的一再妥协与退让，而是坚守内心深处那一方净土的信念和信仰。

在1966年，“文化大革命”爆发，许多知识分子受到来自江青反革命集团的残酷迫害。钱锺书在中国社科院被贴了大字报，还要带着政治帽子游街示众。杨绛不忍看恃才傲物的钱锺书受到这等冤枉和污蔑，便在大字报下边的一个角落里贴了小字报申辩，据理力争地大喊：“就是不符合事实！就是不符合事实！”

所以，杨绛绝不是个娇弱的女子。她的不屑争抢，只是她淡泊名利、泰然处事的一种心性而已，但倘若有人故意攻击她的底线，她也会与之拼个鱼死网破。

日军侵华后，上海遭到了空前的管制。凶狠残忍的日本人，四处设置关卡，对来往行人进行盘查，稍有不慎便会招致杀身之祸。当时的杨绛在小学教书，需要从位于拉菲德路的钱家乘车到法租界，然后再步行相当长的一段距离，穿越不是法租界的区域后，再乘车才能到达学校。

从家里到学校的第二段车程，需要经过黄浦江大桥，桥上有许多日本兵把守。“上级”规定，桥面上只允许空车通过，如若车里有乘客，必须下车步行过桥。而且路过日本兵哨位的时候所有人都要站起来鞠躬。文人杨绛本是一个弱小女子，但她却傲骨在身，对这种“屈辱”行径尤为深恶痛绝，于是，在别人都起身鞠躬行礼时，她故意晚站。这个小举动立即就被日本兵发现了，他们瞬间大怒、凶神恶煞般地走到杨绛面前，使劲儿用食指把杨绛的下巴往上抬。日本兵的狰狞面目瞬间让杨绛火冒三丈，她义正词严地盯着那个日本兵的眼睛，狠狠地说道：“岂有此理！”

当这四个铿锵有力的字从杨绛嘴里迸出之后，车上瞬间鸦雀无声。许多乘客暗自替杨绛捏把汗，要知道，如此公然地顶撞日本人，他们一定不会放过她。但没想到，习惯了管制中国人的日本人也被坚决反抗的杨绛镇住了，他盯着杨绛，与其对峙了很久之后，终于转身下车离开。

瘦小的杨绛，用行动诠释了自己“不屑争抢”的真性情。这个不屑，是淡然于物外的悠然洒脱，而绝不是卑躬屈膝的委曲求全；这个“不屑争抢”，是淡泊名利的从容心性，而绝不是任人宰割的懦弱无能。所以，在万般受辱的混沌洪流中，她断然不肯低头向日本兵鞠躬行礼，这是她女者侠气的集中体现，也是她作为“先生”的崇高气节。

世间万物，各有所长。芸芸众生，各有其命。杨绛的不屑争抢，建立在她宽容待人的豁达之上，也建立在她“随遇而安”的人生态度里。

“在这个物欲横流的人世间，人生一世实在是够苦的。你存心做一个与世无争的老实人吧，人家就利用你欺侮你。你稍有才德品貌，

人家就嫉妒你排挤你。你大度退让，人家就侵犯你损害你。”

杨绛的这番话，道出了她一生为人处世所遵循的准则。

世间所有的物质诱惑，于她而言不过是一滴清水。没事，绝不去惹是生非；有事，也绝不畏缩不前。她的不屑争抢，完全建立在保持自己尊严和硬气的基础上，因此，即使有抵抗，也无关乎抱怨、追究。

“宁为玉碎不为瓦全”。这就是真实的杨绛。

## 俭以养德，乐施善行

纷扰红尘，许多人会为了追求生活的舒适度，而去花费大量的时间赚取钱财。他们把毕生的精力用在经营、谋利上，因而错过了沿途中的许多美景。长此以往，他们的生活节奏越来越快，与亲近之人的交流也越来越少，对幸福的感知能力也就越来越低下。

杨绛是幸运的。她遇见了与自己一样勤俭节约、视时间如生命的钱锺书，所以，他们的一生是那样波澜不惊、温暖平和。在颠沛流离的辗转中，他们心有所系地抓紧彼此的手；在风雨飘摇的奔波里，他们为了能见到对方而不惧万里路程。他们的爱是最坚定的，越是贫穷，他们的内心便越是安宁。

1974 年的 5 月，杨绛和钱锺书告别了北师大的诸多朋友，迁入学部七号楼西头的办公室。在那个集吃、喝、拉、撒、睡功能于一体的不大的办公室里，杨绛和钱锺书依旧读书、写作，生活怡然自得。临室和他们一样，基本都是一室一家，走廊尽头便是家家的厨房，女厕在临近厨房的地方，男厕则在东尽头。

所住人口多，且集中使用生活设备及场所，这里的烦乱与嘈杂可想而知。可即使身处市井，夫妻二人依旧保持着往日的“向上之气”，他们以书为伴，虽然身处陋室，内心却极为安适。钱锺书翻译毛主席诗词的工作，就是在这间简陋的办公室里完成的。

近门有个洗脸架，旁有水桶和小水缸，这就是杨绛家里的上下水道了。在铁架子顶上搭上一条木板，锅碗瓢盆就在这里安了家，两壁是借用的铁书架，但没有横格。有人用干校带回的破木箱，横七竖八地搭成格子，杨绛和钱锺书所用的书和笔记本都放在木格子里。顶着西墙，横放着两张行军床，中间隔着一只较为完整的木箱，两人便有了床头柜兼衣柜。北窗下放了一张中不溜的书桌，那是钱锺书的工作桌。临近南窗贴着西墙那里放置的一张小书桌，是杨绛的“阵地”，工程量浩大的《堂吉诃德》，就是在这个书桌上完成的，小小的桌子，实在没有太大的地方，杨绛仅仅只放了一沓稿纸和一本书，桌子就已被占满，因此，许多大词典不得不摊放在床上。

每当北京漫长的冬天到来，供暖不足的暖气片经常让屋里的二人感觉到寒冷，但他们不愿去麻烦别人，于是就亲自动手找出一处空地，生了一只煤炉。到了夏天，再将大门上挂上一扇竹帘子，四季轮回便再无牵挂。

袁水拍得知情况后，几次提出要帮杨绛和钱锺书改善工作环境，都被两人婉言谢绝了。对于这个又小又破旧的房子，杨绛和钱锺书都甚为喜爱，他们觉得，这个小小的家距离资料室近，既方便又舒服，根本没有搬家的必要。

杨绛一生极为朴素，对于吃穿，她基本没有要求。她的许多衣服都不时髦，但看起来十分干净、整洁。岁月的磨砺，极大地陶冶了她的心性，因而无论什么衣服，只要穿在她的身上，都能散发出一种温婉典雅的气质来。阿瑗走后，杨绛看到女儿的有些衣服和鞋子还能再穿，便不舍得扔掉，她独居时经常穿着的一双拖鞋，就是女儿阿瑗的。

朴素的杨绛，却有颗乐于助人的心，以前居住在大院的时候，许多邻居遇到困难总喜欢来找她，善解人意的她也很乐意帮忙。对于年轻人，杨绛总会给予其力所能及的帮助，同时也会给一些善意的告诫。

有个年轻人高中毕业的时候给杨绛先生写了一封长信，信里不仅表达了自己对杨绛的仰慕之心，同时也对她倾诉了自己长久以来的烦恼。看完信件后，杨绛便快速地回信给他，除了必要的寒暄和受益匪浅的鼓励之词外，杨绛还着重总结了一句话：“你的问题主要在于读书不多而想得太多。”

杨绛退休时，正是我国退休制度刚刚建立之时，由于没有样板可以参考，对各种因素的考量也就相对不够周全，因而杨绛的退休金并不多。但尽管如此，她依旧在清贫的生活中，践行着自己乐善好施的人生信条，几十年如一日地坚持资助贫困学生。

为了让“钱”发挥更大的社会价值，早在1995年钱锺书病重之时，他们一家三口就已商量好了一件事，那就是将来倘若他们有钱，就捐助一个奖学金，这个奖学金的名字就叫“好读书奖学金”，主要用来鼓励和帮助那些家境贫寒的学生。

此后不久，阿瑗和钱锺书相继离世，悲痛万分的杨绛践行先前与家人的约定，于2001年上半年将所获的72万元稿酬现金全部捐赠给清华大学。此后，她还和清华大学协定，以后出版的所有作品所获报酬的权利，全部捐赠给清华大学教育基金会。2011年，在清华大学“好读书”奖学金捐赠仪式上，杨绛说了这样三句话：

> “在1995年钱锺书病重时，我们一家三口共同商定用全部稿费及版税在清华设一奖学金，名就叫‘好读书’，而不用个人名字；奖学金的宗旨是扶助贫困学生，让那些好读书且能好好读书的贫寒子弟，能够顺利完成学业；期望得奖学金的学生，永记‘自强不息、厚德载物’的清华校训，起于自强不息，止于厚德载物，一生努力实践之。”

杨绛以此寄语那些寒门子弟，努力学习知识、练就本领，成为可用之才。

“我们一家三口都最爱清华大学”。在人生的际遇里，杨绛“三进清华”、钱锺书被清华“两次破格录取”的佳话广为人知。在这个书香氤氲的历史名校里，她们的女儿阿瑗也从中汲取知识、获得营养。

“好读书”是杨绛和钱锺书的共同志趣。几十年前，他们因这一共同志趣牵手一生；几十年后，杨绛因这一志趣怀念锺书、再创佳作。缘分是奇妙的，它往往在不经意的时间到来。

以素雅之心，行人生之路。正是杨绛的乐施善行，为“我们仨”的团聚带来了契机。

## 淡泊名利，突陷风波

浅浅相逢，淡淡相守。任凭尘世无限繁华，最终也都会归于沉静。所以，莫不如就选择这样一种安然的姿态，静静守候，将所爱的人收藏，将离去的人淡忘，任槛外人自由观望。这既是一种超凡脱俗的人生之境，也是一种安然生存的心灵之境。

杨绛淡泊名利广为人知，她不会刻意为自己做宣传，也不会因名和利而产生丝毫的争抢之心，她一直绝世而独立地在自己的人生轨道上，缓步而行。

有一年，她的新著出版，出版社有意请她“出山”，召开作品研讨会。杨绛坦陈：

“我把稿子交出去了，剩下怎么卖书的事情，就不是我该管的了。而且我只是一滴清水，不是肥皂水，不能吹泡泡，所以开不开研讨会——其实应该叫作检讨会，也不是我的事情。读过我书的人都可以提意见的。”

杨绛不想把自己的名气当作获取金钱的筹码，更不想把自己的思想强加在别人身上，所以，她严词拒绝。

对于身外之物，杨绛看得尤为透彻。她素简清淡的日常生活与她深居简出的读书写作相得益彰，一个世纪的风风雨雨，在她身上折射成一道通透靓丽的彩虹。世间越是复杂，她就越是纯粹。

杨绛有篇散文名为《隐身衣》，文中直抒她和钱锺书最想要的“仙家法宝”就是“隐身衣”。想要借此隐于世事喧哗之外，陶陶然专心治学。她和钱锺书一样，出了名的不喜欢过生日，因此，九十岁寿辰之时，她为避免打扰，专门躲进清华大学招待所住了几日。

“我无名无位活到老，活得很自在。”在杨绛心里，名利是压身的重器，多不如少，少不如无。但令她始料未及的是，她的淡然隐世并没有换来日后的平静，一场突如其来的拍卖会，让她一人原本平静的生活再起波澜。

2013 年 5 月，“《也是集》——钱锺书书信手稿”专场拍卖会即将举行的消息见诸报端，引起了社会各界的高度关注。消息称，在此次举行的拍卖会上，将对 66 封钱锺书书信和《也是集》手稿、12 封夫人杨绛的书信和《干校六记》手稿和 6 封女儿钱瑗的书信进行集中拍卖。珍贵手稿即将大规模面世的消息，瞬间吸引了收藏界、文学界乃至法律界的强烈关注。

听此消息，向来不问世事的杨绛震惊极了。作为全家三口人中唯一健在的，102 岁的她没有想到，在自己的女儿和丈夫相继离世后，竟然有人要将他们一家三口的私人信件公之于众。这对极其重视家庭的杨绛而言，无疑是天大的挑战。

于是，她不顾疲累，立即给这批手稿和书信的持有人，曾任《广角镜》总编的李国强打去电话：

“我当初给你书稿，只是留作纪念；通信往来是私人之间的事，你为什么要把它们公开？你为什么要这样做？请给我一个答复。”

但是，对于杨绛的质问，李国强当时并没有立即回复。面对朋友的公然“出卖”，杨绛惊诧之余伤心不已：

> “此事让我很受伤害，极为震惊。我不明白，完全是朋友之间的私人书信，本是最为私密的个人交往，怎么可以公开拍卖？个人隐私、人与人之间的信赖、多年的感情，都可以当作商品去交易吗？年逾百岁的我，思想上完全无法接受。希望有关人士和拍卖公司尊重法律，尊重他人权利，立即停止侵权，不得举行有关研讨会和拍卖。否则我会亲自走向法庭，维护自己和家人的合法权利。”

一生淡泊名利，怎奈突陷风波。对于百岁高龄的杨绛来说，为捍卫家人的权益而走上法庭，实在不是她所愿意的。况且，她和锺书及钱瑗，与这批书信、手稿的持有人李国强系朋友关系，三人曾先后向李国强寄送私人书信共计百余封，上述信件皆由李国强保存。如果对他没有足够的信任，杨绛断然不会将如此重要的东西交给他，因此，不喜出现在公众视野的杨绛真实而迫切地希望，拍卖会风波能就此平息，但她的质问并没有得到及时的回应。

2013 年 5 月 26 日，杨绛发表公开信，坚决反对钱锺书及其本人、女儿的私人书信被拍卖。27 日，在制止无效的情况下，杨绛代理律师向中贸圣佳发出律师函，随后向北京二中院提交了诉前禁令申请书。

拍卖风波宛如一潭沸水，仍在社会各界的关注中持续地发酵着。2013 年 6 月 1 日，杨绛读报时得知，保利拍卖公司亦有三封钱锺书、杨绛信件，且对方已放出消息，将于 6 月 3 日上拍。于是，6 月 2 日一大早，杨绛的代理律师便火速向保利公司发函，希望对方能立即停止侵害。当天下午，杨绛也发出紧急声明，义正词严地反对保利在内的拍卖机构拍卖钱锺书和自己的书信，并表示绝不妥协，一定坚持维权到底！各媒体网站很快播发。

“现代社会大讲法治，但法治不是口号，我希望有关部门切实履行职责，维护公民的‘通信自由和通信秘密’这一基本人权。我作为普通公民，对公民良心、社会正义和国家法治，充满期待。”

杨绛恳切的话语，感动了无数国人，很快就得到了大众的声援和支持。2013 年 6 月 2 日 18 时许，保利拍卖公司在其官网上公告，称钱锺书和杨绛的三封信件撤拍。一直心弦紧绷的杨绛，这才稍微放松一些。2013 年 6 月 6 日，中贸圣佳拍卖公司在法院发出禁令三天后，宣布停拍钱杨书信手稿。这是新民事诉讼法实施以来，该院发出的首例知识产权诉前禁令。

为了能够在法庭开庭审理时提供证词，不宜出庭的杨绛于 10 月份拍摄了录像。在录像中，态度坚决的她如是说道：

“我打这官司，不仅是为自己，也是为了大家，否则给别人的信都可以拿来拍卖，那以后谁还敢写信？社会上人与人之间的信任和承诺都没有了。两位被告做错了事，就应承担责任。”

对于荣誉，杨绛并不在乎；但对于名誉，她则有着天生的敏感。2014 年 2 月 17 日，法院正式对钱锺书书信手稿拍卖案宣判：中贸圣佳国际拍卖有限公司停止侵害书信手稿著作权行为，赔偿杨绛 10 万元经济损失；中贸圣佳公司和李国强停止侵害隐私权行为，共同向杨绛支付 10 万元精神损害抚慰金，并向杨绛公开赔礼道歉。

到这里，拍卖事件似乎结束了，但事实上，还有麻烦源源不断地朝杨绛涌来。

对于北京二中院对拍卖案件的审判处理结果，中贸圣佳公司并不认同。不久之后，该公司便上诉此案至北京市高级人民法院，然而，上诉结果让中贸圣佳公司再度被失望袭击。

2014 年 4 月 10 日，北京市高级人民法院对此案做出二审裁定，驳回中贸圣佳公司的上诉，维持一审原判。至此，持续了将近一年的拍卖风波终于结束，得到的所有赔偿金，杨绛也悉数捐赠给了清华大学法学院，她希望孩子们能得到更多的法制教育，懂法、守法，能在受到他人不合法的侵犯时，勇敢地维护自己的合法权益。

生而淡泊，是杨绛的天性，她行走在繁杂的尘世，内心却干净得如同孩童。山水一梦，名利不过浮云而已，唯有“我们仨”，是不容侵犯的神圣领地。

因为，那里根植着她高贵的灵魂。那里，是她为之奋斗了一生的成果。

## 人生边缘，百岁感言

杨绛的一生，是充满波折的。

她于民国时降生，恰逢革命风暴；她在帝国主义侵华时赴京求学，恰逢中国遭受枪林弹雨；她于战时出国留学，居家万里无依无靠；她于抗战中辛苦奔忙，只为在风雨飘摇中维持生计；她一心不涉足政治，却被无辜卷入一系列政治斗争中；她一生坐拥书城、厚积薄发，却被钱锺书的光环遮挡……女儿和丈夫的先她而去，让她一度悲痛不已。但等到所有都尘埃落定，她依旧能一脸从容地坐下来，怀着感恩和温暖来写《我们仨》。饱含深情的文字，那样安然、温暖而平静，即使万分孤苦的日子，她也能让文字在缄默的时光中开出花来。

女儿阿瑗和丈夫钱锺书走后，本就喜欢安静的杨绛更不喜被人打扰，尤其是在她生命的最后几年，大部分时间，杨绛几乎都闭门谢客。“闭门即深山”，关上了门，就仿佛关上了世间所有的喧嚣与烦琐，关上了门，她就能静静地又暖暖地，与阿瑗和锺书相会。

北京三里河的家，是杨绛的“深山”。那是一座三层的红色小楼，住着为数不多的人家，杨绛就住在那个到处是裸露的红砖，阳台也没有封闭的屋子里。灰色的水泥地面、旧式的钢窗、粗布的沙发，杨绛家中的装饰就如同她的人一样，干净利索、简约到极致。如果观察得够仔细，还能看到屋内的天花板上留下的几个稍显灰色的手印，那是她在七十几岁时，在桌子上摞凳子，然后再在凳子上摞凳子换灯泡时留下的。客厅挂着“我们仨”的照片，照片里，留着三人灿烂的笑容。所有的风风雨雨，在这样温暖的笑容里，仿佛被冻结了一般，暖得出奇。

政府提出要为杨绛装修房子，她婉言谢绝了：“虽说是国家的钱，到底是老百姓的，所以不要破费。”虽然身处陋室，但杨绛始终心系天下。

一个人的日子是难熬的，为了不让到处扩散的思念冲垮了自己，晚年的杨绛花在读书、写作上的时间更长。每当看书看得倦了，她就抬头看看外面，被水泥钢筋包裹的屋子外，那一方蓝天竟然如一块熨帖的丝带，那样悠然而高远，亦如三个人一起经历的那些年，那样坎坷而幸福。

2010 年 7 月 17 日，杨绛迎来了自己 99 岁生日。按照老家无锡的传统，“做九不做十”，于是，杨绛的百岁寿诞放在这天庆祝。当时，钱锺书的堂弟钱锺鲁曾问嫂子，“百岁寿诞想怎么过？”电话中的杨绛只是轻描淡写地回复：“各自在家，为我吃上一碗长寿面即可。”

杨绛从不做寿，也不喜欢别人说高调的话。尽管已经走到了人生边缘，但对她而言，死亡并不可怕，它是人生必然要走向的终点，任何人都无法逃避，所以“既来之则安之”。所有的岁月，只要有书，就平静而充实。她宠辱不惊地活在自己的世界里，用责任和专情，将来自她的爱传递给身边的每一个人。

作家吴泰昌，是杨绛的好友。阿瑗和锺书走后，吴泰昌偶有空闲，便会去看望杨绛，有时恰好碰到杨绛刚出新作，她就会送他一本。当时的吴泰昌并没有注意，回家一看，惊奇地发现，书中偶有排错的地方，杨绛居然都已用笔细心改过，这让吴泰昌很吃惊，百岁高龄的杨绛依旧如此细致、认真，简直令人

难以置信。

杨绛的认真众所周知。有一次，杨绛请吴泰昌把自己新出版的文集捎给冰心，冰心收到书后，特意微笑着与书合影：“杨绛做事认真有规矩，你拍下照片送给她，以此为证。”

只有经历过人生的波澜，才懂得平淡的日子更为幸福，也只有经历过岁月的敲打，才更懂得生命的真谛。杨绛的一百岁感言，恰好点透了她的一生：

> 我今年一百岁，已经走到了人生的边缘，我无法确知自己还能走多远，寿命是不由自主的，但我很清楚我快“回家”了。
>
> 我得洗净这一百年沾染的污秽回家。我没有“登泰山而小天下”之感，只在自己的小天地里过平静的生活。细想至此，我心静如水，我该平和地迎接每一天，准备回家。
>
> 在这物欲横流的人世间，人生一世实在是够苦。你存心做一个与世无争的老实人吧，人家就利用你欺侮你。你稍有才德品貌，人家就嫉妒你排挤你。你大度退让，人家就侵犯你损害你。你要不与人争，就得与世无求，同时还要维持实力准备斗争。你要和别人和平共处，就先得和他们周旋，还得准备随时吃亏。
>
> 少年贪玩，青年迷恋爱情，壮年汲汲于成名成家，暮年自安于自欺欺人。
>
> 人寿几何，顽铁能炼成的精金，能有多少？但不同程度的锻炼，必有不同程度的成绩；不同程度的纵欲放肆，必积下不同程度的顽劣。
>
> 上苍不会让所有幸福集中到某个人身上，得到爱情未必拥有金钱；拥有金钱未必得到快乐；得到快乐未必拥有健康；拥有健康未必一切都会如愿以偿。
>
> 保持知足常乐的心态才是淬炼心智、净化心灵的最佳途径。一切快乐的享受都属于精神，这种快乐把忍受变为享受，是精神对于物质的

胜利，这便是人生哲学。

一个人经过不同程度的锻炼，就获得不同程度的修养、不同程度的效益。好比香料，捣得愈碎，磨得愈细，香得愈浓烈。我们曾如此渴望命运的波澜，到最后才发现：人生最曼妙的风景，竟是内心的淡定与从容……我们曾如此期盼外界的认可，到最后才知道：世界是自己的，与他人毫无关系。

——杨绛《百岁感言》

## 万人如海，女儿“归家”

唯有王城最堪隐，万人如海一身藏。

苏轼笔下的王城，处处流动着久远而铺张的繁华，每一个到过那里的人，都会在无形中被深深感染。但是，对身处其中的苏轼而言，却始终觉得“庭院深深”。一群人的狂欢中，只有他是孤寂的。时光匆匆、人海茫茫，所有都恰似繁华如梦，越是喧嚣，便越是想要逃离，而逃离的最好办法，便是归隐。

归隐是一种心境，是一种与世无争的淡然、豁达的态度。所以，陶渊明才会写出那句“结庐在人境，而无车马喧”的名诗。虽然他身在闹市，却丝毫听不到车水马龙的喧闹。

阿瑗和钱锺书走后，已经高龄的杨绛出门的时候就更少了。她偶尔散步、锻炼，如果路上遇到小孩子，便必然要停下来跟她们开心地嬉闹。其实，杨绛的“隐”，也并非因为年岁太过，而是她习惯了，她习惯了不因自己而影响到别人，也习惯了用自己的方式与这个世界相处。她悄悄隐身，却又在悄悄地影响着一个时代下的社会。

1983年，杨绛写了一篇自认为是“胡思乱想”的文章——《孟婆茶》，当时她已经72岁。文章中，她谈到了自己梦中的一件事情：她正乘坐一列露天的火车，随着众人一起被送往西天。而在去往西天的途中，大家都要喝一碗“孟婆茶”。喝了“孟婆茶”，便会忘记了这一生所有的人和事。可是，就在孟婆茶即将被送到茶楼上时候，她从传送带上跳了下来，于是，梦便醒了。

梦境是那样真实。对于杨绛，喝“孟婆茶”是必须的，但是她要在忘记人间世事之前，先将这些往事都记下来。所以，她写的好几篇文章，看起来都似乎很有因缘。

> “消失于众人之中，如水珠包孕于海水之内，如细小的野花隐藏在草丛里，不求‘勿忘我’，不求‘赛牡丹’，安闲舒适，得其所哉”。
>
> 在杨绛为自己所制的“隐身衣”里，她如此安然地写道。

一贯的温厚幽默，使杨绛的一生都保持着婴儿才有的纯真天性。她容不得假与恶，自己更是对俗世里的“虚伪”和“争抢”厌恶至极，所以，她总是静静地与书相伴。在书里，她找到了从前的岁月，找到了从前的锺书和自己。

她寂静又欢喜地回望着自己的来路、沉默而又从容地看着远方。许是她已经找到了与自己失散多年的“我们仨”中的钱锺书和阿瑗，且迫不及待地想要与他们团聚，于是，2016年5月25日凌晨，105岁的杨绛在无际的夜幕中，安静又平和地闭上了双眼。从此，她不用再穿越大半个北京城去看被病痛折磨的阿瑗；不用再为医院相见，却只能匆匆一面而懊恼遗憾；也不用再为分居三处的三人，作经常传递消息的联络员；更不用，每天钻进书里、文字里，与“我们仨”中的另外两人相见了……

“世间好物不坚牢，彩云易散琉璃脆”。曾经，那位书写过这句话的人，也终于随着琉璃冰盏的碎裂而消失远去，她带着自己终其一生所创作的文学作

品，欢喜万分地踏上了归途。那个归途的尽头，正是有钱锺书、阿瑗的家。

> “人间没有单纯的快乐。快乐总夹带着烦恼和忧虑。”
>
> “人间也没有永远。我们一生坎坷，暮年才有了一个可以安顿的居处。但老病相催，我们在人生道路上已走到尽头了。”
>
> “一九九七年早春，阿瑗去世。一九九八年岁末，锺书去世。我们三人就此失散了。就这么轻易地失散了。现在，只剩下了我一人。”
>
> “我心静如水，我该平和地迎接每一天，过好每一天，准备回家。”

那个曾经被杨绛称为“客栈”的寓所，终于随着她通往天堂的脚步，变成了真正意义上的家。她不用再在浩瀚如海的文字里寻找，也不用再在日日绵亘的梦境里追忆。她在竭尽全力地“打扫战场”后，已疲惫不堪，于是，她快马加鞭地踏上了归程。

摩肩接踵的人们，纷纷各怀心事地向自己的目的地走去，他们步履匆匆，形成了川流不息的人海。在涌动的人潮中，杨绛一眼就看到了锺书和阿瑗。至此，她孤清生活的日子终于结束。

只有经历过大的波澜，才会像杨绛一样，任世事变幻而平静从容；也只有经历过生活的锤炼，才会像杨绛一样，即使洞察一切也内敛谦逊。她的文字亦如她的人，从未传递给任何人以凄凉和疼痛，而只有温暖和清丽。她的作品丰厚而醇香，在你想要停滞颓败的时候，带给你勇敢前行的果敢和力量。

繁华落幕，重生启程。世间万千纷扰，终要拾级远去，但杨绛先生的百年芳华却随着时间的流逝越积越深。它们化作春雨，将漫山遍野的荒凉染绿；它们化作阳光，让喧闹不堪的俗世安宁。

# 附录一

## 杨绛经典语录

1. 你的问题主要在于读书不多而想得太多。

2. 故人笑比中庭树，一日秋风一日疏。

3. 围在城里的人想逃出来，站在城外的人想冲进去，婚姻也罢、事业也罢，人生的欲望大都如此。

4. 这个世界好比一座大熔炉，烧炼出一批又一批品质不同而且和原先的品质也不相同的灵魂。

5. 如要锻炼一个能做大事的人，必定要叫他吃苦受累，百不称心，才能养成坚忍的性格。一个人经过不同程度的锻炼，就获得不同程度的修养，不同程度的效益。好比香料，捣得愈碎，磨得愈细，香得愈浓烈。

6. 有些人之所以不断成长，就绝对是有一种坚持下去的力量。好读书，肯下功夫，不仅读，还做笔记。人要成长，必有原因，背后的努力与积累一定数

倍于普通人。所以，关键还在于自己。

7. 在这物欲横流的人世间，人生一世实在是够苦。你存心做一个与世无争的老实人吧，人家就利用你欺侮你。你稍有才德品貌，人家就嫉妒你排挤你。你大度退让，人家就侵犯你损害你。你要不与人争，就得与世无求，同时还要维持实力准备斗争。你要和别人和平共处，就先得和他们周旋，还得准备随时吃亏。

8. 世态人情，比明月清风更饶有滋味；可作书读，可当戏看。书上的描摹，戏里的扮演，即使栩栩如生，究竟只是文艺作品；人情世态，都是天真自然的流露，往往超出情理之外，新奇得令人震惊，令人骇怪，给人以更深刻的效益，更奇妙的娱乐。惟有身处卑微的人，最有机缘看到世态人情的真相，而不是面对观众的艺术表演。

9. 一个人不想攀高就不怕下跌，也不用倾轧排挤，可以保其天真，成其自然，潜心一志完成自己能做的事。

10. 上苍不会让所有幸福集中到某个人身上，得到爱情未必拥有金钱；拥有金钱未必得到快乐；得到快乐未必拥有健康；拥有健康未必一切都会如愿以偿。保持知足常乐的心态才是淬炼心智、净化心灵的最佳途径。一切快乐的享受都属于精神，这种快乐把忍受变为享受，是精神对于物质的胜利，这便是人生哲学。

11. 常言"彩云易散"，乌云也何尝能永远占领天空。乌云蔽天的岁月是不堪回首的，可是停留在我记忆里不易磨灭的，倒是那一道含蕴着光和热的金边。

12. 肉体包裹的心灵，也是经不起炎凉、受不得磕碰的。

13. 我们如果反思一生的经历，都是当时处境使然，不由自主。但是关键时刻，做主的还是自己。算命的把"命造"比作船，把"运途"比作河，船只能在河里走。但"命造"里，还有"命主"呢？如果船要搁浅或倾覆的时候，船里还有个"我"在做主，也可说是这人的个性做主。这就是所谓个性决定命运了。

14. 我是一位老人，净说些老话。对于时代，我是落伍者，没有什么良言贡献给现代婚姻。只是在物质至上的时代潮流下，想提醒年轻的朋友，男女结合最最重要的是感情，双方互相理解的程度。理解深才能互相欣赏、吸引、支持和鼓励，两情相悦。门当户对及其他，并不重要。

15. 我和谁都不争，和谁争我都不屑。简朴的生活、高贵的灵魂是人生的至高境界。

16. 所谓穷，无非是指不置办家产、自食其力，自食其力是没有保障的，不仅病不得、老不得，也没有自由支配自己的时间，干自己喜欢或专长的事。

17. 有修养的人，能喜怒不形于色。但不形于色，未必喜怒不影响他的判断选择。要等感情得到了相当的满足或发泄，平静下来，智力才不受感情的驱使。

18. 我们从来不唱爱国调。非但不唱，还不爱听。但我们不愿意逃跑，不愿意去父母之邦，撇不开自家人。我国是国耻重重的弱国，跑出去仰人鼻息做二等公民，我们不愿意。我们是文化人，爱祖国的文化，爱祖国的文字和语言。一句话，我们是倔强的中国老百姓。

19. 年轻时不懂爱因斯坦的相对论，有一天忽然明白了，时间跑，地球在转，即使同样的地点也没有一天是完全相同的。现在我也这样，感觉每一天都是新的，每天看叶子的变化，听鸟的啼鸣，都不一样。

# 附录二

## 杨绛本人自撰的生平大事记

### 1911 年

7 月 17 日，生于开明知识分子家庭。父母籍贯江苏无锡。父亲于 1910 年美国宾夕法尼亚大学法学硕士回国，执教北京政法学校，兼为清室肃亲王善耆讲授法律。我已有三个姐姐。大姐寿康长我十二岁，二姐同康长我八岁。她们同在上海启明女校上学，寄宿校内。三姐闰康长我五岁，依祖母及大伯母居无锡老家。我是第四个女儿，名季康。不久辛亥革命开始，父亲辞职回乡照顾祖母等，父母遂又携我到上海避难。后迁居上海宝昌路。

### 1912 年

大弟弟宝昌生。据我大姐说，父亲在上海操律师业。

**1913 年**

父亲任江苏高等审判厅厅长，驻苏州，举家迁居苏州大石头巷。

**1914 年**

父亲因国家法令，本省人不得为本地司法官，调任浙江高等审判厅厅长，驻杭州，举家迁居杭州保俶塔附近。大姐二姐自学校归，三姐自无锡由大伯母送归，小弟保俶生。

**1915 年**

父亲因杭州恶霸杀人案坚持司法独立，与督军、省长意见不合，调任北京高等检察厅厅长。居东城，房东为满人，我初见满洲妇女服装及发式。我已四岁，在贝满幼儿园上幼儿班。后我家迁居西城东斜街，我在西单牌楼第一蒙养院上学前班。大姐二姐仍在上海启明上学，我与三姐同校上学。

**1916 年**

七妹杨漆生。

**1917 年**

5 月间，父亲因传讯交通部总长（总长有受贿之嫌），受到惩戒，停职停薪。但不久复职，交通部总长辞职。

5 月 25、26 日《申报》要闻，全文登载司法部呈大总统文及《杨荫杭申辩书》。秋季，我在第一蒙养院学前班毕业，在辟才胡同女师大附属小学上一年级。当时我国学制，一学年分两学期。秋季开始为第一学期，春季开始为第二学期。

10 月 17 日，二姐在上海广慈医院病亡，年十五。我母亲携七妹从北京赶到上海看望二姐，后携大姐七妹同回北京。这年张勋复辟。

**1918 年**

秋季始业，升初小二年级。

**1919 年**

5 月 4 日，亲见“五四运动”大学生游行喊口号。秋季始业升初小三年级。秋杪，我父亲弃官南归（辞职尚未获照准），举家回无锡，不住老家，租居沙巷裘氏宅。父亲大病几殆。家贫，好友陈光甫、杨翼之资助我家。我在大王庙小学上学。

**1920 年**

父亲于年初(旧历大除夕)勉强能起床，坐饭桌旁陪家人同吃年夜饭。2 月间，我随大姐三姐到上海启明上学。共三年半，始终寄宿校内。大姐已中学毕业，在启明为教员。暑假后，我家迁居上海静安寺路爱文义路迁善里。父亲在上海《申报》馆任职，兼营律师业。

**1921 年**

小妹妹杨必生。我在启明上学。

**1922 年**

在启明上学。

**1923 年**

在启明上学。父亲决意在苏州开律师事务所。举家迁苏州，先租居潘氏宅，随即用他的人寿保险费买得庙堂巷一大破宅（占地五亩），拆去许多房子，扩大前院后园。我暑假随姐姐回苏州住租居的潘氏宅。秋季始业，三姐和我考入

苏州振华女中。我以初中一年级学生入学。寄宿学校，两个月后，三姐因病辍学回家，我仍寄宿学校。在振华上学期间，我始终寄宿学校，每周末回家，但有一二学期走读。

### 1924 年

在振华女校上学，家已迁入大破宅；破宅在修建中，由父亲留美时专攻建筑的学友苏州人贝季美（编者注：即著名建筑师贝聿铭之从叔祖）设计画图。

### 1925 年

跳一级，暑期初中毕业。学校是六年制，初、高中各三年。校长王季玉先生向我说明：我不是跳级，是五年修毕六年功课，原因是我不用功。

### 1926 年

在振华上高中一年级。庙堂巷新宅修建完工。

### 1927 年

升高中二年级。北伐成功，女子始剪去长发。学校尚不许剪发。三姐在家中剪去辫子。三姐 12 月间订婚，我亦剪去辫子。

### 1928 年

岁尾或早春，地震，震塌后园芍药花栏台。

4 月春，三姐结婚，我做伴娘。

7 月，高中毕业。暑假期间，考取南京金陵女大及苏州东吴大学。我想考清华大学，清华大学开始招收女生，但此年不到上海招生，只好作罢。上大学是大事，父母师长亲友，都为我选择学校。为了开阔视野，活泼思想，大家认为男女同学胜于女校。秋季始业，我到东吴大学上大一级，寄宿学校共三年，上大学三年时，有一学期走读。

**1929 年**

在东吴上大学，秋季升入二年级。

**1930 年**

在东吴上大学。好友蒋恩钿已考入清华，劝我转学清华。暑假期内，她陪我到上海交通大学报考转学清华，已领到准考证。我大弟患肺结核病，暑天忽转为急性结核性脑膜炎，是不治之症。我帮助母亲和大姐轮班守夜，大弟病亡，不前不后，正是清华招生考试的第一天凌晨，我恰恰错过考期。秋季升入大学三年级，此年曾走读一学期。

**1931 年**

在东吴上学，秋季升入大学四年级。学期将终，大考前，学生罢考闹风潮。

**1932 年**

东吴大学因风潮停课。开学在即，我级是毕业班。我与同班学友徐、沈、孙三君（皆男生）及好友周芬（女生）结伴到燕京大学借读。当时南北交通不便，过长江，须由渡船摆渡过江，改乘津浦路火车。路上走了三天。2 月 28 日晚抵北京，有我们旧时东吴学友转燕京的费君来车站，接我们一行五人到燕京大学东门外一饭店吃晚饭，然后踩冰走过未名湖，分别住入男女宿舍，我和周芬住二院。我们五人须经考试方能注册入学。

3 月 2 日（日期或小有舛错），考试完毕，我急要到清华看望老友蒋恩钿，学友孙君也要到清华看望表兄，二人同到清华，先找到女生宿舍古月堂，孙君自去寻找表兄。蒋恩钿见了我大喜，问我为何不来清华借读。我告诉她：东吴、

燕京同属美国教会，双方已由孙君居中接洽，同意借读。蒋恩钿说，她将代我问借读清华事。孙君会过表兄，由表兄送往古月堂，这位表兄就是钱锺书。他和我在古月堂门口第一次见面。偶然相逢，却好像姻缘前定，我们都很珍重那第一次见面，因为我和他相见之前，从没有和任何人谈过恋爱。钱锺书自回宿舍，我与孙君同回燕京。蒋恩钿立即为我办好借读清华手续。借读清华不需考试，只需有住处。恩钿的好友袁震（后来是吴晗夫人）说，她借口有肺病，可搬入校医院住，将床位让给我。我们一行五人在燕大考试及格，四人注册入燕京，我一人在清华借读，周芬送我搬入清华。周芬和恩钿、袁震等也成了朋友，两校邻近，经常来往。

7 月，在清华借读大四级第二学期卒业，领到东吴大学毕业文凭，并得金钥匙奖。

暑假本想留清华补习外语系功课，投考清华研究生院外语系。钱锺书指望我考入清华研究院后，可与他同学一年，他将是本科大四级。但我补习时方知清华本科四年的功课，一个暑假决计补不上，即回苏州寻找职业。由亲戚介绍，在上海工部局华德路小学为小学教师，月薪 120 元，还有多种福利（人称“金饭碗”）。我自以为教小学当有余暇补习外国文学，欣然到上海就业。“福利”包含医疗。查身体合格后，教师都打预防伤寒针，共打三针，我打完第三针，大发风疹（荨麻疹）。我当了小学教师方知自己外行（我是走后门当上的），教小学是专门之学。同事俞、徐二女士是沪江大学教育系高才生，我认真向她们学习，天天又病又忙。

10 月 10 日放假我回苏州，父母见我风疹发得浑身满脸，就命我将“金饭碗”让给有资格且需要饭碗的一位亲戚，留我在家养病。这种病不算病，但很顽强，很困扰人。钱锺书不赞成我放弃清华，我无暇申辩，就不理他。他以为我从此不理他了，大伤心，做了许多伤心的诗。但是他不久来信，我们就讲和了。寒假期间，他特到苏州来看我。我介绍他见了我父亲。

## 1933 年

在锺书指点下，我补习外文系功课。锺书来信说，此届研究生考试，需考三门外语。我自习法语已多年，得此消息，忙又自习德语，自习三个月，勉强能读《茵梦湖》。暑期，应清华研究生院考试。考试地点在上海交通大学。学校于考试日公布，只需考两门外国语；第三门外语免试。我临时抱佛脚学了德文，白费功夫，还荒疏了法文。但应考还是被录取了。

我与钱锺书在苏州一饭馆内由男女两家合办订婚礼。我随后就到北京清华大学研究院上学，住静斋（女生宿舍）。钱锺书已毕业，他蓄意投考英庚款留英奖学金；因应试者必须有教课两年的经历，所以他急要教书，取得应试资格。他应上海光华大学之聘为英语讲师（共两年），月薪 90 元，每年以 10 个月计算。

## 1934 年

得清华优秀生奖，每月奖学金 20 元，学期开始之月为 30 元，因需交学费 10 元。当时女生饭堂包饭每月 7 元，我每月饭费仅 5 元。春假，钱锺书到北京，住清华学堂大楼（即一院），我陪他游览各处名胜。我请温德 (Robert Winter) 先生为导师。父亲小中风。

## 1935 年

钱锺书考取英庚款留英奖学金。我办好自费留学手续。

7 月 13 日，我在苏州庙堂巷我家大厅上与钱锺书举行婚礼。我父亲主婚，张一各（仲仁）先生证婚，有伴娘伴郎、提花篮女孩、提婚纱男孩。钱锺书由他父亲、弟弟（锺英）、妹妹（锺霞）陪同来我家。有乐队奏“结婚进行曲”，有赞礼，新人行三鞠躬礼，交换戒指，结婚证书上由伴郎伴娘代盖印章。礼毕，我家请照相馆摄影师为新人摄影；新人等立大厅前廊下，摄影师立烈日中，因光线不合适，照相上每个人都像刚被拿获的犯人。照相毕，摆上喜酒，来宾入

席，新娘换装，吃喜酒。客散后，新娘又换装，带了出国的行李，由钱家人接到无锡七尺场钱家。新人到钱家，进门放双响爆仗、百子爆仗。新娘又换装，与锺书向他父母行叩头礼，向已去世多年的嗣父母行叩头礼（以一盆千年芸、一盆葱为代表，置二椅上）。叔父婶母等辞磕头，行鞠躬礼，拜家祠（磕头），拜灶神（磕头），吃“团圆昼饭”。晚又请客吃喜酒，唐文治老先生、唐庆贻先生父子席间唱昆曲《长生殿》（定情）助兴。新人都折腾得病了。锺书发烧，病愈即往南京受出国前培训。我数日后即回娘家小住。我累病了，生外疹，又回无锡请无锡名医邓星伯看病。病未愈，即整理行装到上海。我住三姐家，不记锺书住何处。出国前，二人有好多应酬。

8 月 13 日，乘 P&O 公司邮轮出国。我由三姐送行，锺书有温源宁师、邵洵美先生送行，他们都坐小船直送上轮船。我的留学护照上是杨季康小姐，所以和锺书同船不同舱。同船有许多同届留英学生。

在香港遇飓风。过新加坡，英官方招待留英学生参观停在海上的飞机。我登上海陆两栖飞机。过锡兰（今斯里兰卡），参观蛇庙及一小乘教神庙。由苏伊士运河过红海入大西洋，天气即凉爽。船上有人死亡，第一次参与海葬。三星期后，在英国上岸，先在伦敦小住观光，即到牛津上学。

### 1936 年

暑假到巴黎小住，住我同班学友盛澄华旧寓所。我和钱锺书同到瑞士出席第一届“世界青年大会”，会址在联合国大会堂。钱锺书是国民党政府特派三代表之一，我莫名其妙地当了共产党方面的代表，派我的人名王海经，同行有好几位共方代表，买车票等等都有照顾。秋季，与钱锺书同在巴黎大学注册入学（由盛澄华君代办）。我二人回牛津的寓所，继续在牛津读书。那时我们打算在巴黎大学读博士学位，需有二年学历，所以及早注册入学。

## 1937 年

5 月 19 日，女儿钱瑗出生。女儿出生第一百天，一家三口到法国，住巴黎近郊。我母亲在逃避日寇时在乡间患恶疟疾，11 月 17 日去世。

## 1938 年

秋季，一家三口乘法国邮轮 Athos Ⅱ回国。锺书在香港上岸赴昆明，我与女儿到上海上岸。父亲特从三姐家搬出另租屋，俾我能同住。我暂住拉斐德路钱家。后依父亲住霞飞路来德坊。母校苏州振华女中筹建上海分校，校长王季玉先生命我帮她办事。同时，我应李姓富商之请，为其女补习高中全部功课，从高中一年级补习至高中三年级毕业。

## 1939 年

7 月 3 日，锺书由昆明回沪度暑假。住霞飞路来德坊我父亲寓所。10 月初旬，他奉父命赴湖南蓝田师院为英文系主任。苏州振华女校（沪校）正式成立，秋季开学。我任校长兼高三级英语教师。仍兼任李家补习教师。

## 1940 年

秋末，小弟保俶在维也纳医科大学毕业回国。秋冬之交，我父亲携子女回苏州安葬我母亲于灵岩山绣谷公墓。锺书暑假回沪，路途不通又退回蓝田。我仍依父亲居来德坊。

## 1941 年

夏锺书回上海，住拉斐德路钱家，我和女儿亦搬回拉斐德路钱家。

7 月，李家小姐高中毕业，我不复当家庭教师。振华（沪校）珍珠港事变后停办。

## 1942 年

我任工部局半日小学代课教员，业余写剧本。

## 1943 年

5 月，《称心如意》上演。我始用笔名杨绛。“绛”是“季康”二字的切音。秋，日本人接管小学，我辞去半日小学职。

## 1944 年

《弄真成假》上演，《称心如意》出版。

父亲随我姐妹等观看《弄真成假》演出，闻全场哄笑，问我曰：“全是你编的？”我答：“全是。”父亲笑曰：“憨哉。”谣传美军将在上海地毯式轰炸，父亲年底回苏州寓所。钱锺书动笔写《围城》，共写两年。1946 年完毕，序文作于 1946 年年底，1947 年出版。锺书写《围城》期间，我辞去女佣，兼任“灶下婢”。

## 1945 年

1 月，《弄真成假》出版。

3 月 27 日，父亲在苏州寓所脑溢血去世。我夫妇到苏州与我姐姐弟弟等于 3 月 30 日安葬父亲于苏州灵岩山绣谷公墓母亲墓旁。

4 月 1 日回上海。《游戏人间》上演，姚克导演，“苦干剧团”演出。《风絮》由“苦干剧团”登出预告，将由名演员丹尼女士任主角。

4 月底或 5 月初，日本宪兵司令部不知杨绛何人，来我家搜查。我到日本宪兵司令部受讯。

8 月，抗日战争胜利，夜闻消息，举家乐极不眠。我思念父亲。

## 1946年

秋季，我在震旦女子文理学院任外文系教授。

## 1947年

《风絮》出版。钱锺书《围城》出版。钱瑗患指骨节结核，休养十个月后病愈。

## 1948年

翻译《1939年以来英国散文作品》，9月出版，约翰·黑瓦德著，《英国文化丛书》十二种之一，朱经农作总序，商务印书馆出版。

3月18日，钱锺书随代表团到台湾。

7月，锺书祖父百岁冥寿，我和锺书携女儿回无锡老家，与家人欢聚。

## 1949年

叔父命锺书弟媳携子女三人来上海，住拉斐德路。适傅雷夫人之友有空房，在蒲石路蒲园，锺书与我及女儿钱瑗即迁居蒲石路蒲园。

解放战争胜利。我夫妇得清华大学聘书，8月24日，一家三口动身赴北京，26日中午抵京，暂住清华工字厅藤影荷声之馆。我为兼任教授，教大三级英国小说。

## 1950年

住清华新林院。4月，我从英译本转译的西班牙名著《小癞子》(Lazarillode Tormes) 出版。

8月，钱锺书调中宣部英译毛选委员会翻译毛选，至1954年12月回所；在此期间每周末回原单位工作。

## 1951年

“三反”（反贪污、反浪费、反官僚主义）运动开始。年底转为针对知识分子思想改造的重要运动，又名“脱裤子、割尾巴”或“洗澡”。钱锺书请假回清华“洗澡”。女儿钱瑗考入女十二中（旧称贝满）高中一年级，寄宿学校。

## 1952年

“洗澡”结束，全国“院系调整”，我夫妇调入文学研究所外文组。文研所编制属新北大，工作由中宣部直接领导。

10月16日，举家迁入新北大新建宿舍中关园26号。

## 1953年

2月22日，文学研究所在旧燕大“临湖轩”开成立大会，郑振铎为正所长，何其芳为副所长，力扬为党支书。贵宾有周扬、矛盾、曾照伦及新北大杨业治等教授及图书馆主任梁思庄。

## 1954年

我译毕法国作家勒萨日(Le Sage)《吉尔·布拉斯》(Gil Blas), 在《世界文学》分期刊出。

## 1955年

肃反运动、反胡风运动、批判俞平伯“色空思想”等运动开始。女儿钱瑗考入北京师范大学。俞平伯、钱锺书提升为一级研究员。

## 1956年

《吉尔·布拉斯》经大修大改，由人民文学出版社出第一版。大约这一年或次年，曾翻译亚里士多德《诗学》，根据英译《勒勃经典丛书本》并参照其他版本翻译，锺书与我一同推敲译定重要名称。我将此稿提供罗念生先生参考。罗念生译亚里士多德《诗学》序文中有“杨季康提出宝贵意见”一语。此稿遗失。

## 1957 年

《论菲尔丁 (H.Fielding) 关于小说的理论与实践》研究论文在《文学评论》第二期发表。

6 月 14 日开始“反右”运动。不记是 1956 年或 1957 年因《吉尔·布拉斯》受好评，“外国古典文学名著丛书” 编委会委我另一项翻译任务：重译《堂吉诃德》。

## 1958 年

“双反”运动、“拔白旗”运动。所内白旗共四面：一、郑振铎的文章，二、钱锺书《宋诗选注》，三、李健吾的文章，四、杨绛《论菲尔丁》文。春，随潘梓年为首的队伍到昌黎“走马看花”。全国大跃进，参观各大跃进地区。

10 月至 12 月底，下乡（太和庄）学习“社会主义好”。老知识分子改造思想。冬，回所。我开始自习西班牙文。

## 1959 年

文学研究所初有宿舍，在城内东四头条 1 号。5 月 15 日，我家迁入新宿舍。女儿钱瑗北师大毕业，留校为助教。我写研究萨克雷 (W.M.Thackeray) 的论文：论《名利场》(Vanity Fair)，全文欠“红线贯穿”，又受批判。

## 1960 年

3 月 29 日，读毕《西班牙文入门》，始阅读拉美的西班牙文小说。我与钱

锺书第一次任全国文代会代表。

**1961 年**

3 月，查出胸部瘤子，不能断为良性，医嘱先观察一个时期。

**1962 年**

8 月 14 日，迁居干面胡同文研所宿舍（在学部新建大楼内）。9 月住北京医院，切去腺瘤，尚未变恶性。

**1963 年**

7 月，“五反”开始。小妹妹杨必大病，我到上海看望，访问傅雷夫妇，谈到翻译的一些问题。钱锺书为毛选四卷定稿毕（钱锺书为“定稿组”成员）。

**1964 年**

9 月 24 日，文学研究所外文组自文研所分出，成为“外国文学所”。钱锺书为毛主席诗词翻译组成员，后因文化大革命，工作中断。所内“年轻人”皆下乡“四清”，我留所为部分“年轻人”修改文章，年底到上海接小妹妹杨必到我家养病。

**1965 年**

1 月中旬，《堂吉诃德》第一部翻译完毕，译第二部。9 月 15 日，杨必回上海。

**1966 年**

锺书病，气喘。“无产阶级文化大革命”开始。

8 月 9 日，我被“揪出”，在外文所所内扫厕所。8 月 16 日，钱锺书被“揪出”。

8 月 27 日，交出《堂吉诃德》全部翻译稿（第一部已完毕，第二部已译毕四分之三）。同日，晚间在宿舍被剃“阴阳头”。

9 月 10 日，献出财物。年底，宿舍内“牛鬼蛇神”劳动者逐渐请假，劳动队剩四人：近代史所钱宏、外文所戈宝权（队长）、卞之琳和杨季康，他们三人清除全大楼垃圾，我抬不动垃圾箱，扫大片地。我颈骨生骨刺，提出不再劳动，余三人同日亦自动停止宿舍院内劳动。

## 1967 年

4 月 24 日，外文所免我劳动。

6 月 8 日参加群众活动（即“下楼”或“走出牛棚”），为革命群众抄大字报，到大街人多处卖报，叫卖《斗私批修》报。锺书 6 月 8 日停止文学所劳动。

12 月 31 日，女儿钱瑗与王德一注册结婚，住我家。

## 1968 年

3 月 4 日，小妹妹杨必急性心脏衰竭，在上海去世，8 日火葬。

12 月，军、工宣队进驻哲学社会科学部（称“学部”）。

## 1969 年

全“学部”人员集中住学部办公室内，每室住 8 ~ 10 人不等。每日分三单元（上午、中午、晚间）学习，由工人师傅领导，每日练军操。不久之后，老弱者得回家住宿。工人宣队在各所揪出“5 · 16”逼供信阶段，“学部”下放干校之前，全部撤走。

5 月 19 日，革命青年夫妇携婴儿保姆住入我家，分房两间。

11 月 11 日，锺书为“先遣队”下放河南罗山干校，不久干校迁息县。

## 1970 年

6 月 1 日，《堂吉诃德》译稿由前组长张黎同志为我索还。

6 月 13 日，女婿王德一被诬为极左派自杀身亡。

7 月 12 日，我下放干校。

12 月 1 日，妹婿孙令衔在天津大学自杀去世。

## 1971 年

4 月 4 日，干校迁明港“师部”。

5 月，余震同志到学部加强军宣队领导“支左”。余震同志到学部后发现“5·16”扩大化，他停止运动，解放干部，在学部工作四年期间，为学部做了许多好事，这是一般群众的看法。此年我在干校。

12 月 7 日，我在郑州治目疾，反致泪道堵塞，干校不准请病假，我请得事假回京治目疾。

12 月 24 日，携女儿钱瑗同到明港探亲（女儿时单身，可享受探亲假）。锺书于我返北京期间哮喘病发，我与钱瑗到干校后方退烧，渐渐痊愈。

## 1972 年

钱瑗与父母在干校同过元旦节，1 月 4 日回北京。

3 月 12 日，钱锺书与我随第二批“老弱病残”者回北京。在北京的研究人员及干部仍在“学习”（即开会，不工作）。

8 月，我又从头翻译《堂吉诃德》，因中断多年，需从头再译。

## 1973 年

学部干校学员全部返京。

12 月 2 日，住入我家强邻难于相处，三人逃亡，避居钱瑗北师大宿舍。

12 月 23 日，迁入北师大小红楼，翻译《堂吉诃德》工作暂停。

## 1974 年

1 月 8 日，锺书哮喘大发，送北医三院抢救。后因大脑皮层缺氧，手、脚、舌皆不便，如中风状。

5 月 4 日，钱瑗与杨伟成注册结婚，钱瑗仍住北师大伴父母。

5 月 22 日，我夫妇迁入学部 7 号楼西尽头一办公室居住，继续翻译《堂吉诃德》。钱锺书舌已恢复，手亦能写字，但不能走路，继续写《管锥编》。

11 月初，袁水拍来，传江青令："五人小组"当继续进行翻译毛主席诗词工作，钱锺书乃"五人小组"成员。我强调锺书病，足不能出户。小组就在我们住的办公室工作。

## 1975 年

4 月 5 日，《堂吉诃德》初稿译完。

5 月 16 日，初校毕，再校改。

8 月，军宣队全部撤出学部。林、刘、宋三位新领导来，在我所各组办公室门口向室内工作人员露露面。

冬，锺书和我煤气中毒，幸及时起床开窗，得无恙。

## 1976 年

1 月 8 日，周总理去世。7 月，朱德同志去世。

2 月底，《堂吉诃德》第一部定稿。

7 月 28 日，地震（唐山大地震），晚又震，我夫妇所住办公室乃危险房，有裂缝。住学部大食堂。

8 月 12 ~ 17 日，住钱瑗婆家。8 月 24 ~ 28 日，住学部汽车房，28 日回危险房。8 月 31 日，钱瑗到大兴劳动。

9月9日，毛主席去世。

10月6日，四人帮被粉碎。

11月20日，《堂吉诃德》第一、第二部全部定稿。

危险房内架防震桌，21日到钱瑗婆婆家住，24日回危险房。

**1977年**

2月4日（立春），迁居三里河南沙沟新居。

5月5日，《堂吉诃德》稿交人民文学出版社出版排印。

5月13日，《小癞子》从原文重译定稿。

8月，何其芳同志去世，胡乔木、夏衍、周扬皆出席追悼会。

10月，胡乔木来访钱锺书。

11月，钱锺书《管锥编》交中华书局出版。

学部改为社会科学院，胡乔木为院长，邓力群、于光远、周扬为副院长。

写《大笑话》毕。

**1978年**

4月底，《堂吉诃德》出版。

5月底，西班牙记者求见。

6月，西班牙国王、王后来中国访问。

6月3日，见西班牙先遣队记者。15日，参加国宴，小平同志为我介绍西班牙国王、王后，行握手鞠躬礼，小平同志问《堂吉诃德》什么时候翻译的，我一握手间无暇细说，但答今年出版的。

钱瑗应公费留英全国性考试，5月25日发榜，钱瑗被录取；9月7日，集中培训，9月12日飞英。

8月12日，钱锺书随代表团访问意大利，9月23日归。

9月8～18日，第四届全国妇女代表大会开会，我为此届妇女代表。30日，出席人民大会堂国庆招待会。

《小癞子》从原文版翻译，由人民文学出版社出版。

自 5 月至 9 月，右手大拇指痛，不能作字。

11 月 9 日，右眼见黑圈。

写《玉人》毕。

**1979 年**

钱锺书 4 月随代表团赴美，8 月 18 日归。

6 月 5 日，我随代表团访问法国，6 月 28 日归。

写《鬼》毕。

10 月，《春泥集》由上海文艺出版社出版。

**1980 年**

写《事业》毕。

2 月，写论文《事实—故事—真实》，5 月发表。

7 月，短篇小说集《倒影集》手稿由李国强带到香港交刘以鬯出版。

8 月 12 日，钱瑗回国回家。

11 月，锺书随代表团访问日本。

12 月，写完《干校六记》，钱锺书写小引。

钱锺书《围城》年底在人民文学出版社重又出版。

钱锺书当选为全国政协代表。

**1981 年**

《倒影集》年初在香港出版，2 月 13 日，收到样书 10 册。

《干校六记》5 月在香港出版，4 月 13 日，先在《广角镜》发表。

《玉人》在《上海文艺》发表。

《鬼》在《收获》发表。

周奶奶又大病，告归，由子女接回家。

《旧书新解》在《文学评论》第4期（8月份）发表。

6月20日，寄出《喜剧二种》修改稿。

《干校六记》由葛浩文(H.Goldblat)译为英文，澳大利亚人白杰明(J.Barme)亦译为另一英文本；日本汉学家中岛碧译为日文。钱锺书《围城》畅销。

## 1982年

6月7日，锺书忽被胡乔木召去开会，任命为社科院副院长。

10月31日，七妹妹杨漆去世。

《干校六记》葛浩文英译本出版。

《有什么好》（论Jane Austen文）年初发表。

4月23日，北京大学举行塞万提斯逝世366周年纪念会。我到会发言，因西班牙大使指名要我发言（后写成《人间一年，天上一日》）。7月30日，西班牙大使设宴正式邀请访问西班牙。我婉谢，因我的西班牙文是专为翻译《堂吉诃德》而自习的，不擅口语，多数人不知笔译与口译的区别，会对我产生误会。

5月，锺书与我被邀请加入“笔会”。

## 1983年

《喜剧二种》由福建人民出版社出版。

《干校六记》白杰明英译本出版。

程西禾去世，李健吾去世。

11月2日，新任西班牙驻华大使吴士谊见我后，知我通西班牙文，先征得社科院院长马洪同志同意，派遣访问西班牙代表团，我随代表团访问西班牙；先到苏黎世休息两日，5日抵马德里。20日离马德里到英国伦敦。12月5日回国回家。

## 1984 年

《干校六记》有法译本二种，先后在巴黎出版。

12 月，重新审校已出版三次的《堂吉诃德》。

试图写《洗澡》。散文集《将饮茶》抄清，请锺书审阅。

## 1985 年

12 月 23 日，《堂吉诃德》校改毕，稿二包，亲送人民文学出版社。

4 月，校完由原文翻译的《小癞子》。《干校六记》中岛碧日文译本在东京出版。

7 月，结婚五十周年。

## 1986 年

10 月 6 日，西班牙国王颁给“智慧国王阿方索十世十字勋章”，典礼在西班牙大使馆举行，锺书出席。

10 月 30 日，英国女王来访，行前曾阅读钱锺书牛津大学论文。锺书与我皆赴国宴。

《干校六记》又有旅美中国学者章楚在美出版英译本，并有注释。

由原文翻译的《小癞子》出版。

《回忆我的父亲》《回忆我的姑母》《记钱锺书与围城》出版。

《丙午丁未纪事》在《收获》第 6 期发表；《失败的经验》在《中国翻译》第 5 期发表。

4 月 5 日，动笔写《洗澡》。

11 月，《关于小说》由三联书店出版。

## 1987 年

《将饮茶》由三联书店出版。

《风絮》于 2 月发表于《华人世界》第 1 期。

《堂吉诃德》校订本出版。

《干校六记》由索罗金（V.Sorokin）翻译的俄文译本，在苏联科学院《远东问题》双月刊 1987 年第 2、3 期发表。

4 月，所内号召高级研究员及年满退休期者退休。我所高级研究员退休者仅我一人。

9 月，写完《洗澡》，12 月 19 日，杀青涂改完毕。

台湾《联合文学》第 38 期（第 153–235 页）有“杨绛专卷”。

## 1988 年

11 月，香港出版《洗澡》。

12 月，北京出版《洗澡》。

白杰明译我散文，书名为《陆沉》。

## 1989 年

《堂吉诃德》繁体字本在台湾出版。

## 1990 年

女儿钱瑗 3 月 31 日赴英，在新堡大学 (New Castle upon Tyne) 为客座教授，9 月底回国。

《将饮茶》在台湾出版。

《洗澡》由郁白 (H.Chapuis) 译为法文。英译本（白杰明译）出版。钱锺书《围城》电视剧放映。《写在人生边上》重印。

## 1991 年

写《第一次下乡》及《顺姐的自由恋爱》。

10 月，《将饮茶》由社科出版社重印校订本。

11 月 1 日，动笔写《软红尘里》。

## 1992 年

2 月，法译本《洗澡》及《乌云的金边》在巴黎出版。

3 月 28 日，大彻大悟，毁去《软红尘里》稿 20 章。

整理父亲杨荫杭遗作，题名《老圃遗文辑》，有《前言》一篇（1992 年 10 月 1 日）。

7 月，散文集《杂忆与杂写》交花城出版社。

9 月，胡乔木同志去世。

## 1993 年

钱锺书住院动大手术，去一肾，住院两个月，我陪住两个月。我得冠心病，又患左心室劳损。整理《老圃遗文辑》毕，又整理我父亲年表。

3 月底，《遗文辑》校完（时陪住医院）。

12 月，《老圃遗文辑》出版。助锺书选定《槐聚诗存》，为誊清，10 月出版。

## 1994 年

1 月，抄《槐聚诗存》毕。我病中抄诗，由锺书自校。我抄诗错字百出，锺书皆未校出。我二人皆老且病矣。

2 月，《杂忆与杂写》由三联书店出版，锺书末一次为我题签。

3 月，补贴钱锺书记《石语》。

5 月，心痛头晕，《槐聚诗存》手抄本（错字本）出版。

7 月 30 日，锺书肺炎高烧住院，我陪住。

8 月 19 日，锺书动手术，割除膀胱瘤三个，手术成功，但肾功能急性衰竭，抢救。8 月，《杨绛作品集》由社科出版社第一次印刷出版，前后共出六版。

9 月 30 日，我病不支，请得生活护理住医院照顾锺书。我在家做后勤工作，做菜及炖各种汤。

10 月 18 日，三姐闰康去世。

11 月 19 日，锺书反复发烧。

12 月，《杨绛散文》由浙江文艺出版社出版。

## 1995 年

2 月 6 日，夏衍去世。

11 月 27 日，大姐寿康去世。为《槐聚诗存》校改错字，错字皆友好读者校出，忙于修改，未及回信致谢，心甚不安。

年底，钱瑗腰痛发病。

## 1996 年

1 月，钱瑗住温泉胸科医院。

7 月，有人呼吁在无锡建钱锺书纪念馆，锺书和我联名致函无锡市王竹平副市长，不同意建纪念馆。

11 月 3 日，胸科医院报钱瑗病危。我方知女儿患肺癌转脊椎癌，病发已是末期。

## 1997 年

3 月 4 日，钱瑗去世，8 日火化。

5 月，写《方五妹和她的“我老头子”》，《十月》杂志第 5 期发表。方五妹（假名）是我家阿姨，因丈夫中风，钱瑗重病时辞我回家照顾丈夫。她最称赏钱瑗孝顺父母，说她“世界路上只有一个”，我因思念女儿而作此文。

锺书于香港回归甚关心，有兴看电视。后得知女儿去世，病转重。锺书病中有人屡次侵犯他的著作权，我不胜困扰，上诉国家出版局请予保护，得三个“致歉声明”：《光明日报》11月3日有一个“致歉声明”，11月27日有两个“致歉声明”。

8月8日，写《答宗璞〈不得不说的话〉》。

## 1998年

5月，将钱瑗存款6万元作为钱瑗基金，捐北师大外语系。

连日有人打电话问“钱先生去世了吗？钱夫人入院了吗？”有人来我家对我说：“听说你脑溢血”，要为我照相。有人造谣，钱锺书骂叶公超、陈福田、吴宓，太伤感情，因而离西南联大。

9月，写《钱锺书离开西南联大的实情》。

11月21日，钱锺书88岁生日，社科院领导来医院祝寿。

12月19日7时38分，钱锺书去世，21日火化。我按他的遗嘱办事：少数亲人送送；不举行任何仪式；不留骨灰；敬谢花篮花圈等一切奠仪。

## 1999年

向社科院交还钱锺书专车。翻译《斐多》(12月18日译完)。写《“掺沙子”到流亡》，1月17、18、19日分三批发表。整理钱锺书笔记，集成《钱锺书手稿集》，将从2003年起由商务印书馆陆续出够45册。

## 2000年

1月，青年出版社出版《从丙午到流亡》。7月，香港三联亦出版此书。

4月，辽宁人民出版社出版《斐多》。4月香港天地图书公司出版《斐多》。

暑期，德国汉学家莫芝宜佳女士（德译《围城》译者）来，助我编定锺书外文笔记。

7月17日，社科院领导为我89岁暖寿（祝90岁生日）。

11月17日，为影印出版《钱锺书手稿集》，与商务印书馆订约。

胡绳去世；柯灵去世；王岷源去世；卞之琳去世。

12月14日，买房交款。

## 2001年

写《钱锺书手稿集》序文，并题写书名。

《钱锺书集》由三联书店出版，包括下列10种：《谈艺录》《管锥编》《宋诗选注》《七缀集》《围城》《人·兽·鬼》《写在人生边上》《人生边上的边上》《石语》《槐聚诗存》。

9月7日，设清华大学“好读书”奖学金，签协议书。

9月10日，领到房产证。

9月27日，写《记似梦非梦》。

10月22日动笔写《我在启明上学》。

## 2002年

2月，钱锺韩（编者注：钱锺书堂弟）去世。

3月20日，《怀念陈衡哲》定稿。

3月28日，写《难忘的一天》。

5月13日，台湾时报社出版《斐多》。

7月，高莽为《我在启明上学》作插图。

8月10日，《我在启明上学》定稿。

8月19日，夜闻风雨声，耳始聋。《我们仨》改定题目，分定段落。

9月30日，《我们仨》初稿完毕。

10月7日，写《记我的翻译》。

12月22日，冬至，《我们仨》定稿。

12月30日，改写《失败的经验》，题目改为《翻译的技巧》。

## 2003年

修改《杨绛作品集》，散文及短篇小说皆经修改。整理女儿钱瑗信。我曾对锺书说："等我练好了字，为你抄诗。"自忖书法不会再有进步，2月4日起，抄《槐聚诗存》至3月10日抄完。急急抄写，字仍恶劣。

2月12日，选定《我们仨》之附录及照片。

3月12日，将《作品集》修改处誊写在另一套《作品集》上，誊写时将所记事实一一考订。与人民文学出版社谈出版《杨绛文集》事。

4月7日，《杨绛作品集》第六版出版。

4月8日，写《陈光甫故事二则》。

4月22日，《杨绛文集》改定本三册交人民文学出版社责编。

5月14日，为《围城》汉英对照本写序，约800字，并题写书名"围城"二大字。

5月16日，根据我日记及大事记，写《杨绛生平及创作大事记》。

5月19日，交人民文学出版社长长短短文章共9篇，交人民文学出版社《围城》汉英对照本小序及"围城"二大字。

6月24日，《我们仨》由三联书店出版。

7月，香港牛津大学版《我们仨》出版，写《钱锺书年表》，锺书没有日记，根据我的记事本及锺书出版的书，很费查考。

7月15日，写《杨绛文集》自序，并选定书信四封。

8月25日，台湾时报社出版《我们仨》。

# 续

2007 年，出版散文集《走到人生边上——自问自答》。

2011 年，确诊患有心衰。深居简出，读书写作从不间断。

2013 年，102 岁生日。

2016 年，5 月 25 日凌晨，病逝于北京协和医院，享年 105 岁。